安炳茂著作選集 2

安炳茂著作選集 2

歴史と解釈

心園記念事業会 編

金忠一 訳

かんよう出版

巻頭言

『歴史と証言』（一九七二年四月一五日初版）は一夏の休暇という短期に書かれたもので、一般の読者を念頭に置いたものである。ところが、それが一〇版を重ねるにつれ、著者には次第に重圧感を覚えるようになった。なぜならば、その内容について責任を感じるからである。したがって、それを改訂補完することにしたのであるが、予想外に新しいもう一冊の本になってしまった。

この本を書きながら、次のいくつかの条件を念頭に置いた。

聖書を心から知り、研究しようとする人たちに、聖書の核心を一貫して提示すると共に、必ず知らなければならない事実を、確実な根拠をもって明らかにすることにした。

聖書は一度読んで終わる書ではない。それは繰り返し読み、自ら分析し、新しい解釈を施さなければならない。そのためには、一人で勉強することがもちろん重要ではあるが、グループで検討しながら読んでいくことも重要である。本書は、そのような目的に相応しいものになることを願っている。

本書は専門書ではない。大学生以上の知識があれば読むことができる。しかし、専門的な研究結果を基盤にして書いた。そうしてこそ、出発からして正確な根拠をもった知識になるであろうからである。本書が神学大学の初級クラスの教材か、教会内の学生と青年たちの聖書研究の資料になる場合を念頭に置いたので、正確な資料を前提にした。

本書において、最近までの聖書研究の成果を、著者の知識が及ぶ限り反映した。したがって、『歴史と証言』におけるのとは異なる面を示している。

本書の題目を『歴史と解釈』としたのは、『歴史と証言』と区別するためであるということも理由の一つであるが、『解釈』に新しい意味を置いたからである。聖書は、解釈しないでそのままにして置いたり反復すると沈黙してしまう。それは問いかけてこそ応答するものである。解釈者は、自身が立っている場所、現場に忠実であるのでなければ、正しい解釈は不可能である。聖書は、歴史的事件に対する証言である。この証言を、われわれは反復だけすることはできない。それが、わたしのもの、われわれのものになるためには、生きることとの対決において解決してこそ、現在のわれわれを生かすことになるのである。

本書を完成するまでには、多くの時間を必要とした。それを清書してくれた神学修士ガン・イルサン君と、わたしの姪金ジョン・イムに感謝するものである。

一九八一年一〇月

著者記す

増補に寄せる言葉

『歴史と証言』が一九版を重ねるとき、責任を感じ、その増補として本書を出版した。ところが、本書が出てすでに一〇年が超え、一二版が出版された。その間聖書学も発展し、わたしの視点も変わった。本書を執筆するとき、すでに民衆神学的な視点から増補したが、十分に受容できなかったので、この度全集を出版するのを機に、その視点を拡大した。しかし、まだ一貫していない。民衆に出会った後、聖書ほど民衆的な古典はないと深く認識するようになった。今では、民衆的な視点を無視しては、聖書の本流から外れて周辺で空回りしてしまうであろうと思うようになった。ところが、まだこのことに気づいていない熱心な聖書の読者たちのことを考えると残念である。

聖書は単に宗教人だけが独占し得る書ではない。民衆的な視点をもって歴史を見たり、人間の世界を論じたりする人は、必ず読まなければならない宝である。したがって、できるだけ誰でも読むことができるように書くつもりであったが、思うようにならなかった。

本書の序論に当たる第一部では、聖書の特徴については加筆し、イスラエルの民衆史としては除くことのできない〈地〉への定着過程と古代イスラエルの部族同盟、士師たちの性格についても付加し、王朝期においては分断を新しく扱った。また、イエス以後には民衆史を加え、パウロの回心を民衆神学の視点から再照明した文章を載せた。

一九九二年秋

安　炳　茂

凡例

一、本書は、二〇一〇年に韓国神学研究所より刊行された安炳茂全集第一巻『역사와 해석』の初版第三刷を原本とした翻訳である。

一、聖書からの引用は、『聖書 新共同訳』（日本聖書協会、一九八七、一九八八年）を用いた。

一、聖書からの引用箇所には、次の略語を用いた。

創世記	創	出エジプト記	出
民数記	民	申命記	申
士師記	士	サムエル記上	サム上
サムエル記下	サム下	列王記上	王上
列王記下	王下	イザヤ書	イザ
エレミヤ書	エレ	エゼキエル書	エゼ
ダニエル書	ダニ	アモス書	アモ
ミカ書	ミカ	ゼカリヤ書	ゼカ
マタイによる福音書	マタ	マルコによる福音書	マル
ルカによる福音書	ルカ	ヨハネによる福音書	ヨハ
使徒言行録	使	ローマの信徒への手紙	ロマ
コリントの信徒への手紙一	一コリ	コリントの信徒への手紙二	二コリ
ガラテヤの信徒への手紙	ガラ	エフェソの信徒への手紙	エフェ
フィリピの信徒への手紙	フィリ	コロサイの信徒への手紙	コロ
テサロニケの信徒への手紙一	テサ一	ヨハネの黙示録	黙

安炳茂著作選集2

目次

第一部　古典としての聖書

第二部　約束を信じて生きた民族史―旧約

第三部　新しい開闢──新約

著　者　安　炳　茂
編　者　心園記念事業会
訳　者　金　忠　一
用語監修　香山洋人

歴史と解釈

第一部　古典としての聖書

一　古典の意味

人類と古典

人類は貴重な宝物をもっている。それは古典である。古代から、人類社会にはいくつもの文化圏があった。しかし、それらの文化圏のなかには、存在した痕跡だけが破片のように伝えられるだけで、完全に跡をなくしたものが多い。したがって、彼らがどのような思想を有し、どのような体系を形成したのかは知る由もない。

歴史上多くの部族または民族が立ち上がっては倒れた。しかし、ほとんどの場合、単にその名が伝えられるか部分的な遺跡が残されているだけで、彼らがどのような世界観を有していたか知る由もない。それらのなかには、まだその民族が生き残っているが、彼らの全歴史がどうであったかを明らかにできないものもある。例えば、南北アメリカに散在している先住民族の場合がそうである。彼らがかつて勇壮な宗教を有していたということは、今も残っている彼らの神殿跡が物語っている。しかし、それがどのような世界観と教理を有していたか、示してはくれない。建築の構造から見て、どのような儀式で礼拝していたかは、ある程度再生してみることができるが、どのような精神が彼らを支配していたかは知る術がない。

世界には無数の宗教があったことを、考古学の発掘や断片的な歴史の記録において言及されたものの見出すことができる。しかし、それらはほとんどが、歴史において痕跡を隠したのである。中東のバビロニアやエジプトの宗教がそのような例である。どうしてだろうか。それは、彼らが何の記録も残していなかったからである。

これに対し、幸運にもわれわれにはいくつかの古典がある。例えば、インドのアーリア族の経典としてヴェーダ、仏教の大蔵経、ギリシアのホメーロスの『イリアッド』、『オデュッセイア』をはじめプラトンの『対話』、儒教の四書五経、そしてヘブライ民族においてできた聖書などがそれである。以上の古典の成立年代は不透明である。しかし、少なくともおおよそ二千年を上回る。しかし、そのなかに収録された内容は、それより遥か前から口伝または部分的に成文化されたものが収録されているので、それらから、その数千年前の人間の息遣いを感じ取ることができる。

ところで、この古典はわれわれにどのような意味があるのだろうか。人々のなかには、古典といえば、すでに死物化した骨董品の一つのように無視してしまう人もいる。その理由を尋ねると、今その日その日に新しく起こっていることに関心をもつのにも忙しいのに、数千年前の古ぼけた記録がわたしと何の関係があるというのか、またそれらの記録は、その時代の人々には有用であったかも知れないが、今では燃え尽きた灰であり、死んだ骸骨にすぎないではないかという。このような立場は無意味ではなく、一面においては正しい見解でもある。確かに、古典のなかにはわれわれと全く関係がない部分が多く、一つの昔話を読む程度の意味はあるかも知れないが、われわれに直接には何のプラスにもならないような部分もある。

しかし、振り返ってみよう。この世には無数の書物が次から次へと溢れ出ている。人類の歴史上出てきた書物を全て集めると、かえって地球が狭くなるかも知れない。ところが、そのうちわれわれに伝えられた書物はどれぐらいになるだろうか。例え伝えられたとしても、それが世界の人々に、依然生きて影響を及ぼす書物が何冊になるであろうか。

われわれは、最近ベストセラーの世界に入る書物を知っている。ところが、それらの寿命はどれほど長いのだろうか。ほとんどのものは、僅か数年の間に人々の記憶から消えてしまう。それらは新しい「ベストセラー」が続出するために、流行歌の運命のように舞台から消えるのである。それらのものは、今日の技術によって長い間保存されるかも知れない。しかし、それらは人間の生活とは何の関係もなく死蔵されてしまうのが大概の現実である。ところが、少なくとも数千年前に、印刷術もなく、保存の科学的方法もなく、伝達の方法も限られていたときに、人間の手で続けて書き写されたものが、そのまま残って今日のわれわれの手にまで伝達されたということは、何を意味しているのであろうか。それが数千年を経ながらも、人々の手から捨てられることなく保存されてきた理由は何であろうか。世代が変わり、状況が違っても、それらのことを超えて訴える内容がなかったならば、今日に至るまで人類はそれを保存することはできなかったであろう。

次に、これらの古典は、ある部族や民族が、自分たちの時代的な水準と状況によって制約されていた内容を含むほかなかったにもかかわらず、それがその部族で断たれることなく、数千年もの間、環境が全く異なる民族的な障壁や国境を超えて尊重されている場合、それはある片隅で発生したものでありながらも、それを超えて、人間全体のある種の問題と関連のある、普遍性を有している生きた証拠である。その上、かつて民族間の排他性、そして交通の不便などを考慮すると、それらのことも色あせるほど強力に訴えるものがあるという、生きた証拠であるといわなければならない。

次に、この古典は数千年もの間継続して再解釈されることで、それが伝えられた文化圏の全ての分野に、決定的な影響を与えてきた。そのため、この古典が影響を与える領域の全ての分野の本来の姿を見出し明らかにしようとすれば、この古典にまで手探りに遡らざるを得ないのである。例えば、インドの「メンタリティ」(mentality) や本来の姿を明らかにしようとするならば、『ヴェーダ』にまで遡らざるをえず、中国の多くの後期の思想やその民族性を明らかにしようとすれば、四書五経にまで眼を向けなければならない。後期の思想的な発展は、相互に異なった姿を現している。ところがそれらを手探りにして遡ると、同じ出発点である古典においてぶつかるのを発見する。あたかも鴨緑江と豆満江が正反対の方向に流れているが、二つとも白頭山の天池《チョンジ》にその源があることを知るようになるごとくである。

古典を研究している人々は、生涯を通して古典と対話することによって、そのなかにある内容を現在化しようとする不断の努力を傾けている。どのような古典でも、われわれと数千年もかけ離れた時代的な制約を受けた、雑多な要素が含まれている。研究者たちは、すでに死物化したその時代の制約というジャングルを掻き分けて、その中枢にある本来の姿を探究しているのである。

そうすることによって数千年の間隔を埋めて、われわれと直接立ち合えるようにしている。そのような研究から、われわれは、それが地域的に遠い所で形成され、長い時間の隔たりがあっても、そのなかから今日を生きるわれわれの姿を見出して、失ってしまったか意識することのなかった人間の姿を発見する喜びを感じている。そのなかにわれわれに通じるものがなければ、いかに研究しようとも全く理解できないであろう。古典の研究者たちは、人間の思想の足跡が、古代に遡れば遡るほど純粋であり、分析的ではなく全体として、生きた力を有していると語っている。

現代人と古典

われわれが生きる現代は、機械文明が極度に発達しているのに比べ、思想的な貧困と、または混乱という特徴を現している。それで、これらの均衡の破壊が、正に人類の危機であるという。このような現代に生きる人間は、急変する現実に自身の立つべき場を見出せず、苦しんでいる。科学技術は高度に発達して、物質的な未来の展望は明るいにもかかわらず、世界の若者たちは、現代において何らの満足も感じることができず、既存の全ての思想や制度に挑戦している。これは、思想の貧困からくる足掻きであるといえよう。

思想の混乱を克服する道は、原点に帰って新しい出発をすることのほかに、正しい道はないであろう。原点に帰って現在を見るということは、現在に対する批判の拠点を用意することである。

古典を求めることは、懐古主義を意味するものではないのである。それは、未来へと向けるエネルギーを供給するものでなければならない。西欧の近代文明は、ルネサンスがその出発点である。ガンディーの新しいインドは、ヴェーダ思想の背景なくして考えることはできないし、中国のその時々の国家危機の克服は、彼らの古典に対する新しい解釈と発見なくしては正しく理解できないであろう。

古典をもっている民族や個人は祝福されているといえる。彼らは、例え衰残したときがあっても、そのなかにその古典のルネサンスが到来することによって、再生する希望があった。しかし、世界において自分たちの起源を有する古典を所有している民族は、多くはない。仏教の経典はインドにその起源があったが、それは国境を越えて中国、東南アジア、そして極東へと広がって各民族の古典になったのであり、聖書はパレスチナにその起源があるが、ローマの版図に乗って西欧の人々の領域に広がって彼らの古典になった。

古典は、それを有している民族や個人にとって最も大きな宝物でありながら、また大きな障害物にもなり得る。それは継続的に再解釈され現在化するならば、前に進ませる原動力になり得るが、それをそのまま死蔵するならば、未来への扉を遮断してしまう亡霊にもなるのである。したがって、古典の主人は、それを継続的に再解釈することによってのみ、自分たちの伝統を形成することができるのである。ユダヤ教が聖書を律法に固着させてしまったとき、ユダヤ民族にとっては亡霊となったが、キリスト教徒による再解釈で、その閉鎖性を打破して世界に進出し、ついに白人の独占物となるまでに至った。ヒンドゥーの古典もまた、その民族が死蔵しているときには、その当時の指導階級のための御用として保管してしまったが、新しい解釈によってその垣根を打ち破って、その本籍地をアジア特に中国に移す結果をもたらしたのが仏教である。この古典には一定の本籍はなく、常に新しく解釈して所有することでその民族のものになるのである。西欧においては、聖書が長い間定着している間に亡霊に変わるようになった。もしも宗教改革がなかったならば、この古典は西欧を滅ぼし、すでに彼らと決別したであろう。しかし、宗教改革において、この聖書一つを再解釈したとき、それは、いかなる政治や軍事的な運動とも比べものにならない、対社会の革新をもたらすことができた。インドのガンディーの大英帝国に対する抵抗運動も、やはり彼らの古典に対する再発見と再解釈から得た力なのである。

人間は歴史的な存在である。彼は生まれるとき、単純に空虚な空間に落ちるのではなく、伝統という揺籃に委ねられる。彼はそのなかで成長し自己を形成する。それゆえに、この伝統を抜きにして、自己を考えることはできないのである。彼はこの伝統に対抗するかも知れない。しかし、その抵抗の武器は、常にその伝統から与えられたものであり、彼はこの伝統を一つの跳躍台にして前に進むのである。それゆえに、明確な伝統があればあるだけ、その抵抗は強く、その抵抗は前に進む力になるのである。反面、強い伝統がない民族には、抵抗もあり得ない。ところが、このような確固たる伝統を形成するためには、一つの古典を自分のものにして、それを継続して再解釈すること以上の道はないのである。

二　聖書の特性

聖書は古典の一つである。研究者たちによれば、それが文書化され今日の姿に形成されたのは、紀元前八、九世紀から始まって、紀元後一世紀末までであるといわれる。いわば、それが文章として完成されるのに千年の歳月が流れたのである。したがって、単純に、文書化された以後とわれわれとの時間的距離だけでも、三千年から二千年になる。聖書は一冊の本ではなく、それ自体として独立した、いくつもの書が一つにまとめられたものである。そのうち旧約が三九冊、新約が二七冊である。旧約はイスラエル民族の歴史と直結した経典であり、新約はすでに世界の歴史と直結した、キリスト中心の経典である。

旧約には、人類史の始まり、すなわち創世記から始まって、イスラエル民族の起源とされるエジプト脱出記から、国家形成以前の歴史と国家形成以後の話が書かれている。したがって、その資料は、これが書かれる以前に、長い歳月を経てきた伝承である。それは、年代的にその起源を知り得ないときからの、イスラエル部族が得た体験が、口から口へと続けて伝えられたものである。それには継続的な反復と解釈があり、外から入ってきた要素が加えられて、ついにイスラエル民族の共同財産になったのである。

ところが、その名が『聖書』(Holy Bible)となっていることから、これを他のものとは区別された、聖なる内容だけが載っているのであろうという前提で読んでいては、大いに失望するであろう。なぜならば、そのなかには、他のある民族の建国神話や民話または野史などにおいて見ることのできるものと同じように、雑多なものが無数に混在しているからである。

そのなかには、人間の歴史において起こるあらゆるものが全て載っている。見方によっては、人間のあらゆる姿を圧縮した展示場のような感じを与えるのである。そのなかには猥雑な悪と高貴な善があり、不倫と純潔、絶望の哀歌があるかと思えば、歓喜の凱歌もある。そのなかには年代記（歴史）があり、芸術、宗教、哲学などが混在している。記録の様式で見ると、詩歌、詞文、散文、小説など多彩であり、このような様々な形式のなかには、格言のような知恵の断片、祝福、預言、法、祈り、説教などが含まれている。このようなことを見出す読者は、自分が読んできた聖書とは異なると思うであろうし、あるいは異なる聖書ではないかと先ず戸惑うであろう。しかし、聖書という「聖」は後に翻訳するときにつけたもので、それは元来単に「本」となっている。この本には、いわゆる聖・俗の領域が区別されていないのである。その区別があるとしても、それは全く同じ歴史という一つの舞台の上にあり、歴史のなかで区別された領域があるのではないのである。したがって、聖書を一つの宗教の経典であるという前提で、それをそのまま宗教の規範として見ていては、大いに失望するであろう。

それでは、この書から倫理的な規範を見出そうとするのであろうか。そのなかには、確かに原初的な人間倫理の本来の姿が散在している。したがって、高度の崇高さと深さを有した人間愛の片鱗が、今日生きているわれわれを感激させ、ときには、今日のわれわれとはあまりにも対照的であるところから、顔を赤くさせられることもある。しかし、聖書は倫理の教本ではありえない。なぜならば、高度の倫理がある反面、また高度の非倫理的な世界がそのまま暴露されているからである。これら二つは、決して異なる領域に属しているものではなく、一つの事件、一人の人物のなかに混在しているのである。例えば、イスラエルはアブラハム、ヤコブ、ダビデなどを、信仰の祖先、民族の祖先、または過去と未来のイスラエル国家のシンボルとして畏敬している。彼らには確かに偉大な面があり、人との関係において最大のヒューマニティを現している。しかし同時に、彼らは、今日のわれわれの立場から見るとき、許すことのできない不倫も敢行した。その一例として、ユダヤ人たちの羨望の対象であり、模範かつ希望の代名詞になることによって、ついには将来来たるであろうメシアも、彼の後裔であるとまで信じるようになったダビデを見れば、十分である。ダビデは自分の部下の妻に欲を出した後、その犯行の暴露を免れるために、部下を戦場の一線に送って死なせるという、万大の義憤を一身に受けるべき不倫を犯すのである。それだけでなく、ユダヤ民族の象徴であるアブラハムやヤコブのような人たちも、倫理的な側面から見ると、模範といえるような人物にはなり得ない。

それでは、このイスラエルという一つの特殊な民族史において、民族が進むべき模範を聖書において探し求めることができるのであろうか。確かに、イスラエル民族史は、世界にその類例を見ることのできない特異なものである。しかし、この聖書は、イスラエル民族自体を、どのような意味であれ、世界の模範となるに相応しいモデルとして示しているのではない。彼らの歴史は神に対する反逆の歴史であり、敗北を繰り返す弱者の生活であり、横道に逸れる不倫の歴史である。

旧約は出エジプト記をイスラエル民族の歴史の起源としている。この書から、カナンに定着するまでの間、そしてダビデによって大王国が構築され、しばらく後にその国を完全に失ってしまう過程を読めば、イスラエルは決して宗教や倫理的な模範とは見えない。そうだからといって、強靭な民族性として、百折不撓の模範になるものでもない。旧約の編者たちには、ある人物を神聖視して美化しようとする意図はなく、だからといって、自分たちの歴史を輝かしいものとして掲げて、自分たちの罪状を隠蔽しようとする痕跡もない。

このような点において、極めて異なった姿を現している新約も似ている。そこには、ユダヤ教と区別される新しい宗教形成のスケジュールが初めからあるのではない。初めのキリスト者たちは、自分たちの道が新しい宗教団体を形成する道であるとは考えなかった。したがって、宗教に対する特定の定義や、また制度の類を前面に出したりはしなかった。そうだったからこそ、彼らはキリストを信仰しながら、依然としてユダヤ教の神殿や会堂に出入りした。このようなことは、おおよそ紀元後七〇年以後に書かれた共観福音書においても明確に見ることができる。

彼らがユダヤ教から離れて、一つの新しい宗教団体になったのは、自分たちのスケジュールによるのではなく、頑固なユダヤ教に押し出されたのである。後に見るように、彼らの信条も決して一致していたのではなく、それが統一した姿を現したのは、長い歳月が流れた後のことである。

したがって、新約は突出した宗教生活の教本ではあり得ない。

人々のなかには、新約において高度の倫理を高く評価する人もいる。特に山上の教えのようなものは、倫理の世界に大きな影響を与え、高く崇められている。そこには、他のところではその類例を見出し得ない、徹底した愛が提示されている。この愛は新約全体に一貫している。パウロは多くの教理的な教えを提示しているが、結局そのうちの第一のものは愛であるといい、ヨハネは、愛自体において全てのものの鍵を示している。

しかし、新約において倫理のプログラムを見出そうとするならば、すぐに失望するであろう。倫理とは、人間関係の秩序を前提とする。ところが、新約の愛を文字通りそのまま徹底化すると、かえって倫理は破壊される。福音書の真髄として崇められている山上の教えの内容を例としてあげてみよう。その偉大な祝福の宣言において、「貧しい人々」、「飢え渇く人々」、「悲しむ人々」などが、来たりつつある新しい世代（神の国）の主人公になり、祝福の対象になっている。これが一般の倫理において、どうして納得できようか。

右の頬を打たれれば左の頬を、外衣を欲しがれば肌着まで、五里を行けといわれれば一〇里であっても行けということを、倫理行為のプログラムとして強要するとすれば、死んでしまえということと同じようなものであり、悪人であれ善人であれ区別することなく太陽と雨を下さる神のように行為せよということを額面通り受け取るとすれば、正義というものを骨子とする倫理秩序の崩壊を意味するであろう。否、むしろ新約には、反一般倫理的な極端な要素が横たわっている。

例えば、死んだ父母の葬式をしようとする息子に対し、死者は死者に委せておけという言葉や、父母と兄弟、子供まで憎むのでなければ、イエスに相応しくないという言葉のようなものを、倫理教本の項目にはできないのである。

キリスト教によって、倫理の世界に革命が起こったのは事実である。しかし、それは決して社会倫理改革の新しいプログラムによるものではない。愛がこのように強調されながらも、新しい倫理を樹立するための原理にする意図は見えない。そうしていたとすれば、当時の一夫多妻の風習や奴隷制度のようなものを、そのまま放っておくことはできなかった筈である。パウロは、かえって奴隷にその立場から去ろうとしないで、忠実に自分の立場を守ることを勧めているところから、現代人から非難されるほどである。

そうだからといって、新しく現れたキリスト教会が、共同体の模範になっているのでもない。この小さな集まりが、ローマの版図にそのまま乗って、実に短い期間にローマの心臓部にまで進出し得たのは、奇跡に近い現象である。しかし、その教会の制度や構成要素が、倫理的かつ社会学的な側面から見て、模範の対象になるということはできない。そこに参加した人々は、優れた人々でもなく（一コリ一・一六以下、安炳茂、「選ばれた民衆」、『現存』一〇四号）、思想的にも統一されてはいなかった。それは、出発して間もなく亀裂が生じ、反逆者たちが続出した。エルサレムを中心とした教会と異邦教会間の衝突がそれであり、ユダヤ教的な誘惑や当時のグノーシス主義の誘惑にそのまま巻き込まれた事件がそれである。

その主要な人物たちも、必ずしも理想的な模範の対象ではない。例えば、弟子の代表者と公認されたペトロや、キリスト教を広めていったパウロも、局面的には特殊な人物であることには違いないが、決して人間的に〈全てを整えた〉人物たちではないのである。聖書は、彼らの弱点を暴露するのに、少しも躊躇しない。特にペトロは弟子として背いたし、教会の責任のある指導者になってからも、様々な面において不徹底であったゆえに、パウロのような人が偽善者であると、人々の前で面責するほどであった（ガラ二・一一―一四参照）。しかし、教会の代表者を人前でかくも面責したパウロも、倫理的な側面から見ると、模範者であるということはできない。ましてや、東洋的な像から見ると、かえって失望の対象になり得るのである。パウロは独善的であるといえるほど、自分の信条に対して強く固執している。特に自分が伝えた「福音」を絶対視して、「たとえわたしたち自身であれ、天使であれ、わたしたちがあなたがたに告げ知らせるものに反する福音を告げ知らせようとするならば、呪われるがよい」（ガラ一・八）といった発言や、ペトロを人々の面前で叱責してそれを公開（ガラ二・一一以下）したことや、バルナバとの衝突で袂を分かったことだとか、甚しきに至っては、自分に従わなかった者たちを、彼の手紙の最後の挨拶から除外しているが、このような姿は、倫理的な側面から見ると、円熟した人間であるとは評価し難い。

それでは、聖書の特性は何であろうか。それがどのようなものであるゆえに、地球の片隅のごく取るに足らない地域において、数から見ても力から見ても取るに足りない一民族のなかで起こったことを記録したこの書が、国境を越えて世界に広がり、白人たちの歴史形成の中枢の役割をなし、全世界の隅々にまで浸透し、全ての言語に翻訳されて〈永遠のベストセラー〉になっているのであろうか。このような問いは、特に西欧社会に住んでみたり、西欧の思想史を探究したりしていると、一層切実なものになる。西欧の生活習慣、社会制度、芸術品などを見ると、隅々に聖書の影響が浸透していないところがない。西欧の思想も聖書の影響を前提にすることなくしては、理解できないようになっている。例え反キリスト教の旗標を掲げた思想であっても、〈反〉という旗標が語っているように、そこから決定的な影響を受けているのである。ナチズムやマルキシズムの導火線になったヘーゲルも、聖書を背景としたキリスト教の解釈者と自負している。したがって、今日キリスト教に正面から対決しているマルキシズムですら、聖書の影響を抜きにして考えることはできない。彼らは聖書から歴史観を盗用し、聖書の神という言葉を物質という言葉に変えて、反キリスト教ということを彼らの跳躍台にしているのである。マルクスがユダヤ人であるということは偶然ではなく、今日のネオ・マルキストたちがほとんどユダヤ系であるというのも偶然なことではないであろう。

このような現象が、必ずしも聖書の特性を現しているというのではない。しかし、最小限それが問題の書であり、それだけ今や様々な形態で生きて動いているということである。

それでは、聖書の特徴は何であろうか。それは、イスラエルの民族史として見ても、キリスト教徒の生活記録として見ても、またはそのなかに登場した人物を中心に見ても、模範の対象ではないといった。ところが、ここにこそ、その特性を見出す鍵があるのである。すなわち、人間的な側面から見るとき、模範の対象になり得ないにもかかわらず、彼らの歴史が世界の歴史に与えたものが何であるかという問いが、その秘密を解き明かす鍵である。異なる面からいえば、聖書の編者たちは、自分がその一部分である全体としての自分や、または代表的な人物たちの弱点を暴露することを躊躇しなかった。彼らは、イスラエルの歴史自体またはある人物たちの生き方自体を、聖なるものとして区別しなかった。この点は、他の民族史や古典と比較すると、顕著な特性である。それでは、このような自己の暴露は何を語っているのか、ということである。それは自己のデモンストレーションというわけではない。その目は、自分の姿勢の善し悪しにのみ留まってはいない。その目は、正に自分の善・悪にもかかわらず、否、自分が正しいとき、または誤っているとき、弱いとき、または強いとき、敗北したとき、または勝利したときに作用するある力、ある意志、ある手が留まっているという確信を与えたのである。聖書は、ある一つの民族共同体または個々人の生き方の記録なのである。しかし、聖書は、その生き方自体に何らかの価値を認めようとするのではない。その生き方の真只中において経験した何らかのものを現そうとしているのである。それゆえに、自身の生き方自体を超越するある力を自分のものにしたということである。

それゆえに、そのなかにある資料は、ある種の人々には嫌悪の対象にもなり得る。しかし、ある種の人々にはかえって親近感を覚えさせすらする。なぜならば、そのなかの人間像は、完全無欠なものに整えられたものではなく、正にわたしのなかにある雑多な要素をそのまま現したからである。したがって、そのなかから何かを学ぶということではなく、そのなかにわたしを見、わたしのなかに聖書のなかの人間像を見るのである。そうすることによって、聖書のなかの人間像とその歴史が数千年前に生じたある出来事ではなく、正にわたしがそのなかに参加しており、それと共同の運命体であることを経験させるのである。それこそが、その人間の歴史の、そのときその状況において経験したある種の意志、ある手の働きを経験することと不可分の関係がある。

それでは、今日のように科学的思考に洗脳された人間に、実際にそのようなものを見ることのできる目を与えることができるであろうか。

三　聖書を見る目

ある種の人たちは、聖書は霊の目で見なければならないとか、信仰の目で見なければならないと勧める。しかし、その言葉は多くの誤解を呼び起こした。すなわち聖書を理解しようとすれば、ある特殊な〈オルガン〉（Organ 器官）でももたなければならないかのように考える人が多い。もしもそれが事実であるとすれば、聖書は人間にとって必要のない書物である。なぜならば、そのような特殊なオルガンをもっている人ならば、聖書の文字を通じる必要がないであろうし、またそのようなものをもてない人には、全く無意味な書物だからである。
聖書を、霊の目または信仰の目で見よという言葉は、聖書を聖書がもっている眼で見よという意味であれば、それは正しい言葉である。聖書がもっている眼は、正に聖書がわれわれに語ろうとする中心である。

人々は長い間、聖書を生活全般のための教書と見てきた。それで、そのなかから宗教倫理の規範を見出そうとし、さらに、そのなかから歴史、地理そして宇宙観と世界観を形成したのが中世のキリスト教である。このような立場に立った彼らは、地動説を主張したコペルニクスをサタンの後裔のように考え、ダーウィンの進化論が出ると、天地異変でも起こったように大騒ぎした。なぜならば、聖書が形成される時代の世界像は地球が中心であり、その上と下には異なる次元の世界が空間的に存在するものとなっており、また創世記には、初めから人間が創造されたとなっているのであるから、ある種の動物が進化して人間になったとはしていないからである。学問は、この地球の歴史を億単位で計算し、人間の歴史を数万の単位で計算している。しかし、聖書に記録されたアダムからの系譜を、年代史的にそのまま受け入れると六千年程度に計算されるため、教会がこのような科学的な結論に対抗することを、あたかも聖戦の闘士それ自体の姿であると考え、今日においてもそのような人たちは多い。

しかし、聖書はそのようなことを説く教本ではない。聖書はそのような時代的制約を受けた世界観を道具として使用しただけで、いわんとすることは、全く異なるものである。いうまでもなく、聖書を一つの長い歴史的資料と見なし、一つの特定の知識を追究することもできる。例えば、地理学を学んでいる人は、そのなかに出てくる地名に関心があるだろうし、植物学を研究している人は、そのなかの植物の名前を見つけて、その植物が、どの時代にどの地域にあったかということを明らかにする資料にできようし、歴史学を研究している人は、その歴史的記録や状況の描写から、その時代の歴史的資料を見つけることもある。そのなかには、その時代の歴史的資料が断片的に伝承されているため、聖書においてこのような追究をすることが間違いであるはずはない。

しかし、このような特定の関心をもった人が、聖書自体が現そうとすることを見る目がないとき、とんでもない結論に到達する。例えば、聖書の最初の書である創世記を読んでいると、中学生程度の知識だけをもってしても、最初の章から懐疑に陥るようになる。それは、世界創造の過程が、進化論の説明とは決して合致しないからである。その上、創造説話は、互いに異なる二つの資料が並行しているが（一章と二章）、その創造の順序が逆になっている。すなわち一つの資料においては、生物のなかで人間が先に創造されたのに、他の資料においては、後に創造されたものとなっているのである。進化論の枠組みにこの説話を合わせてみようとする人々は、この資料から多くの暗示を受けることもできる。しかし、進化論の原理や順序を見つけるための資料として聖書を評価しようとすれば、その出発からして非科学的である。なぜならば、それは科学を語ろうとはしていないからである。アダムを歴史のなかで創造された最初の人間と見なし、その次に展開される説話に従っていると、すぐにも暗礁にぶつかる。楽園から追放された後、アダムはカインとアベルという二人の子をもつが、カインがアベルを殺す。それでは、世には三人だけがいることになる。しかし、罪を犯して追放されたカインが、他の地域で結婚し、一つの氏族を形成する。このことからして、創世記の説話を一つの意味のない童話のように、笑って見過ごしてしまう危険をもたらすのである。しかし、聖書の編者は、このような矛盾を隠そうとはしない。聖書の編者としては、初めから人類の起源について書こうとするところに目的があるのではなく、すでに伝えられてきている民話から人間（ヘブライ語でアダム）を語ろうとしているだけであるからである。それは神の前に立った存在としての人間を語っているのである。

例えば、ノアの洪水の説話を見るとしよう。ある科学者は、この記録から、いつの時代にその近辺に大洪水があったかという事実に着眼する。彼は地質学的な調査またはその他の伝承によって、本当に大洪水になって、地球上に大きな変動を起こした事実があったことを確認するという場合、彼は、「それだから聖書は本当の真理だ」といい得よう。しかし、もう少し研究を続けると、その洪水は世界全般において生じたことではなく、ある特定の地域においてのみあった。ところが、聖書の記録は、全世界の人類の審判であるといった。現代の科学がもたらす知識を通じて、雨が四〇日間降って地球を覆ったとか、全ての生物を一対ずつ全部箱舟に収容したとか、空に窓が開いたといった類の説話は、全く科学的なものではないという結論になった場合、「それだから聖書は価値のないものである」という結論を下すであろう。

しかし、関心の方向や結論は、聖書自体に責任があるのではなく、どこまでも、関心をもっている者の問題である。聖書記者には、この洪水の説話自体を、そのまま貴重な歴史的資料として伝えようとする意図は全くない。それゆえに、そのような責任を聖書に帰して、その評価を決定づけること自体が非科学的なのである。

四　聖書において示されている歴史の主体

本書においては、便宜上聖書が経典となった順序にしたがって、創世記の説話から始めたが、歴史的に見ると、旧約は元来出エジプト記を起点にしているのである。出エジプトの事件は、礼拝儀式の形式でできているが、それは少しずつ変化するか新しい要素を加えるかしながら、あたかもシンフォニーの中心メロディーのように反復されている。

「わたしの先祖は、滅びゆく一アラム人でり、わずかな人を伴ってエジプトに下り、そこに寄留しました。しかしそこで、強くて数の多い、大いなる国民になりました。エジプト人はこのわたしたちを虐げ、苦しめ、重労働を課しました。わたしたちが先祖の神、主に助けを求めると、主はわたしたちの声を聞き、わたしたちの受けた苦しみと労苦と虐げを御覧になり、力ある御手と御腕を伸ばし、大いなる恐るべきこととしるしと奇跡をもってわたしたちをエジプトから導き出し、この所に導き入れて乳と蜜の流れるこの土地を与えられました」（申二六・五―九）。

このような内容は、続けて後の子孫に伝承したものであることを、次の言葉において見ることができる。

「将来、あなたの子が……尋ねるときには、あなたの子にこう答えなさい。『我々はエジプトでファラオの奴隷であったが、主は力ある御手をもって我々をエジプトから導き出された。主はわれわれの目の前で、エジプトとファラオとその宮廷全体に対して大きな恐ろしいしるしと奇跡を行い、我々をそこから導き出し、我々の先祖に誓われたこの土地に導き入れ、それを我々に与えられた。……』」（申六・二〇—二三）。

このような内容の告白が、サムエル記上一二章八節、詩編一三六編一—二六節、ヨシュア記二四章二—一三節などに続けて反復されているが、最後のものは遥かに詳細で新しい要素が加味されたが、全て出エジプト記の内容を要約したものである。

ここで注目すべきことは、彼らはエジプトにおいて奴隷であったという告白である。

そのときの彼らを〈ヘブライ〉と称したが、それは一民族の名ではなく、底辺の階級を現した言葉である。また、イスラエルだけでなく、古代の中東にaprを根幹とするハビルなどと呼ばれた階層がいろいろな文献に出ている（第二部第四章以下参照）。彼らは今でいう民衆である。したがって、彼らは自分たちの伝統において、民衆の解放を主題にしている。ところが、その伝統がイエスにおいて明確に継承されている。ギリシア語の〈オクロス〉とは、正にイエスを巡るその民衆を称している言葉である。ところが、この民衆の解放が大きな主題として、聖書全体を貫いている。この点が、他の全ての古典と比較するとき、聖書固有の特性であることが再確認されるのである。この点については、本書において引き続き注目していくことになるであろう。

五　聖書の資料と編集

例え聖書に対する特別の知識がない人であっても、純粋な目でその記事を読んでいくと、これを伝えようとしている記者が、この伝説を通じて明らかにしようとする核心となる意図を見出すことができるであろう。例として、先に言及した記録を観察してみよう。

すでに指摘したように、創世記説話には二つある。創世記一・一―二・四aまでが一つであり二・四b以下のものが他の一つである。初めの資料は、その終わりの部分である二節と三節などにおいて、七日目になる日に対する叙述法が、他の祭司の文書と一致するので、学術的にP資料と称される。この叙述においては、宇宙創造の過程を語って、宇宙論の関心を明確に表明している。ところが、その叙述の内容は、洪水を経験している沖積層地域において見ることのできる世界像である。[1] このような混沌状態は、フェニキアのサンクンヤトン（Sanchunjathon）などにおいて見ることができる。したがって、これは固有な説話ではない。しかし、編者はこの説話を神学化しようとする努力を明確に示している。例えば、他の世界形成の神話は、主に太陽と月をよく用いるが、ここでは「光明」（mā'ōr）という単語を選択していること、混沌のなかにあっても、ある種の多神的な要素になる、半神的な要素を完全に排除していること、そうすることで、神の絶対主権の舞台としての宇宙論を現している。そのような努力の一つとして注目すべきことは、神の創造行為を現す単語を、人間の操作を現すものと区別して用いているが、〈バラ〉（br'）がそれである。

これに対して、他の資料（神をJahweと書くのでJ資料という）は、宇宙創造より人間に対して焦点を合わせている。P資料においては、神が自分の姿に似せて男と女を創造したのに対し、J資料は人間（アダム）を創造したが、彼が一人でいるのはよくないとして、アダムの骨を取って同伴者を作ったというのである。ところが、この人間が創造の真意とは異なって、「堕落」して「楽園追放」の過程を経るほかなかったことを描写しているが、これは人間の歴史化の過程を語っている。その説話も、よくある民話的な内容ではあるが、神学的な作業をしているのである。その一つは、神と人間との関係を焼き物師と粘土の関係として描写し、造物主と被造者を質的に区別しようとしていることである。バビロニアのアトラハシス（Atrahasis）創造叙事詩にも、人間創造の説話がある。ところが、その目的は、その神たちの侍女、神託の仕え人にしようとするものである。しかし、アダムはこの世界を管理させるために造られた（創二・一五）。この点はP資料にはもっとはっきりと表現されている。人間は地上の全てのものを開発し、自然とその上にある生き物を治める権限を賦与されるのである。

以上において、異なる二人の編者がいたことを指摘した。彼らのほかにもまた異なる編者の痕跡を見ることができるが、彼らはそれ以前に伝承された民話を資料として有しており、それを編集して神学化している。正にこの神学化の過程が、注目すべき対象なのである。

もう一つの資料であるノアの洪水の説話を見るとしよう。それは創世記六章五節―九章一七節までの記録である。ところが、この内容を詳細に見ると、先ず重複していることと同じ事実を、異なるように重複していることを見出すことができる。例えば、六章二二節と七章五節を比較すると全く同じ内容であるにもかかわらず、一つだけ異なるものがある。六章二二節は神（原文はElohim）といい、七章五節にはヤーウェ（Jahwe）といっている。すなわち神の名が異なるのである。また同じ内容が反復される。例えば、箱舟に入れという命令が、六章一八節と七章一節に二度反復されている。また、命令した内容が顕著に異なるものがある。例えば六章一九～二〇節、七章一五―一六節には、全ての生き物を一対ずつ箱舟に乗せたことになっているが、七章二節には、清い獣は七対ずつ、そして不浄な動物は二対ずつとなっている。また洪水が終わった後箱舟から出てきた次の説話も二つある。八章二〇―二二節には、ノアが捧げ物を献げたとき、神が、「人に対して大地を呪うことは二度とすまい。人が心に思うことは、幼いときから悪いのだ。わたしは、この度したように生き物をことごとく打つことは、二度とすまい」といったが、九章一―一七節には、神の祝福と契約で結んでいることになっている。

以上の簡単な比較をもってしても、一般の読者は、洪水に対する二つの伝承があったという事実と、それは編集されたということを知るであろう。一方学者たちは、その原文の研究から、これら二つの資料の言葉の構造が全く異なっていることを明らかにしている。また学者たちは、洪水の説話が聖書だけにあるのではなく、中東アジア一帯にすでに広がっていたことを見出した。したがって、その旧約の洪水説話自体が特殊なものではなく、すでにあったその説話をどのように解釈するかということが重要なのである。

この洪水説話は七章から八章のなかほどまでである。ところが、その説話の前後に、その意味を解釈する序論と結論がある。洪水が生じた原因は人間の罪悪に対する神の怒りである（六・五—七）。神は地上の全ての生き物をぬぐい去るために洪水を起こすのである。ところが洪水の後に神は、「人に対して大地を呪うことは二度とすまい。人が心に思うことは、幼いときから悪いのだ。わたしは、この度したように生き物をことごとく打つことは、二度とすまい。地の続くかぎり、種蒔きも刈り入れも寒さも暑さも、夏も冬も、昼も夜も、やむことはない」（八・二一—二二）となっている。もう一つの資料の結論である九章にも、二度と人間を滅ぼすことはないという約束は同じであるが、そのなかには、人間と神の契約によって、人間は絶対に「人の血を流さないこと」（五—六節）と同時に、神は人を滅ぼさずに、産み栄えさせることを約束している。この序論と結論を見ると重要な事実が見出される。それは、人間の罪悪は死に該当するということである。

神の最初の怒りは、人間と地上の生き物を全て滅ぼすことにしている。しかしその結果は、かえって新しい祝福、新しい出発に対する宣言に変わる。それは、人間が善であるからではなく、神の一方的な慈悲によるものである。ここから、「この歴史、この人間の生活は、ひとえに神の恵みによってのみ可能である」という歴史観を見ることができる。

この説話自体はその時代の制約を受けている。したがって非科学的である。しかし、聖書はこのような民話を道具にして、偉大なる思想を展開し、荘厳なる宣言をしている。それは聖書に一貫している大きなテーマである。聖書を読むとき、人はこのような核心的な主張に立ち向かわなければならない。その中心的な主張の前で初めてそれを拒否するか受け入れるかという決断をすることができるのである。

先に列挙した例において見たように、旧約には様々な部類の資料が混在しており、その資料の多くのものは民話的なものである。そのような民話が、イスラエルの信仰によって継続して再解釈されることによって思想化されたのであり、それを聖書の編者たちは編集を通して、その時代の人に与える書として蘇らせ、一つの体系を形成したのである。それは新約の場合も同様である。

新約において最も問題になるのは、四つの福音書である。この四福音書は、一つの事件、すなわちイエスに起こった事件を報じたものであるが、それぞれ極めて異なる姿を呈している。先ず、最初の三福音書、すなわちマタイ、マルコ、ルカは、その資料やまたその順序から見て、かなりの共通点を有している。それで、学者たちはこれら三つを共観書福音書という。これに対しヨハネによる福音書は、その資料や順序や観点が共観福音書とは異なっている。それで、学者たちはヨハネによる福音書を別に扱い、その年代も比較的後期であることから、史実に対する報道としての価値を重視せず、その神学的固有性により一層の関心を寄せている。

先ず、共観福音書をもう少し詳しく見ることにしよう。ルカによる福音書の記者は、その福音の冒頭に、次のように記録している。

「わたしたちの間で実現した事柄について、最初から目撃して御言葉のために働いた人々がわたしたちに伝えたとおりに、物語を書き連ねようと、多くの人々が既に手を着けています。そこで、敬愛するテオフィロさま、わたしもすべての事を初めから詳しく調べていますので、順序正しく書いてあなたに献呈するのがよいと思いました」（ルカ一・一―三）。

以上において、ルカがその福音書を、何をもってどのように書いたかということが明らかになった。

第一に、彼がその福音書を書くとき、すでに、「わたしたちの間で実現した事柄について」書かれた文書があったということである。この言葉は、彼がイエスに起こった事件について、すでに記録した資料をもっていたということである。

第二に、それらの資料は、その事件を「最初から目撃して御言葉のために働いた人々が伝えた」ものであるということが分かる。

第三に、ルカはこれら全ての資料を総合して、「詳しく、……順序正しく」書いたという事実である。

それでは、それらの資料とはどのようなものであろうか。ルカがこの福音書を書いたのは、紀元後一世紀末頃である。イエスが処刑されて六、七〇年が経過したときである。その間に、イエスに対する話が口から口へ伝えられていて、ある段階に至って成文化された記録が出てきた。ところが、われわれが明らかにできるもののなかに、凝縮された資料として、二つを見出すことができる。そのうちの一つがマルコによる福音書である。

ルカによる福音書をマルコによる福音書と比較すると、イエスの活動舞台の地理的順序がほとんど一致する。マルコによる福音書には、イエスが洗礼者ヨハネから洗礼を受けたところから出発して、荒野の試み、ガリラヤで弟子たちを選ぶと同時に、主にその地を活動の舞台にし、最後にエルサレムに上って約一週間もの間活動していて、逮捕され処刑されるのである。ルカによる福音書はおおよそこの順序に従っている。したがって、彼がマルコをその中心資料としてもっていたことは疑う余地がない。ところが、ルカにはマルコにはない言葉が多い。先ず、ルカからマルコを除くと、もう一つの他の資料の輪郭が現れてくる。その資料を明らかにしようとすれば、マタイによる福音書と比較してみると分かる。

マタイもルカのようにマルコの順序にほとんどそのまま従っているが、そのなかにも、多くの異なる言葉が見える。マタイからマルコを除くと、その資料を見出すことができる。ところが、これら二つ、マタイとルカからマルコ資料を除いた残った資料を比較すると、ほとんど同じものがある。したがって、ルカとマタイは、マルコのほかにもう一つの資料をもっていたことを知ることができる。しかし、それは、マルコのように独立した文書としてわれわれに伝えられてはいない。それで学者たちは便宜上その資料をQ（ドイツ語のQuelle〔資料〕の頭文字を取ったもの）と称している。そうすると、ルカはQというもう一つの資料をもっていたことが分かる。

ところが、ルカからマルコとQを除いてなお残るものがある。それはマタイにもないものである。したがって、人々はそれをルカの特殊資料であるという。これで、ルカは自分が直接目撃したことを記録したのでもなく、直接創作したのでもないことが分かる。彼は、すでにある資料を「詳しく」、「順序正しく」整理した編集者であった。彼は、マルコの順序にQ資料を間々に挿入したのである。ところが、その編集順序は、マタイとは全く異なっている。Q資料は大体語録であるが、例えば山上の教えや比喩などがそれである。ところが、マタイはこのQ資料の多くの部分を五―七章に収録しているのに対し、ルカには六章にその一部があり、あちこちに散在している。[2]

しかし、ルカやマタイは、ただ何の考えもなくそれらの資料を羅列したわけではない。彼らは各々彼らの立場によってそれを編集することによって、それらを再解釈したのである。それゆえに、同じ資料であっても、少しずつ違うように伝承されているのである。このことは、二つの福音書がそれぞれ異なる固有の資料を提供してはいるが、その配列において、その立場の違いが現れているという点において、際立って見えるのである。

以上において明らかになったことは、共観福音書のなかでマルコが最も早く書かれた福音書であるという事実である。それではマルコはどうであろうか。先ずマルコを読むと、それはイエスに関して書かれたものでありながらも、伝記ではないということが分かる。伝記とは、ある人物の生涯を客観的に叙述するものである。客観的な叙述というのは、彼が生まれたときから年代的に順序を明らかにし、いつ、どこで、どのような状況においてということを明らかにし、彼の風貌などを叙述することも重要な要素の一つである。われわれは、その当時のある種の英雄の伝記を知っている。そのようなものと比較すると明らかに違っている。マルコには、イエスの幼い頃の話もなく、公生活の話から始まっている。ところが、彼には、年代的な正確性を現そうとすること、その時代の状況を明らかにすること、イエスの風貌を現そうとすることには関心がない。彼は漠然と、「その頃に」、「そのときに」、「その次の日」、「数日が過ぎて」といって、それがいつであるのか知る由もなく、イエスの風貌については全く言及せず、彼は髭を生やしていたか、背丈が高かったか低かったか、全く知りようがない。彼にはイエスの生涯を叙述しようとする関心よりも、ある一つの焦点に向かって筆を進めている。それは、「そしてすぐに」という接続詞で簡単に過ぎてしまう叙述法において見ることができ、イエスの言葉も、これといって多く記録していないところからも分かる。彼は、すでに一つの形態で凝縮され、断片的に伝承された資料を編んだ。ところが、彼の関心はイエスの受難史に集中している。それゆえに、イエスの記録の半分ほどが彼の受難史に集中している。このことは、それと並行しているQ資料には全くないということを勘案すると、特異なことである。

ところが、その受難史も伝記的ではなく、彼の死の意味を語ろうとする告白的なものである。

すなわち彼の関心は、なぜ、どのように受難に直面したかを客観的に明らかにしようとすることよりも、彼の受難にはどのような意味があるかを明らかにするところにある。

イエスの受難史は、マルコがこの福音書を書くまで少なくとも四〇年間を口から口へと伝えられ、キリスト者たちはその共同体のなかで、それを祈りとして、讃美として繰り返している間に、その伝承には一つの枠組みができたのである。初めキリスト者たちは、イエスの生涯よりも彼の死の意味にその関心を寄せ、またその死が何かを意味するということを宣布するのにその宣教の焦点を置いた。それで、マルコはこうして形成された受難史を伝えているのである。換言すれば、マルコは一人の歴史家としてイエスを客観的に叙述したのではなく、そのときのキリスト者たちのイエスの事件に対する証言を、編集し伝承したのである。

したがって、われわれが福音書を見る目は、その叙述された諸々の資料が、科学的であるか、合理的であるかではなく、そのようにして伝承された資料において、そしてその資料の編集において、イエスをどのように理解し、何を語ろうとしているかに集中しなければならないであろう。

新約を読む読者が最初にぶつかる障害は、イエスの誕生説話を巡るいわば前歴史である。これはマタイによる福音書とルカによる福音書にはあるが、先ず指摘しなければならないことは、二つの資料が全く異なるということであり、最初の福音書であるマルコによる福音書にはないということである。これから見て、二人の福音書の編者たちは、後にめいめい民話のような形態として伝承されてきた内容を資料として収録しながらも、編者の立場を反映したのである。マタイには、幼いイエスが生まれるときから迫害の対象になっている。ヘロデ王が、彼が誕生したということを聞いて脅威を覚え、虐殺しようとしている。そのような状況において、その幼児の誕生の知らせを聞いてやってきた礼を尽くす人々は、東方からやってきた〈占星術師〉たちであったが、彼らはこの幼いイエスに王として礼遇する。ついにこの幼児はエジプトに難を避ける。このような一連の内容はモーセの説話を彷彿させる。王的な待遇がそうであり、幼児たちの虐殺がそうである。マタイによる福音書の編者は、ユダヤ律法の象徴であるモーセに対して、新しい法を与えるキリストを浮き彫りにしようとしていることは間違いない。

これに対して、ルカの誕生説話は、その幼児が飼葉桶で生まれ、賎職として知られていた羊飼いたちの礼を受けるものとして描かれていて、マタイのそれとは対照的である。貧しい者のメシヤとしてイエスを浮き彫りにする彼のメシア観の反映であることは間違いない。ともあれ、このような説話においてその史実性に執着し懐疑に陥るのは、田畑で機械類を見つけようとするようなものである。否、このような説話は事実を語ろうとしているのではなく、彼らのメシア観を民話的な叙事詩のなかに込めたのである。

ところが、このような目は聖書だけに適用されるのではない。それは他の文書を理解するときも同様である。例えば、シェイクスピアの作品には亡霊がよく登場する。もしもある読者がこれを読んで、シェイクスピアは亡霊を信じていると断定したり、亡霊が登場するのでその作品は非科学的であり、したがってそれを完全に無視してしまったりするとすれば、その人は愚かな人である。彼が亡霊を登場させたのは、亡霊自体の有無を語ろうとするところに目的があるのではなく、そのようなものを道具にして、彼の思想を表そうとしたということを知りうるゆえに、その亡霊は彼を理解するのに、何の支障も与えないのである。ところが、聖書を読む人は、意外にそれが表そうとする本来の意味を見ずに枝葉的なことに捕らわれる。なぜならば、聖書は特別な書であるから、特別な目がなければならないと考えるからである。否、聖書は人の言葉、人が書いた文字でできているのである。それは、人間はその文書を通して、そのなかに書かれていることの意味を理解することができることを意味する。

ところで、問題は聖書を批判してもよいのかという問題である。無論、批判するという立場はいろいろあり得る。ある人はそれを否定するために批判するであろうし、ある人は、科学やあるいは思想的な立場に立って、それを分析し批判することもできよう。しかし、その聖書自体が何を語ろうとしているかを正しく理解するために批判することもできる。聖書も人間の文字で書かれているので、理解しようとすれば、分析することなくしては不可能である。したがって、それを正しく理解するために批判することを不敬罪であるという人は、聖書がなぜ書かれたかを無視しているのである。聖書批判を排撃している人々は、その批判の精神が理性主義からきていると考えるからである。しかし、聖書批判はいわゆる理性主義から始まったのではなく、すでにキリスト教の初期から始まっていたのである。

聖書批判の最初の大家は、三世紀の教父カイサリアのオリゲネスに始まる。彼は、聖書の著者の問題、そのなかの本質的なものと非本質的なものの区別、聖書のなかの矛盾を指摘し、特に福音書間の蹉跌と矛盾などを広範に批判して、その本来の意味を明らかにしようとした。また同じ世紀のディオニシウス（アレクサンドリアの監督）は、ヨハネの黙示録の著者はヨハネによる福音書の著者と同じであるという主張に対して、二書の思想や文章を比較して、二つの書の著者は全く異なるということを立証した。彼のこの主張は長い間黙殺された。しかし、ルターに至ってそれが再び問題になっただけでなく、彼はさらに進んで、ヨハネの黙示録はキリスト教の文献ではありえないとして、最初の彼の翻訳から除外してしまったほどである。

ルターの偉大な業績の一つは、聖書を翻訳すると同時に、聖書は聖書をして批判するようにせよという解釈法の基礎を打ち立てた点である。彼は聖書を、幼い児が寝ている飼葉桶であるといった。この言葉は、その全体が幼児なのではなく、そのなかに幼児が寝ているという意味であり、それは同時に、そのなかには藁くずの類も混在しているということでもある。そのような意味において、彼はヤコブの手紙のようなものを、藁くずと同じであるとまでいった。これは、彼が聖書のなかで、本質的なものと非本質的なものを区別したことを意味する。批判の目で聖書を見たのは、カルヴァンも同じである。カルヴァンは教会の建徳のことを考えたので、ルターのように露骨な表現は用いなかった。しかし、彼が生涯にわたって聖書の講解に総集中し、聖書全体を無数に引用し講解しながらも、新約聖書のヨハネの黙示録と旧約聖書の雅歌をたったの一度も引用していないということは、彼の批判精神の一側面を現したものである。

しかし、聖書を本格的に、学問的に批判研究したのは近代に入ってからである。近代の聖書批判研究の契機は、一般の他の学問の新しい発見とその傾向から刺激を受けて生じたものである。そのなかの重要ないくつかをあげることにしよう。第一に、自然科学の発達である。以前には、聖書の宇宙観に合わせて天動説を主張してきたが、コペルニクスが地動説を唱えた。そのとき、教皇はこの主張を反聖書的であるとして権力で封じてしまった。しかし、その後ブルーノの宇宙の無限大説、そしてケプラー、ガリレイの後を継いでニュートンの万有引力論などが認定されることによって、聖書の宇宙観にそれ以上固執できなくなった。

第二は、人文主義者たちの古典に対する果敢なる学問的研究が、在来の古典に対する理解を覆す結果をもたらしたことである。

第三は、このときの傾向と並行して、ベーコン、デカルトなどの認識論に対する反省と相まって、このような観察と実験を経ない全てのものは全て偏見であり独断であると主張したことである。それで、伝承的なものを全的に懐疑する現実などが、在来の聖書観に懐疑を抱かせ、聖書を新しく批判、研究するほかないようにした。それからの三〇〇年間、過去の聖書観とその上に打ち立てられた全てのものが崩壊する過程を経た。このときから、聖書は開いて読む前に先ず信じよという主張に対して、開いて読んでみて信じなければならないという方向に移ったのである。それで、聖書の言語学的研究、文献批判的研究、歴史的研究、宗教社会的研究を経て、そのときまで闇に包まれていた聖書の言葉の意味、その構造、その時代的背景などを明らかにすることによって、聖書本来の姿を明らかにするのに、大きな光を照らしたのである。しかし、彼らは、その時代的潮流の行き過ぎた影響を受けた結果、あまりにも早急な突拍子もない結論を出すという過誤を犯した。

しかし、二〇世紀の初めに至って、聖書の固有性を見直す目が開いた。この固有性の発見は、かの批判研究の過程を経てこそ可能だったのである。

それでは、一般の読者もこのような批判的研究を必ず必要とするのであろうか。そのようなことを知らなくても、そこから力を得ることができるのではないだろうかという疑問が生じる。しかし、このような問題は、他の文献を読む場合と異なるものではない。どのような書であれ、それについての専門的な研究がなくても、読んで感激することはできる。しかし、そのような場合にはいつも、分からないことをそのまま見過ごしてしまうほかなく、また、それがいおうとすることとはほど遠い、突拍子もない結論で自己陶酔するのである。聖書を読むとき、理性から逃避しないで、その現実と正面から立ち向かおうとするならば、程度の差はあるとはいえ、分析し批判するほかないであろう。ここで、批判はそれを理解するための杖である。

聖書は人間に与えられた書である。それは、人間が読んで理解するように書かれたものである。理解なき信仰は盲目的である。ときとして盲目的な信仰を称讃する人もいる。しかし何に服従せよといっているのかも知らないで行動することはできない。真の信仰は、理解することによって可能なのである。聖書批判を恐れるのは、むしろ聖書に対する不信であるということも忘れてはならないであろう。本当に聖書の教えが真理であると信じているとすれば、批判を恐れることはない。真理はいかに批判しても破壊されることはないと信じることが、むしろ大きな信仰ではないだろうか。

第二部　約束を信じて生きた民族史——旧約

一　同一書の民族、イスラエル

一九四八年、イスラエル民族がパレスチナに国を再建したとき、人々は三千年の古木から花が咲く奇跡が起こったといった。

この民族の名は三つある。ヘブライ、イスラエル、そしてユダヤである。国家の形態としては、イスラエルとユダ王国〔ユダヤ〕が一つになったり分かれたりしたが、イスラエルの北王朝がアッシリアに滅ぼされたのは紀元前七二一年、ユダの南王国がバビロニアに滅ぼされたは紀元前五八六年である。その後は、ときとして支配国の寛容で自治権が拡大した期間と、一時的に自力で首都エルサレムを取り戻して彼らの版図を広げ、たとい完全な自由を享受することはできなかったとしても、実質的な主権行使をしていたハスモン王朝時代（一名マカバイ家、紀元前一四二～六三）の七九年間を除いては、続けてシリア、バビロニア、セレウコス、そしてローマ帝国の植民地としてその勢力下で苦しんだ。このようななかで、彼らの無念さと憤りは極に達し、ついにローマ帝国に対する民衆蜂起を起こしてユダヤ戦争を誘発したが（紀元後六六～七〇）、結果的には完全に敗北し、彼らの生命の象徴であるエルサレムの城とその象徴である神殿は焦土と化し、民衆となった彼らは、自国を追われる身の上となった。ローマはユダヤ人を粛清したわけである。その具体的な証拠としては、その地名を、彼らの古代の宿敵であったペリシテをとって〈パレスチナ〉と変更したことにおいても見ることができる。

このように、主権はさておき、自国からさえ追われて全世界に散らされて放浪する民族となって二千余年、自分たちの風俗はいうまでもなく、自民族の言葉さえも完全に忘れるほかなかったのである。このような放浪の生活は、彼らをして歴史に類例のない、悪名高い民族にしたが、それは白人たちの優越感と排他性に第一の原因があるであろうが、彼らも生き残るために、貧困と迫害のなかで、窮し身をすくめて生きたからでもある。しかし、正にそのような受難のなかで、彼らは経済的にまたは精神的に生きる方法を学んで、国際的な経済界において相当な勢力をなし、また、ときには世界を左右する無冠の帝王のような天才たちが突出して世界を驚かせ、またそれだけに嫉妬の対象にもなった。イエスもユダヤ人であるが、正に彼によってなされたキリスト教に反旗を掲げた人々のなかで、カール・マルクスをはじめ、精神世界においてキリスト教に挑戦して革命を起こした精神分析学者のフロイト、大哲人スピノザ、天才的な文学者のなかではカフカ、トーマス・マン、音楽界にはメンデルスゾーン、そして現代の科学と技術に革命を起こしたアインシュタインのような人たちは、全てこの民族の血を受け継いだ。そして、最近に至って、哲学の左派ないしネオ・マルキストとして知られている、フランクフルト学派のアドルノ、ホルクハイマー、マルクーゼ、ハーバーマス、そしてエーリッヒ・フロムなどもユダヤ人であり、新しい角度からキリスト教に挑戦することで、逆に影響を及ぼして希望の神学を触発させたブロッホも抜きにして考えることはできない。

西欧文明に接する人々は、ユダヤ人の文化的な浸透に驚くであろう。内的には、反ユダヤ主義が白人の世界にこれほど広がり、反ユダヤ主義を知らずしては、白人の精神史の裏面を理解できないほどにまで至った。史的に見れば、ローマのネロの時代から、スペイン、ロシアをはじめとした全ての白人世界において、そして、ついにはヒトラーの指揮で史上二度とあり得ないユダヤ人虐殺、否、根絶運動が繰り広げられた。それにもかかわらず、西欧文化の遺産を見ると、ユダヤ人のもので氾濫している。中世からの芸術世界や思想に、ユダヤ人の歴史がテーマとなり、ヘブライズム（Hebraism）というものがヘレニズム（Hellenism）と共に、西欧文化の二つの文脈をなしている。ヘブライズムは続々と浸透し、西欧人たちの名づけにまで決定的な影響を及ぼした。何がこのようにしたのであろうか。それはいうまでもなく、キリスト教を背負って堂々と登場した、旧約聖書のためである。ユダヤ人とユダヤ教は排斥しながら、旧約をキリスト教の経典として受け入れた結果、根源的に彼らに屈服したわけである。それゆえに、ニーチェのような人も、ユダヤ人の文化を憎む余り、キリスト教はユダヤ人たちが計画的に世界を征服するための捏造劇であるといったのである。しかし、これは結局ユダヤ主義の威力を暴露したことにすぎない。何がこのようにできたのであろうか。

それが可能であったのは、唯一彼らの民族史であり経典である、〈旧約〉というたった一冊の本のためであるといえよう。彼らは、国を喪失し、独立した国をもつことが独立した民族になり得るという要素であるという定説まで壊わされた状態においても、歴史から消滅しなかっただけでなく、世界を様々な形態で左右したのは、この書に込められている精神によるものであった。

彼らは、例え散り散りになっても、この書一冊だけはどこに行こうともち歩いて、そのなかから自分たちのルーツを見出して過去と断絶することはなかったし、彼らの祖先が仰ぎ求めながらも実現できなかった未来に向けての希望を継承することができた。彼らの祖先が神の約束であると信じる希望は、「乳と蜜が流れるカナンの地」と直結したものであった。

しかし、この書は誰かが他所からもってきたものでもなければ、天から降ったものでもない。そうだからといって、普遍的な真理を語っているものでもない。否、この書は、この民族と共に形成された血の滲むような記録であり、彼らの精神が現実に対抗して繰り広げた戦いからできた事件の記録である。そこには生の凝結、その笑いと涙と告白、そして苦闘のようなものが絡み合っている。それゆえにこの書は、わが国の『三国史記』や『三国遺史』に見るような、年代史的な叙述ではなく、徹底して生きることにおいてもがき苦しみながら形成された、その民族の信仰の集約であり、同時に民族史である。

この書は、すでに述べたように、様々で雑多な要素と題目を有しており、文学的に見ても無数の形式でできている。しかし、その主題は一つである。それは、その民族の歴史を通して経験した神の意志である。この書の内容は、長い歳月を経るなかで、いろいろな階層において繰り返し解釈されながら伝えられてきたものを編集したものである。ところで、旧約はイスラエルの民族史と共に発展したものなので、出エジプト記が最初の書である。それは、彼らの繰り返される民族的告白においても見ることができる（申二六・五—九）。以前のものは、それに準じた前史である。しかし、便宜上聖書の順序に従うことにする。

二　人間史の序章

創造された世界と人間（アダム）

旧約聖書は、創世記を最初に置いている。事実の序列から見ると正しい。しかし、資料上から見ると、出エジプトの事件が創世記の説話より遥か先に叙述されたものである。このことは、創世記の説話が遥かに遅れて成立したことを物語っている。

最初の書は『創世記』としているが、実際は二章までが創造に関するもので、その次の三―一一章は人間の堕落または犯罪史である。

創造説話が二つの資料、すなわちP資料[3]とJ資料[4]に区別されることについてはすでに言及した。P資料は神学的に整然と叙述されているのに対し、J資料は民話的であり、正にそうであるゆえに、散漫でありながら同時に直接的でありかつ包括的である。P資料においては、創造以前の状態を混沌という。この混沌が、神の創造行為の場である。全てのものが創造される前に〈言葉〉がある。この〈言葉〉によって、先ず光（光明）があるようにした後に、秩序が作られていく。地と水、夜と昼が分けられ、そして地から草を芽生えさせ、海に生き物を創造し、地の上に獣を創造する。そして、創造の最後であり、創造行為の絶頂として人間（アダム）を創造する。[5] 他のものはただ存在せよといっているのに対し、人間の創造には「熟考」が先立ち、創造者にかたどって創造したとすることによって、人間も被造物には違いないが、他の生き物とは区別された存在として創造されたことを語っている。ところが、神にかたどってということが何を意味するのかについては論難が多い。用語上からすると、アダムが自分にかたどって「三人」を生んだ（創五・三）というそれと同じである。しかし、このような表現が、神学的な思弁を経る間に問題になって、詩編などには、神に僅かに劣るものとして創造されたとか、または神の足もとに置かれた（詩八・五—七）と表現されている。[6] しかし、重要なことは、形態上であるか本質上であるかといった類の論議ではなく、フォイエルバッハなどが語っているように、人間が自分にかたどって（要請）神を創造したのではなく、その反対であるということを明確に認識するならば、二つの資料の編者たちが語ろうとする内容を知ることができる。すなわち人間は被造物であるということである。創造者は、この世界内の被造物を開発し治める権限を人間に与えたという意味においてその尊厳性が強調されるが、それにもかかわらず限界的な存在であるということもまた明らかにしている。

J編者は、宇宙の創造には特に関心がなく、この地を培うために人間を創造し、人間の住処として楽園を創造しているように叙述している。J編者は人間に焦点を置いているのである。したがって、人間とは何かという問いと、それに対する答えを試みている。全てのものは人間のために整えられた。人間はこの地の上で、全てのものを存分に享有する自由が与えられた。しかし、ただ一つ制限がある。それは、善と悪を識別する木の果実だけは、取って食べてはならないというものである。ヘブライにおいて、善悪の区別とは、倫理的な識別だけを意味するのではなく、全ての秘密を知るという意味としても使われる。[7]ところが、それを取って食べてはならないということは、それを禁じる神の意志を拒否する自由ですらも賦与されたということを前提にする。これで、人間（アダム）が何であるかということに対する答えが自明となる。それは、自由と禁令、無限と有限の緊張関係のなかで常に決断しなければならない存在であるということである。いわば、エデンの園は、ユダヤの人々をはじめとした人間が思慕する楽園の象徴になった。エデンを一定の地域と一致させようとする努力はほとんど無意味である。エデン（eden）という単語の意味は、〈歓喜〉である。しかし、預言者イザヤはこれを神話の概念として用いている。したがって、荒廃したシオンをエデンに、またはヤーウェの園に造るであろうという。そうしながらも、語源的な内容をつけ加えて、〈喜び〉と〈楽しみ〉、すなわち歓喜が満ち溢れるであろうという（イザ五・三）。しかし、それは人間が考え出したユートピアとは全く異なるものである。ユートピアの思想や楽園復帰の思想は、両者とも、今の生活世界に対する徹底した不安ないし諦念の意志が働いているということにおいては同一である。しかし、ユートピア建設の主体はどこまでも人間である。ユートピアという名称の発端は、トーマス・モアの『ユートピア』という小説（一五一六年）においてである。その先駆としては、プラトンの『ポリテイア』〔理想国〕を指摘することができるが、モア以後にカンパネラの『太陽の都』（一六二三年）、ベーコン（F. Bacon）の『新アトランド島』などが、政治形態、経済体制、宗教的独裁または技術の発達などによる、人間の力でなしうるとする理想世界を描いたものである。しかし、これら全てが大きな過ちを犯しているが、それは、人間の能力に対する限界測定と、悪の力に対する正しい計算ができなかった点である。それゆえに、幻想なのである。その幻想が、第一・二次世界大戦において事実上崩壊した。共産主義の世界もそのような類のもので、現在人口の相当数をその影響圏内に置いているが、すでに、究極的な境地である共産主義世界に対する信念はなくなり、むしろ逆転している様相である。これに比べ、創世記説話の主題は、徹底して創造主である。それは人間に与えられたものであって、人間が構築した世界ではないのである。

創世説話において、宇宙の起源やその成立の過程を問うのは、徒労である。神が創造主であるということは、宇宙観の説明ではなく、人間の存在に対する信仰告白的な答えである。したがって、創世説話を進化論の教本として見ようとする努力も無意味である。それは、進化論を語ろうとしたり、反対にそれを反証しようとしたりしているのでもなく、宇宙創造の日数である〈六〉という数字を時間的な単位と見なし、それのもつ可能性について是非を論じたり、さらに進めて、宇宙の起源は六千年であるとして固執することと、それに反発することで、根拠のない対立を繰り返したかつての過誤を、これ以上反復してはならない。聖書において提示されている数字は、多くの場合シンボル的な表示であって、十進法または時計の針に依拠したものではない。創世説話の数字は、確かにそうなのである。数は計算するためのものでもあるが、審美的な表示でもあるのである。

または、人間を一日にして土から造ったという叙述を、非科学的であると速断する過ちに陥ってもならない。ここでの〈一日〉が一日二四時間を意味するのでない限り、それが進化論を封じているのではないのであり、また、土で造ったという叙述から、手工業者の作品過程を連想してもならない。すでに指摘したように、焼き物師と粘土の関係を、創造者と人間の関係のアナロギア（analogia）と見ればよいのである。ユダヤの人々はそのように理解したし、パウロもそうしたのである（ロマ九・一九―二一）。それは信仰によって受け入れたのであって、科学的に弁証しているのではないのである。例えば、実存主義者カミュが、人間を「事物の慎重なる無関心」のなかに孤立したと見なしたのは、信仰でもなければ科学的な立場でもないのである。生物学者モノーが彼の『偶然と必然』という書において、生物界には偶然の現象が連発し、そこには何の計画性も目的追求も見ることができないとして、創造信仰を拒否しているが、正にこの偶然の連発現象において、創造意志を信仰することもできるのである。彼の結論は、科学者の限界を超えているのである。

誤って出発した歴史

　創世記の三章から一一章までは、創世説話の続編で、誤った歴史の始発を叙述している。このなかにある資料はP資料とJ資料で、これにはこれを編集した編者の痕跡が明白である。

　いわゆる、アダムの堕落は、神が禁じた禁断の木の果実を取って食べることから始まっている。楽園のアダムは、全ての被造物に対する統治権と自由をもったが、限界のある存在である。ところが、アダムは、この限界線である禁断の果実を取って食べることによって、〈神の前の存在性〉を破壊した。人間は限界づけられた存在であるという本質を破壊したのである。したがって、〈共に生きる存在性〉に亀裂が生じたのである。エバ[8]との関係において、互いに責任をなすりつけ合っているのがその証拠である。

　禁断の果実を取って食べることによって、楽園に安住する人間ではなく、歴史のなかの人間になったのである。それは自由と責任、権利と義務、愛と憎しみなどの緊張のなかで、継続して決断することによって、自分を失うこともあり、得ることもある、冒険の生活が始まったことを意味する。

「主なる神はアダムを呼ばれた。『どこにいるのか。』」（創三・九）

　この最初の問いは、空間としての場所を問うているのではなく、神とどのような関係にあるのかという問いである。それは存在様式に対する問いである。存在は、当初より自明のものではなく、失うことも得ることもあり得るものである。

歴史の人間は、死に物狂いになって苦労しなければ生きられないし、地と格闘して生きなければならず、「お前は顔に汗を流してパンを得る、土に返るときまで。お前がそこから取られた土に。塵にすぎないお前は塵に返る」（創三・一九）といったことは、生きることが正に戦いであり、人間は限界的存在、すなわち〈死に至る存在〉であることを物語っている。

このようにして出発したアダムの歴史は、究極的には責任を負うことができないにもかかわらず、自主的であることを主張しなければならない生き方であり、誤って出発した歴史である。このようにして出発した歴史は、過ち（罪悪）が連鎖して起こるのである。[9]

歴史のなかのアダムに、カインとアベルという息子たちが生まれた。彼らはアダムの分身である。カインは土を耕す者となり、アベルは羊を飼う者となった。アダムが分化したのである。二人は捧げ物をヤーウェに献げて嫉妬を経験し、その結果カインはアベルを殺す。アダムの分身同士が殺し合ったのである。このとき、このような問いが発せられる。

「お前の弟アベルは、どこにいるのか」（創四・九）。

これは、人間が社会的存在、すなわち隣人と共にある存在であることを確認させる問いである。人間は、隣人に対して神の前に責任がある。ところが、アベルを殺したカインは、「知りません。わたしは弟の番人でしょうか」と反発することによって、自分であることを捨てるのである。カインは〈共にある存在〉であることを放棄することで、自ら一人で生きることができると考えるのである。しかし神は、「何ということをしたのか。お前の弟の血が土の中からわたしに向かって叫んでいる。今、お前は呪われる者となった。お前が流した弟の血を、口を開けて飲み込んだ土よりもなお、呪われる」という。

地が人間の血を飲み込んだ。地はカインを告発する。これは犯罪以後のアダムと地との悪い関係（創三・一七―一八）を深化させたものである。これで、カインは流浪の道を歩まなければならなくなるのである。

性的な反抗（創六・一―四）

Ｊ編者は、極めて古代の神話と思われる伝承を通じて、誤った歴史のまた違う面を告発している。その神話は、神の子たちが地上の人間の娘たちと乱交するというものである。そうだとすれば、その責任は人間の娘たちにあるのではない。しかし、この編者はそのような論理に捕らわれることなく、これをもって人間が徹底して堕落したことに対する具体的な象徴にしている。ドストエフスキーの作品のなかには、二つの面において超人になろうとする人たちがいる。一つは、意志で超人になろうとする部類であり、他の一つは、性的な放縦をもってである。責任はどちらにあるかはさておき、神的存在との乱交で、ついには神と人間間の限界を撤廃する結果をもたらしたのである。世が人間の罪悪で満ち、人ごとに悪いことだけを考えているのを見たヤーウェは怒った。

「すべて肉なるものを終わらせる時がわたしの前に来ている。彼らのゆえに不法が地に満ちている」（創六・一三）。

こうして、人間を創造したことを後悔して（これはJ資料）、「地もろとも彼らを滅ぼす」ために、呪いの雨を降らせるのである。先に見た通りであるとすれば、人間とは一種の存在論になる。しかし、創世説話は存在論を展開しようとしているのではない。アダムと神の間のこの説話は、正にイスラエル民族史において展開されるのである。したがって、アダムの説話は、イスラエルの民族史を圧縮したものと考えなければならない。

ノアの洪水説話（創六・五―九・七）

ノアの洪水説話は、一つの民話であり、童話的な要素が込められた内容であるため、現代人は無条件に無視した。反面、考古学の発掘作業でその史的な証拠を主張することに腐心している人たちもいる。例えば、ウーリ（L.Wooley）がカルデア（Chaldea）のウル（Ur）地帯（現在のクウェート、イラン、イラクの境界地帯）を発掘調査した結果、遥か古代にユーフラテス、ティグリス地域において、洪水のために全ての生き物が抹殺されたことがあることを立証した。しかし、この民話は、歴史的な資料としてではなく、創造説話の文脈のなかで異なる意味を提示しようとしている。

その第一の意味は、神は、歴史が行き詰った袋小路に至ると審判をするということである。この歴史は、神が人間を創造したことを後悔するほど、取り返しのつかないほどに腐敗している。これは、誤って出発した歴史に対する審判である。第二に、それは人類を呪った審判ではないということである。むしろ粛清作業という言葉が近い表現であるかも知れない。それゆえに、ノアとその家族だけは例外として新時代出発の種付けになるようにしたのである。神はノアに、「正しい人はあなたのほかにはいない」（J資料）という。〈正しい〉と翻訳されているのは、〈義なる人〉と翻訳することもできる（韓国語改訳聖書）。しかし、それは倫理的に完全であるという意味ではなく、神と正しい関係にあるという意味である。「この世代の中であなただけはわたしに従う人だと、わたしは認めている」（創七・一）という言葉がその意味である。

四〇日間昼夜を分かたず雨が降ったということが反復されるが、生き物を雄と雌の二対ずつ救うように（創六・一九）というところがあるかと思えば、不浄の動物は二対ずつ、清い動物は七対ずつといっているところもある。これは異なる二つの資料を総合した証拠である。ともあれ、こうして、ノアの方舟に収容されたノアの家族と生き物のほかには、全ての生き物がなくなった。新しい時代の出発は、やはり神と正しい関係をもった人で始めるということである。

新しい出発を始めるノアとその子孫たちは、神の荘厳なる祝福と約束を受ける。この叙述は、P編者のものである。その内容はアダムに与えたものと大同小異である。しかし、次のいくつかの点は異なっている。ノアの祝福のなかには、生き物を治めることだけでなく、生き物を糧とすることを許容している。アダムには植物だけを食べるようにしたが（創一・九）、ノアに与えられた約束は、創世説話と結びついて、神にかたどって造られた人間であることを再確認することによって、人権の根拠を強調して、「人の血を流す者は、人によって自分の血を流される」という。これは、カイン以後の殺人の歴史を前提にしている禁令である。しかし、「殺してはならない」という禁令形ではなく、その結果がどうなるかということを知らせる叙述法を用いることによって、人間の自由意志に訴えている。

われわれは、アダムの反逆以来カインの殺人など全ての罪悪相を、いわば原罪説（original sin）の眼鏡をかけて見るように訓練されている。しかし、原罪説に捕らわれる必要はない。アダム以後、人間は可能性の領域に置かれていると考えればよい。神に背くことのできる可能性、兄弟を殺すことのできる領域に全ての人は置かれている。したがって、「人を殺せば」という仮説法で殺人を禁じている。

約束とは、相手方を一つの主体として認めるときにのみ可能である。それをイスラエルは「契約関係」と解釈している。そのような文脈において、神が人間に新しい約束をするのは、正に契約をしたのだと理解しなければならない。契約は、神が自らの権利を制限している行為として、旧約においては大きな意味をもっている。契約の内容は、二度と洪水で人類を審判しないということであり、そのしるしとして虹を与えるという。これは、虹が現れると雨が止むという経験に根ざしているのであろう。しかし、そのような自然現象を神の契約として解釈するのは、旧約独特の把握の仕方である。

バベルの塔と言語の混乱（創一一・一―九）

創世説話において絶頂をなす最後のものは、バベルの塔の説話である。〈バベル〉は〈バビロン〉という言葉のヘブライ語表現である。バビロンは、すでに紀元前千年代には古代中東の文化の中心地であり、当時全ての権力はこの地に集中していた。かの有名な法典を出したハムラビも、旧約において大きく浮き彫りにされるネブカドネツァルもバビロンの王たちである。彼らの文明は、その当時の技術社会の先駆として登場する。本文において、彼らが石の代わりに人工で作った煉瓦を、しっくいの代わりにアスファルトを用いて大建設をしたということがその一面を物語っており、歴史的にも事実である。バビロンが、正に建築の代名詞であるように、考古学の発掘から現れた規模はたいへんなものである。それは、宗教的にも中東に大きな影響を与えた。彼らの神は多いがマルドゥク（Marduck）が主神で、少なくともハムラビの時代にはセム族の領域を席巻した。したがって、彼らは到るところに神殿を建てたが、ある神殿などはその高さが九一、五メートルにもなった。

このバビロンについては、旧約において数多く言及されているが、J編者の時代までも、その塔は完成を見ないまま中断されたようで、すでに国としても衰退していたのであろう。バビロンはヘブライ語では〈バベル〉と称されるが、それは〈混乱〉という意味からきたものである（W.R.Soden）。

バビロンについては、彼らの罪悪が旧約のなかに数多く言及されているが（イザ一三・一四、一四・一三、エレ五一・六以下など)、この説話においては、彼らの憍慢を糾弾している。「さあ、天まで届く塔のある町を建て、有名になろう。そして、全地に散らされることのないようにしよう」(創一一・四)。

ここにおいて、彼らが都市を建設し、同時に自分たちの技術をもって天まで突き進もうとする憍慢さが露呈されている。これは、彼らの言語が統一されていたということに関連する。言語の統一は政治的側面において理解されなければならない。そのように考えるとき、それは権力の中央集権体制を語っているのである。彼らの言語が統一されていたからこそ、そのような傲慢を技術で誇示しているのであり、それは結局神に対する集団的挑戦を意味する。このようなバベルの塔を見た神は、「彼らは一つの民で、皆一つの言葉を話しているから、このようなことをし始めたのだ。これでは、彼らが何を企てても、妨げることはできない」といって、彼らの傲慢の力をなくすために、言語の混乱をもたらすことによって彼らの建設が中断されたというのが編者の神学的な判断である。見方によっては、今日の人間が、自ら作った技術文明でもって宇宙を征服することと、そのために人類が自滅する危機に直面していることを前もって示している。神は、彼らがそのようにならないようにするために事前に介入したのである。

以上の資料を目を疑らして見た人は、これらの資料が相互に関連していなかったことがすぐに分かるであろう。例えば、ノアの子孫たちの系譜と彼らの分裂の説話を前面に出し、それとは関係なく並行しているバベルの塔の説話は、まるで世界人類の全体であるかのように叙述していることなどがそうである。聖書の編者は、いろいろな伝説や民話を自由自在に引用して、最初の誤った歴史を繰り返し強調するところに焦点を置いている。その過ちとは、神に挑戦する人間の歴史である。この誤った歴史の終局の破滅の前に介入する神の意志は、後に主題となる救済史的な史観と関係がある。

三　途上の旅人

族長たち

イスラエル民族の祖先として、アブラハム、イサク、ヤコブがあげられる。彼らはいわば族長たちである。イスラエル民族はアブラハムまたはヤコブを、民族の祖先として崇めている。そうだとすれば、彼らがどのような面においてイスラエル民族の象徴となったのであろうか。道徳的に立派だったのだろうか、それとも偉大なる領導者であったのだろうか、あるいは、他の建国の英雄神話に見るような、超人的な能力を有していたのであろうか。否、彼らにおいては、全くそのような特別な力を見ることはできない。むしろ、道徳的な側面から見ると到底受け入れることのできない、卑怯で惰弱であり、ときには狡猾な面が聖書にはそのまま暴露されている。

アブラハムは、飢饉によりエジプトをさ迷っているとき、自分の妻サラをその国の王に献げることによって、自分の生命の安全を計ろうとしたといわれる。彼を〈信仰の祖先〉としているが、サラが妊娠するであろうという告知を容易に信じようとしない〈懐疑の人〉として知られている。イサクも、ほとんど同じような卑怯さを見せており、これといって非凡さが見られない。ヤコブはなおさら、民族の道徳的な模範にはなり得ない。

ヤコブはそれこそ自分の目的のためには手段を選ばない、悪賢い人物であった。腹を空かした兄の弱点を利用して、パンとレンズ豆の煮物一杯で長子の権利を奪ったかと思えば、父親の祝福を盗むために、仮装することをためらわなかったし、自分にとって利益になることのためには、あらゆる悪巧みを行った。

ところが、彼らが崇めているといわれる祖先たちに対してまで、このような人間の弱点を躊躇することなく暴露することができるという開放性は、どこからきているのであろうかということを考えてみる必要がある。先ず容易にいい得ることは、この伝承は、彼らの祖先たち自身よりももっと大きなあることに、より関心を寄せているからであろうということである。われわれが一瞥して単純で素朴な叙述をよく見ると、明確な赤い線が引かれていることを見出すことができる。それこそが、「神の導きと祝福」であるという事実である。

しかし、現代の旧約学者たちは、この族長の説話が多くの資料によって構成されたということと、それは彼らの伝記として叙述されたのではないというところに意見を同じくしている。何よりも、非専門家に衝撃を与えている結論は、アブラハム―イサク―ヤコブが血縁的な系譜ではなく、各族長たちの信仰の系譜を現しているということである。[10]

脱出の族長—アブラハム

主はアブラハムに言われた。

「あなたは生まれ故郷、父の家を離れて、わたしが示す地に行きなさい」（創一二・一）。

これは、誤った初めの歴史に終わりを告げ、そこから脱出した新しい歴史の始まりを意味しており、イスラエル民族史のモデルでもある。これは、定着しているところから離れよということである。わが力でわが暮らしの保障のために築き上げた一切のもの、そしてそのような考え方から脱出せよという言葉である。部族時代に自分の故郷を離れるということは、木を根こそぎにするような死を意味する。ところが、もっと重要なことは、行くべき方向を前もって知らせてくれていないということである。ヘブライ人への手紙の記者は、「信仰によって、アブラハムは、自分が財産として受け継ぐことになる土地に出て行くように召し出されると、これに服従し、行き先も知らずに出発したのです」（ヘブ一一・八）と語っている。それは、一歩一歩を導かれる神を語っているのである。神は人間の歴史の目的を設定する。しかし、その目的は、今ここでの生活を導くことと遊離してはいない。

これは、イスラエル民族の全歴史の反映でもある。彼らは絶望的な状況において、この次にどこに向かうべきかを知らず、絶えず挫折にぶつかった。しかしその度に、それは同時に神の導きの手を感じる突破口でもあった。イスラエルの祖先たちの生きる道がそうであった。

そのような意味において、祖先たちの説話の最後を飾るヨセフはこう語っている。

「あなたがたはわたしに悪をたくらみましたが、神はそれを善に変え、多くの民の命を救うために、今日のようにしてくださったのです」（創五〇・二〇）

持てるものにおいて自分を感じ、それでもって保障されようとする人は、新しい可能性から常に遮断されている。信仰、それは新しい保障がないにもかかわらず、果敢にこの遮断された世界から自らを脱出させ、この脱出において神の手を体験する行為である。このようなことを認識しつつ、イスラエルの祖先たちの生き方を再び読むと、彼らの人間的な弱さから、かえって親密感を覚え、それにもかかわらず、不断にやってくる新しいことへの開放ができたその決断に、感激を覚える。

次に重要なことは祝福である。

「わたしはあなたを大いなる国民にし、あなたを祝福し、あなたの名を高める、祝福の源となるように」（創一二・二）。

これは、イスラエル民族の歴史は、祝福の約束のもとに始まったという信仰である。したがって、イスラエルはアブラハムの説話を反復しつつ、神がこの民族の幸福な未来を約束したことを繰り返し思い出した。その民族の形成は神の祝福に基づいたものである。しかし、祝福の思想もまた、平坦な生き方と繁栄の謳歌にその根拠を置いてはいない。むしろ廃墟と逆境、苦闘のなかにおいても、ついにはそれらを貫いて展開する新しい可能性の前に立った信仰である。それゆえに、この信仰は、彼らの歴史の黄昏時に、否、迫害と試練の長い闇の歴史にも消えることのない灯火のように、彼らの民族の血脈に生き生きと流れていた。しかし、彼らの信仰はここで終わらず、一歩先を進むのである。

「あなたを祝福する人をわたしは祝福し、あなたを呪う者をわたしは呪う。地上の氏族はすべて、あなたによって祝福に入る」（創一二・三）。

これは一つの世界に対する預言であり、人類の未来に対する偉大な約束である。これが、少なくともわれわれが生きている今日から遡ること三千年より遥か前の時代の記録であることを思うと驚かざるを得ない。そのときには、民族であるというより、むしろ部族の時代であった。民族と民族ではなく、部族と部族の間においても、越えることのできない殺伐たる排他主義の障壁が横たわっているときであってみれば、より一層驚くほかないのである。これはイスラエル民族の傲慢ではないだろうか。地球の片隅にあって、ごく小さな一民族が、世界人類の運命の鍵を自らの体に保持したということは、笑って通り過ぎてしまうことであるのかも知れない。これは一般的にイスラエル民族の選民思想といい、正にこの点を憎悪する人々もいる。

しかし、われわれは次の二つのことを指摘せざるを得ない。

一つは、彼らの選民思想は、決して彼らの優越感の表示ではないということである。それゆえに、彼らは躊躇することなく、祖先たちの人間的な弱点を暴露しているのである。それだけではない。旧約全体を通じて、イスラエルは彼らが経験した敗北または恥ずべきことを、憚ることなくそのまま露わにしている。彼らの選民思想とは、彼らの資質や道徳性、自らが有している誇るべきことからくる優越感の表示ではない。それは、神が導かれるという信仰の徹底さからきたものである。

アブラハムが自身の子イサクを捧げ物として献げる説話（創二二・一―一九）は、信仰とは何であるかを克明に表している。この説話は、神の要求によってイサクを捧げ物として献げるのであるが、そのような風習はカナンにあったものである。このような風習に対して、問題を提起した過程があったようである。そのような視点から見るならば、この内容はそのような風習を止揚して羊に変えればよいという答えであるとみることができる。これは、E編者たちが伝承したもののである。この説話は、それ自体として独立していたものであるが、編者によってアブラハムの説話の枠内に置かれることによって全く違った意味を提示している。

アブラハムと彼の妻サラが、すでに年老いて生理的に出産する可能性がない立場であるのに、神はサラの体を通じて、祝福の具体的な実現として、これから生まれるであろう子が民族を治める王の祖先になるであろうと告知する。自分たちの立場を知っているゆえに、アブラハム夫婦は、その告知があまりにも非現実的であることから失笑してしまい神に叱られる場面もあるが、本当に受胎しイサクを生んだ。それは最初で最後であるからこそあり得る事件である。彼に与えられた希望は、正にイサクにかかっているわけである。したがって、神自身もイサクと「彼の子孫の神になるよう、永遠の契約を結ぶであろう」いったのである。ところが、神はアブラハムにそのような契約の担保物として、イサクを捧げ物として献げよというのである。これは二重の〈不条理〉である。イサクはアブラハムの唯一の子である。どうして、このような子の命を奪えと強要できるのであろうか。それは倫理的な地平を超えるものである。イサクの生命は、アブラハムに与えた神の約束の担保物である。したがって、彼を殺す行為は、宗教的指標をも超えるものである。このような命令に服従することは、一個人の死に終わるものではなく、人間の全てを切断することである。それにもかかわらず、その意志に服従しようとして子を連れていくアブラハムの行為は、偏に不可能を可能にするあることに対する信仰においてのみ可能である。ヘブライ人への手紙の記者は、「アブラハムは、神が人を死者の中から生き返らせることもおできになると信じたのです」（ヘブ一一・一九）と解釈している。不可能を可能にすることを信じることは、言語道断が横行している現実の領域を越えて存在する。このような点において、信仰の現実をアブラハムから学ぼうとするキェルケゴールは、アブラハムの「沈黙」に注目する。聖書の編者は、人倫に反する弊習を伝える説話をアブラハムの説話に込めて、信仰とはどういうものであるかを説明する道具にした。正にこのような信仰が、イスラエルのなかに残って引き続き奇跡を生む歴史を形成したのである。

次に注目すべきことは、これが文書化されるときからの三千年間の歴史の過程である。そのときは、その周辺には世界的な強大民族があり、彼らの文化と宗教は、その勢力と共に途轍もない規模と力をもって浸透していた。そのなかで代表的なものがエジプトとバビロニアである。彼らの宗教がどんなに大きな威勢を示したかということは、歴史家たちの努力によって明らかになった。しかし、彼らの華麗で荘厳であった神々と宗教は、完全にその痕跡をなくしてすでに久しい。ところが、このように微々たるイスラエルの宗教、彼らの信仰は、世界の隅々にまで広がることによって世界歴史の方向を変えた。

「地上の諸国民はすべて、あなたの子孫によって祝福を得る」(創二二・一八)。

この告知は、今や明らかに取るに足りない一弱小民族の僭慢として笑えない事実になった。これは、彼らの民族の確固たる信仰の力であるとも見ることができようし、彼らが信じる神の約束の履行であるともいえるであろう。

イスラエルは、自分たちの祖先のことを〈ベドウィン〉(bedouin, 遊牧民)といった。彼らは定着することなく流浪する遊牧の民である。彼らには自分たちの土地も家もない。この地よりかの地へと羊の群れを追って移動する。したがって彼らにとっては、常に明日が保障されているわけではない。反面、彼らはいわば途上の旅人として、ある特定のものに捕らわれていないために、かえって未来に対して開放的であった。イスラエルは、自分たちの生き方においてこの〈ベドウィン〉的な現実を見たのであり、同時に神の導きと祝福なくしては、到底生きていくことができないという事実を見たのである。

神と格闘した男—ヤコブ

ヤコブはイスラエルの始祖となっている人物である。イスラエルは、一二部族の共同体からなっているが、その根源を、ヤコブの一二の兄弟において見出している。そして、イスラエルという名もヤコブからきている。

「『お前の名は何というのか』とその人が尋ね、『ヤコブです』と答えると、その人は言った。『お前の名はもうヤコブではなく、これからはイスラエルと呼ばれる。お前は神と闘って勝ったからだ』」(創三二・二八—二九)。

神と格闘した人とは、神に反抗したということではなく、神と格闘して彼の祝福を手に入れたということであるが、何はともあれ、神と格闘してまで自らの意志を貫徹したこのような執念の男は、旧約聖書においてその例を見出すことはできない。しかし、ヤコブに関する説話は、イスラエルの民族史を圧縮しているので重要である。

他の説話と同じように、ヤコブに関する民話は、どこまでを歴史と見なしうるか区別することは困難である。それだけ民話化され、長い伝承のすえにJ編者とE編者、P編者の手を経て今日の姿に保存された。ところで、ヤコブに関する民話は、彼の兄弟エサウとの関係において叙述されているが、エサウはエドム人(Edomites)の先祖として前提されているので、ヤコブとエサウの間の違い、競争、性格そして生活の様式は、二部族のそれを反映している。そのような意味において、歴史的基盤を提示しようとしている。しかし重要なことは、ヤコブにおいて反映されたイスラエルの部族である。

双子である二人の子は、胎内のときから争った。解釈者はヤーウェの名において「二つの国民があなたの体内に宿っており」という。エサウは、生まれたとき「赤くて、全身が毛皮の衣のようであった」といわれる。イスラエルが思っているエドム族の姿である。ヤコブは、先に出てくるエサウのかかとをつかんで生まれた。すでに争いを象徴している。エサウは狩人であり、ヤコブは半遊牧形態の定住民（天幕で暮らす）である。これは、文化の年輪から見ると、エサウが一層原始的な種族であることを象徴している。イスラエルの隣国にはアンモン族（Ammonites）、モアブ族（Moabites）、そしてエドム部族がいたが、イスラエル族は彼らが血縁上同じ系列に属していることを知っていた。彼らは遊牧または半遊牧のアラム族（Arameans）で、古代バビロニアの地に移動してカルデア族（Chaldeans）という支配的な勢力になったが、イスラエルは、そのうちの一部がパレスチナに入ってきて形成されたのである。[11] エサウとの説話は、このような部族間の問題を反映したもので、ヤコブの優越権に対する叙述は、結局イスラエルの隣接部族に対する優越権を意味している。

ヤコブは、エサウが狩りで疲れきって帰ってくる途中、煮物を用意して待機していた。腹を空かして現れたエサウに、レンズ豆の煮物一椀を与える代価として長子の特権を手に入れる。次には、老境の父イサクが長子に与える祝福をごまかして横取りし名実共に長子の特権を奪うようになる。それだけではない。騙して祝福を横取りした後、ヤコブはエサウの怒りを恐れて、東部のヨルダン地方に逃亡し、その地で勤勉さと執念とずる賢さで二人の妻を娶り、多くの家畜を引き連れて帰ってくる。そして、ついに神と格闘して族長として新しい祝福を手に入れるのである（創三二・二二―三二、ヤボク川の辺での神との格闘は、水神の伝説がヤコブの生涯と結びついているものであろう。その内容は解釈学的であるが、ヤコブの執念を誇示する好素材として用いられた）。

ヤコブの説話において注目すべきことは、イスラエル部族を中心とした中東一帯の部族史を知ることでもなく、そうだからといって、よくある民話の特殊性にあるものでもない。要するに、イスラエルが彼らの経典として策定した野史的な民族史において、ほかでもなく、元祖として掲げる人物をこのように伝えうる精神的な姿勢である。いかなる民族であれ、自民族の歴史を美化し、弱点を隠そうとし、立派な人物たちを浮き彫りにするものである。しかし、旧約にはそのような試みはなく、ヤコブの場合がその顕著な例である。無論、これが文書化されるまでに、民衆の口伝になった資料があったからこそ、編者たちがそのまま伝えるほかなかったともいいうるが、彼らがもしも倫理や道徳性に大きな重きを置いたとすれば、非道徳的な要素を除去したり美化したりすることもできる。しかし、彼らはそのようなことに大して捕らわれないのである。なぜならば、イスラエルの主人は神であって人間ではないという根本的な大前提のためであろう。

ヤコブは、目的のためには手段を選ばない偉人である。目的のためには変装をし、騙しもし、同時に勤勉であり執拗である。晩年の彼についての記録には宗教的な面が顕著であるが、目的達成の過程においては、そのような姿を見ることはできない。祝福のためには、ついには神との格闘まで辞さなかったことを宗教的であると見ることはできない。それは利己的な執念の表現であるにすぎない。また彼がシケム（Shechem）やベテル（Bethel）などにおいて、神に出会った記念として祭壇を造ったという記録があるが、実際は、それらの二か所はすでに遥か以前に聖地として知られているところで、イスラエル民族の縁故権を確認しようとするものであって、ヤコブの信仰心を語ろうとするものではない。

ヤコブ民話において重要なことは、族長説話に一貫している神の祝福の再確認である。

「わたしは、あなたの父祖アブラハムの神、イサクの神、主である。あなたが今横たわっているこの土地を、あなたとあなたの子孫に与える。あなたの子孫は大地の砂粒のように多くなり、西へ、東へ、北へ、南へと広がっていくであろう。…見よ、わたしはあなたと共にいる。あなたがどこへ行っても、わたしはあなたを守り、必ずこの土地に連れ帰る。わたしは、あなたに約束したことを果たすまで決して見捨てない」（創二八・一三―一五）。

これは、アブラハムに与えた約束と同じ内容で、ヤコブの行動とは関係なく、数次にわたって続けられる。この約束は、ヤコブの倫理的な欠陥の類とは関係なく一貫している。しかし、その約束は、順調に生きることとは異なる問題である。彼の生き方は、彼の血の滲むような努力によって導かなければならなかった。したがって、彼は自分の生涯をこう語っている。

「この世をさ迷うこと一三〇年、生きてきた日々悪いことばかり」(創四七・九)。

ヤコブを現代の目で規定するとすれば、英雄でも賢人の類でもなく、むしろ不遇な状況の中で生きようと懸命になっている民衆の一人の代表であるということができる。

四　出エジプト

ヘブライ

イスラエル民族のもう一つの伝承は、エジプト脱出記である。実際、イスラエルはエジプトからの脱出をその民族史の起源としている。したがって、彼らはこの事実を、あたかもシンフォニーの主旋律のように繰り返し反復している。彼らはそのときを記念する祝祭を毎年行ってきた。その度に、少しずつの変奏曲(Variation)と共に、神がイスラエルをエジプトの鉄鎖から解放して、乳と蜜がしたたるカナンの地に導いたことを想起している。彼らが信じている神は、抽象的な信仰心の対象であるとかある種の思弁の産物ではなく、正にこのエジプトから脱出するとき導いたその神である。したがって、十戒を命じる神を次のような神であるというのである。

「わたしは主、あなたの神、あなたをエジプトの国、奴隷の家から導き出した神である」(出二〇・二)。

ところで、エジプトを脱出するまでの歴史的事実について確認しなければならない。それは、脱出した人々がどのような人々であったかを明らかにするためである。創世記によれば、シケム地帯の飢饉で飢餓状態にあったヤコブが、その部族を率いてエジプトに移民したことになっている。しかし、そのようにできたのは、ヤコブの末っ子ヨセフが、兄たちによって奴隷としてエジプトに売られていき、丁度そのときその地で功をなして国務総理の地位にまで昇っていた。

無論、初めはヤコブと他の兄弟たちはヨセフを知らなかったが、後に分かり合えるようになり、またヨセフとエジプトのファラオの好意で、イスラエルの諸部族がエジプトに移住したという出エジプト記の記録を見ると、彼らの移民は、国家的次元においてなされたものと推測される。ところが、先ず常識的に考えるとき、当時の大帝国であるエジプトにおいて、ヨセフがそのような大権を掌握するということは、実際それ自体が童話のようでもあるが、聖書以外のどのような資料にもイスラエルが大挙してエジプトに移民したという記録はなく、その上、ヨセフについての記録もない。すでに何度も言及したように、旧約の編者は出エジプト記を起点としており、族長の説話は、出エジプト以後の約束の根源を明らかにするために添加したものである。したがって、イスラエルのエジプト移民の説話は、〈出エジプト〉の意味をイスラエルに結びつけるためのものと見ることができる。

ところが、最近になって、学者たちは新しい事実に注目している。それは、イスラエルを〈ヘブライ人〉と称する場合が度々出てきていることである。これは〈イスラエル〉の代わりにときたま出ている名称である。Hebreerは、hibriまたはhabiruのようなもので、旧約以外の他の文書に多数出ているのである。これまでの研究の結果を総合すると、アッカド語（Akkadian）の〈ハビル〉（habiru）とエジプト語の'prが、同根であることは疑う余地がない。したがってヘブルは、一民族の固有名詞ではなく、社会学的概念である。この用語は、一地域の〈土着民よりもっと低い階層に属した人々の群れ〉、または〈土地がなく権利の少ない人々〉を称した。彼らは、貧しさゆえに傭兵になるか、または〈市民生活の秩序外において、略奪者や強盗の群れになって生きてゆく〉場合も多かった。ところが、エジプトの一資料は、これと関連して重要な事実を提供している。それはラムセス二世の時代とラムセス四世時代の資料であるが、そこに〈ヘブル人〉が言及されている。ところが、彼らは城を建築する石を運搬する強制労働に使われたというのである。この点は、出エジプト記一章一一節において、ピトムとラメセス都城を建設するために、粘土こね、煉瓦焼きを強制したという内容と相通ずる。これは彼らが事実上奴隷階層であることを意味する。したがってエジプトから脱出した集団は、民族になったイスラエルではなくエジプト内の奴隷や抑圧されていた階層なのである。そのなかには、イスラエルが形成される以前に、あることが契機になってエジプトに入って、土着民の下で働いた部族もある。ともあれ、旧約の編者は、このようにして脱出した〈ハビル〉と〈イスラエル〉を一致させることによって、その民族史を救済史的に深化させたのである。

モーセ

ヘブライ人たちの脱出は、一人の人物の自覚から始まる。彼こそがイスラエルの秩序を形成したシンボルとして崇められるモーセである。[12] しかし、聖書の伝承は、モーセという人物自体の偉大性には注目せず、モーセを通じてヘブライ人＝イスラエルを導き祝福しようとする神の意志と行為に関心を寄せている。神は草野に埋れて暮らすモーセにこう命令する。

「見よ、イスラエルの人々の叫び声が、今、わたしのもとに届いた。また、エジプト人が彼らを圧迫する有様を見た。今、行きなさい。わたしはあなたをファラオのもとに遣わす。わが民イスラエルの人々をエジプトから連れ出すのだ」（出三・九―一〇）。

出エジプト記六章を見ると、「寄留して」「エジプト人の奴隷となっているイスラエルの人々」をエジプト人たちの「奴隷の身分から」救い出して、その苦役から解放せよというヤーウェの言葉がある。

しかし、モーセは続けてその意志から逃避しようとして自分の無能を告白する。そのようなモーセに対して、神はイスラエルを導くために彼を圧倒する意志である。出エジプト記の叙述によれば、イスラエルは、モーセを先頭にした神の導きでエジプトを脱出する。しかし、彼らは次々と絶望的な状況に直面して、その次の道が見えないたびに奇跡的に導き出す神の導きを経験する。彼らには約束が与えられた。しかし、約束されたその世代は途上の旅人として世を去る。すなわち、約束の成就は経験できず、ただそれを希望として抱き死んだわけである。

われわれは、この説話の全体をアブラハムの説話と比較すると、その類似性を見出すことができるであろう。アブラハムの新しい出発が脱出であったように、イスラエルの民族史も脱出から始まるのである。また、アブラハムが未来の約束を受けながらも自身は経験できず途上で死んだように、脱出したこの民族の世代も、途上で終わる。アブラハムが続けて絶壁にぶつかる度に神の導きを経験したように、この民族の歴史の過程もそうであった。しかし何よりも重要な類似点は、アブラハムに、その人間的な弱点、また神に対する懐疑があったように、イスラエルの出エジプトの姿もそうであったということである。否、彼らはアブラハムよりもっと激しくさ迷ったし、ときには神に挑戦し怨んだ。その度に、彼らは同時に〈それにもかかわらず〉の神の祝福を経験するのである。

彼らの荒野の四〇年は流浪期であった。これは、イスラエル民族が形成される期間と見ることができる。エジプトにいるときまで彼らは、一つの民族であるとはいえなかった。彼らはよく似た言葉を使ったかも知れないが、エジプトに反抗して脱出しようとする点において一つに結束したのであって、一つの民族の精神が形成されたであろうと見ることはできない。真の一つの民族形成は、地縁や血縁だけでは不可能である。そこには何よりも、関心の焦点が一つになっていなければならない。すなわち、思想的な統一である。荒野四〇年の流浪期間の簡単な記録を見ると、彼らはエジプトの抑圧から一旦解放されると同時に、彼らが一つの烏合の衆であることが露呈された。彼らは、それぞれ自分たちの思いのままの欲望と関心でバラバラであったことを見て取ることができる。こうして、彼らの脱出の隊列は混乱に陥った。

モーセは彼らの領導者であり、同時に神の人であった。

彼は、彼らを導くという課題と同時に、イスラエル民族の魂を形成せよという召命を受けていた。それは正に、歴史のなかで働く〈ヤーウェ〉という神に対する信仰の確立である。その神はどのような方であり、彼の意志が歴史のなかでどのように実現されるかは、モーセが召命を受ける場面において明確に現れている。

モーセはミディアンの地で羊を飼っていた。ところが、そこで、柴は燃えているのに燃え尽きないという神秘な経験をする。しかし、彼はそのような神秘の体験自体からあるものを見出したのではない。彼はその後に、「わたしはあなたの父の神である。アブラハムの神、イサクの神、ヤコブの神である」という言葉を聞くのである。これは神の言葉である。この神は、抽象的・思弁的なところにおいては認識し得る対象ではなく、どこまでも歴史的に働く神である。アブラハム、イサク、ヤコブを導き祝福した正にその神である。すなわち、すでに歴史のなかで活動した(過去)神である。

それでは、この神の意志はどのように現れるのであろうか。その意志は、エクスタシーという没我の境地において現れるものではない。

「見よ、イスラエルの人々の叫び声が、今、わたしのもとに届いた。また、エジプト人が彼らを圧迫する有様を見た。今、行きなさい。わたしはあなたをファラオのもとに遣わす。わが民イスラエルの人々をエジプトから連れ出すのだ」（出三・九―一〇）。

モーセはこのような告知を聞くのである。この言葉は、神の意志がどのようにしてなされているかを端的に現している。ここに、神の意志と状況（situation）―イスラエルがエジプトにおいて苦しんでいる叫び声という事実―と、モーセという人間のなすべきことが同時に現れている。

ここでは、神の意志とイスラエルの叫びは遊離しているのではなく、イスラエルの歴史的状況、すなわち、彼らのためにモーセがなすべき召命意識と神の意志は遊離していないのである。モーセは、イスラエルの苦しみの叫びのなかに神の召命を聞き、神の召命のなかにイスラエルの苦しみの叫びを聞いたわけである。彼は、歴史の外にいる神、または歴史の外で歴史に向けられた神の意志を聞いたのではなく、正に歴史の状況自体のなかにおいて神の命令を聞いているのである。この神は、今、イスラエルのなかで活動している（現在）。しかし、同時にイスラエルをエジプトから解放させて、乳と蜜が流れるカナンの地に導こうとする神である（未来）。

次に重要なことは、神の意志を聞くということと、その意志を決断を通して行動するということは、遊離しているのではなく同時的であるということである。ドイツ語においては、〈聞く〉という言葉と〈従う〉という言葉は同じ語彙である。韓国の言葉においても、誰かの〈言葉を聞く〉ということは、〈耳で聞く〉という言葉であるだけでなく〈そのまま従う〉という意味があるのと同じである。モーセは、わたしがどうしてそのようなことができるであろうかと反問する。

彼は歴史的状況において自分の課題を見ながらも、自分の無能さに苦しむのである。

モーセは、改めてその神が誰であるか、その名が何であるかを問うのである。彼は意外にも「わたしはわたしである」(I am that I am)という言葉を聞く。この言葉は重要な意味を現している。この答えの原文は、「わたしはわたしであった」(過去)、「わたしはわたしである」(現在)、「わたしはわたしであろう」(未来、I become what I become)とも理解することができる。われわれは、この答えが今話していること、今活動している事件自体を離れた、他のいかなるものの追及も拒否したものであるということができる。または過去、現在、未来にも活動する、いわば歴史的事件自体であるという意味である。モーセはイスラエルの救出を決心する。そうすることによって、彼は神の意志を知るのである。こうして、この神の意志は、ひとりでに成立するのではなく、歴史的な状況と人間の決断と共になされるのである。このことは、アブラハムにおいても見ることができる。神は直接イスラエル、そして全世界を導くのではなく、アブラハムを通してなされるといった。

神は火と雲の柱で荒野において彼らを導いたといわれる。彼らの前を行くということである。この神は上にある神ではなく、歴史の平面において先立って進む神である。しかし、イスラエル自体がどこへゆくべきかが分からなかったように、歴史自体にその目的が内包されているのではない。その神は歴史自体ではないのである。もしもイスラエル民族の意志の総和がイスラエルの歴史であったとすれば、彼らは全く他の方向、否、永遠に途上でさ迷うほかなかったであろう。

神が歴史に先立って進むということは、その隊列の意志から一歩先んじたということではない。イスラエルは、途上において、度々自分たちの要求に従って方向を変えたことから、暗礁にぶつかった。その度ごとに、彼らは彼らの意志の実現としての歴史にブレーキをかけ、そのような歴史を遡る全く異なる意志としての神を経験した。

神が先立って導くということは、未来への扉が開かれたという意味でもある。これに対して、イスラエルがこの導きを拒否したということは、過去へと方向を転回するか、今もっていることに定着しようとする欲求であった。

神との契約

ゲーテの『ファウスト』に、神の僕である〈ファウスト〉が、悪魔のメフィストフェレス（常に否定する霊）と契約する場面がある。わたしが誰かと契約をするということは、相互の主体性を認めるということである。古代イスラエル史のもう一つの伝承資料に、イスラエルが神と契約を結んだという思想で彼らの宗教または倫理生活を理解したものがある。それが、シナイ山において律法を受け取った説話である。

「あなたたちは見た、わたしがエジプト人にしたこと、また、あなたたちを鷲の翼に乗せて、わたしのもとに連れて来たことを。今、もしわたしの声に聞き従い、わたしの契約を守るならば、わあなたたちはすべての民の間にあって、わたしの宝となる。世界はすべてわたしのものである。あなたたちは、わたしにとって、祭司の王国、聖なる国民となる」（出一九・四―六）。

これはモーセがシナイ山において受け取った言葉である。モーセはこの言葉を、イスラエルの代表者たちに伝達する。彼らは一斉に応答し、神が命じた通り行うことを誓う。モーセはこのことを再び神に伝達する。これに神はついに律法を宣布する。モーセは神とイスラエルの間に仲裁の役割を果たしている。

ところが、後期のユダヤ教においては、この神との生きた関係が後退することによって、律法だけが骸骨のように残って、かえって人間を奴隷にする罠になってしまった。しかし、律法の本来の性格には、荘厳なる意味がある。

第一に、これは、神が一方的に強要する道徳律のようなものではなく、どこまでもイスラエルを主体的なパートナーとして認め、彼らの決断を促求したということである。これは、イスラエルの拒否権も同時に認めたことを物語っている。これは主人と僕の関係ではなく、相手方の主権をすでに前提とした「われ」と「汝」の関係である。

第二に、律法は、自然法や慣習法ではない。それは神とイスラエルとの関係において締結された約束である。それゆえに、律法自体の条項に先立ってあらねばならないことは、神との関係である。無論、律法の内容には、自然法や慣習法が包含されている。しかし、そのようなものを、そのまま永遠の法則として導くことと、神との関係において意志と意志の応答として受け入れることの間には、質的な差異がある。律法は関係において約束されたものであるゆえに、どちらか一方が一方的に廃棄することはできない。しかし、同時にそれは永遠の法則ではなく、双方の合意に従っていつでも変更できるものである。

第三に、これと関連して注目すべきことは、この律法は、それ自体が終着的なものではなく、歴史の成就のための約束であるという点である。したがって、それは定着した者に与えられた戒律であるというよりは、途上にある存在、すなわち約束の成就へと向かっている人間に与えられたものである。

第四に、ここで見出すことのできるのは、イスラエルの選民思想である。彼らは、この神が世界の神であることを知っている。しかし、その神が、この微々たる民族と契約を結んだということは、神が人間の歴史の意味を成就するために、自分たちを同労者として選択したという、絶対的な信仰の表現である。しかし、それは民族的な優越感に基づくものではない。否、どこまでも神の自由なる能動的な選択に依拠しているだけである。しかし、これは同時に、神の前に立っている一民族の歴史に対する責任意識の発露である。このようなイスラエルの歴史的経験と自覚は、世界のどこにおいてもその類例を見出すことのできない独特なものである。このような独特性が、この民族を通じてついには世界史の方向を転換させたのである。

それでは、神がイスラエルに要求し、これにイスラエルが応答した契約の内容とは、どのようなものであろうか。

十戒

出エジプト記二〇章に、十戒（Dekalog）がある。これだけがシナイ山の顕現説話と関連したものであり（ヴェスターマン）、その後のものはそれを解釈したものである。申命記五章にも、若干の違いはあるが、根本的に同じ内容が収められている。それはこれがそれだけ、イスラエル民族の形成にとって柱となるものであることを物語っている。

十戒は、先ずそれを与える神が誰であるかということから紹介する。

「わたしは主、あなたの神、あなたをエジプトの国、奴隷の家から導き出した神である」（出二〇・一―二）。

この神は、抽象的な存在なのではなく、イスラエルの歴史の出発に深く介入した方である。彼は〈奴隷の家〉から解放させた方である。このような解放者である神が、解放されたイスラエルと契約している内容を公布したのが十戒である。十戒の前半部分は、神との関係においてなすべき振舞、後半部は、隣人との関係においてなすべき振舞に関するものである。これら二つは、互いに切り離すことのできない有機的な繋がりをもつもので、〈人間は神の前で隣人と共にある存在〉であることを前提にしている。神との関係は、〈礼拝〉または〈祭祀〉としてなされ、隣人との関係は別途のものであると判断したユダヤ教に対して、イエスはこれら二つを一つのものにした（マコ一二・二八―三四）。したがって、神は歴史から遊離せず、神を信じる行為も歴史的な行動であるほかないのである。

前半部分の基盤は、神のほかのいかなるものも崇めてはならないということである。具体的な宇宙のなかに、いかなるものの形も造って崇めてはならないというのである。神ではないものを神のように造って崇めれば、それが正に偶像である。それは外形的なものにのみ局限されるのではなく、ある種の地位や構造や思想（イデオロギー）の類を絶対視する場合にも該当する。これは、神の前にあって、人の上に人はなく、人の下に人をなくすための楔でもある。〈神のみ〉の戦いは、イスラエルの全歴史を通じたものでもあったが、それはイスラエルの運命を決定づけた。いつでも、この〈のみ〉を離脱したとき、偶像ができ、堕落が起き、したがって禍が及んだ。イスラエルが偉大であったとすれば、この〈神のみ〉に一貫したからであり、イスラエルが滅んだとすれば、正にこれに違反した民族の見本になったことである。

後半の部分は、共に善く生きる道を提示している。それは隣人の権利を侵犯しないことである。そのなかでも特に強調されたことは、弱い者、貧しい者たちの権益を守ることである。すでに最初の序曲がこの点を強調している。奴隷の暮らしをしていた過去を想起させているのは意味深長である。それは、神はどのような方であるかを語っているのであるが、同時にそれを受ける者に与える命令も含まれているのである。このようなことは、安息日法の命令によく現れている。安息日は、正に神が宇宙を創造した後休んだ日であるから、休めということである。ところが、その内容は、息子も、娘も、男女の奴隷も、あなたの家の中に寄留している食客（流浪の人）も、さらには家畜に至るまでも休むようにせよということである。これは、雇われた者、そして権利のない者たちを擁護しようとする社会法である。この安息日法が発展して安息年の制度ができ、ヨベルの年の制度に発展したのであり、後には、ヨベルの年をメシヤ王国に対する具体的な例とするようになったのである。

そのほかの戒めは、弱者と強者の間において、強者に与える戒めと見なければならない。姦淫、殺人、貪欲も、弱者よりは強者にもっと可能性が大きい。例えば、ダビデ王は、彼の部下ウリヤの妻を奪って姦淫し、それを隠蔽するために、彼を戦線に送って戦死させた(サム下一一章)。契約法典を始めとした重要な法典は、貧しい者のための戒めとして、このようなことを明確にしている。

出エジプト記一九、二〇、二二―二三章は契約法典である。この法の核心は、強者から弱者、富める者から貧しい者を保護するところにある。先ず、二三章一―九節を見よう。これは十戒の「偽証」が誰によるものであるかを明らかにしている。

「あなたは根拠のないうわさを流してはならない。悪人に加担して、不法を引き起こす証人となってはならない。……あなたは訴訟において乏しい人の判決を曲げてはならない。偽りの発言を避けねばならない。罪なき人、正しい人を殺してはならない。わたしは悪人を、正しいとすることはない」(出二三・一―七)。

これは、強者の側に立って偽証してはならず、執権者や強者の側に立つなということである。

それはいうまでもなく、弱者や貧しい者を彼らの横暴から保護するためのものである。「寡婦や孤児はすべて苦しめてはならない。もし、あなたが彼を苦しめ、彼がわたしに向かって叫ぶ場合は、わたしは必ずその叫びを聞く。そして、わたしの怒りは燃え上がり、あなたたちを剣で殺す。あなたたちの妻は寡婦となり、子供らは、孤児となる」（出二二・二一―二三）。

ここで指し示している〈あなた〉とは、いうまでもなく強者のことである。強者は、貧しさと無力の象徴である寡婦と孤児を苦しめる位置にある。もし彼らに抑圧された者たちの訴えが聞こえる場合、殺してしまうという警告である。これはいうまでもなく、寡婦と孤児を保護するための法である。この法典は、貧しい者に金を貸したならば、債権者の振舞をしたり利子を受け取れないようにし、貧しさゆえに一着しかない上着を質にとった場合は、質に入れた者を保護せよという（出二二・二四―二六）。それだけでなく、依り頼むところのない人々（ger）を虐待できないようにしているのである。正にこのような貧しい者のための制度的な法の制定が、安息日と安息年の設定である（出二三・一〇―一二）。

無論、旧約が一貫して貧しい者の側に立つよう要求しているのではない。しかし、十戒はこの契約法典の基本精神の枠のなかで見るのでなければならない。

五　部族共同体の形成

カナン定着

カナンは、イスラエルの希望の具体的象徴である。彼らの希望は土地と結びついている。したがって、カナン定着の説話が重要なのであるが、正にそのことのためか、様々な流れとなって報道されており、理解することがかなり難しい。ヨシュア記一二章までを読むと、彼らは軍事的な猪突力で勝ちに乗ってカナンを征服してしまったこととして描写されている。このような印象は、ヨシュア記一一章の最終節が、「…この地方の戦いは、こうして終わった」(二三節)とあり、ヨシュア記一二章においては、征服した土地と部族たちの名を羅列することで現している。ところが、ヨシュア記一三章からは他の説話が展開されている。先ず、老人となったヨシュアに、〈占領すべき土地はまだたくさん残っている〉といってその名をあげている。それらの土地を占領できなかったならば、イスラエルはカナンの周辺、すなわち山岳地帯程度を占有したにすぎなかったであろう。それは士師記に至ると一層確実になる。士師記二章において、イスラエルがヤーウェの声に聞き従わなかったために、彼らが隣り合わせとなり、彼らの神々がイスラエルに罠となるこの民族を、「追い払って、あなたたちの前から去らせることはしない」(三—四節)といったかと思えば、三章には、カナン戦争を通じて、イスラエルの人々を漏らさず試すために、多くの他の部族と共存するようにするであろうといって、その部族の名を羅列している（三・一―六）。これで、カナンを軍事的に一気に征服したであろうという推測は崩れ、次のような様々な仮説が登場するようになった。

第一に、エジプトからやってきたヘブライが、軍事的に一挙にカナンを征服した（アルブライトなど）。

第二に、征服したのではなく、次第に潜入定着して、君主国が平地を占有したのに対し、山岳地帯を占有した（A・アルト）。

第三に、エジプトから入ってたヘブライとカナン内の君主下の農奴であるヘブライが結託して蜂起し、占領した地域において、部族同盟を作った（メンデンホール）。

士師記六章七―一〇節によれば、第三の仮説が妥当であるように思われる。そのなかには、明らかに異なる二つのヘブライが共存していたことが現れており、またヨシュア記一二章には、部族一般と戦ったのではなく、君主たちと戦ったことになっている。

イスラエルの部族同盟

イスラエルという名称は、紀元前一二二〇年頃に初めて登場する。ところが、おおよそ二〇〇年を守ってきたこの時代については、申命記史家たちの手によって編集された文書のあちらこちらに散在している。カナン定着の時期と関連させたものとしては、ヨシュア記と士師記がその資料となるであろう。

イスラエルの部族同盟の中心は、農民たちでできていた。ところが、イスラエルの最後の文字に該当するエル神と、ヨシュアという名が〈ヤーウェが救う〉という意味であることに見るように、ヤーウェ神の名が、一時一緒に使われていたが、いち早くヤーウェに統一される。これこそが、神を異なるように称する部族が集まって一つの同盟を形成し、共同体の生活を送っている間に、信仰的にも同化した痕跡である。士師記二章六節―三章六節においては、彼らの信仰が集約されている様子を見ることができる。

第一に、その時代の人々は、ヤーウェが彼らをエジプトから救い出したことを経験できなかった世代であるということである。これは、日帝下から解放されることを経験できなかった韓国の八・一五以後の世代を連想させる。ヤーウェは抽象的な一つの神の名ではなく、この歴史のなかで具体的な行為としてその意志を展開した存在である。したがって、具体的な体験ができないと、その存在が分からなくなる。したがって、その世代の人々はヤーウェと他の神を区別することができなかった。それで、その周辺の部族たちの宗教に容易に感染した。バアル、アシュトレトなどがそのような神々の名である。

第二に、ヤーウェは結局彼らを罰する。その罰はイスラエルの敵の手を借りて行われる。こうして、彼らは窮地に陥って悲鳴をあげ救いを求める。

第三に、ヤーウェは怒りの鞭で罰しながらも、そのような罰を通して、彼らがヤーウェの救いを直接経験するようにすることが目的である。その救いは、彼らを〈略奪者の手から救い出すこと〉である。

第四に、そのような意志を成就するために、特定の人物を選び出して立てるのである。選んで立てたということは、正に彼らと〈共に生きること〉である。彼らはエジプトの圧制から脱出したハビルーであるか、さもなければ、カナンの様々な君主のもとで農奴であったが、これに抵抗し蜂起して結成されたかはさておき、君主制に抵抗して脱出したので、初めからこの共同体は反君主的共同体を守ろうとしたことは自明である。したがって、〈ヤーウェのみ〉が彼らの旗印であった。これは、人間の上のいかなる支配者も排撃するという政治的決断が内包されたものである。この共同体は、主に農民で形成されたといわれている。それは、彼らが主に農奴であったことを立証している。

カナンには数多くの君主国があり、いつも攻撃されていて、それを撃退する体制としては君主制が有利であったはずであるが、彼らは最後まで、ヤーウェの統治のほかにはいかなるものも君臨できない体制を守ってきた。したがって、いかなる形態の常任支配者も拒否し、また別途に軍隊を設置することもしなかった。平素にはそのように過ごしていて、いざ外勢の侵犯があると、いわゆる士師が登場するのである。士師とは階級を現す身分ではなく、そのときそのとき、ヤーウェのカリスマを受けた人物である。左ききのエフド、牛追いのシャムガル、農民のギデオン、遊女の子エフタなどが士師として登場したのは、このことを物語っている。そのなかには預言者として知られた女性もおり、生まれながらにして神に献げられたサムソンのような人もいる。

ところが、彼らは神に立てられると同時に、超人的な能力を賦与される。士師はヘブライ語〈シャフェット〉(shafet) という語幹からきたもので、〈裁判する〉、〈支配する〉という意味がある。彼らは裁判を行ったり、戦争を指揮する。しかし、それは危機に直面したときか、召しを受けたときだけである。彼らの力は、当面した危機においてイスラエルを解放するために与えられた力なのである。したがって、士師のもとに結束した人々が防御戦を遂行した後は、皆が本来の日常生活に戻るように、士師も故郷と本来の働き場に戻って、草野に埋もれて暮らすのである。考古学によれば、彼らの遺跡には、城壁や支配者の公館のような公共の建物がなかったということである。そして彼らが住んでいた家は、ほとんどが似たような大きさであった (ビルケルシュタイン) ということが、この部族同盟がどのような性格であったかを立証している。

いったん戦争が終わると、士師であった人だけでなく、戦争に参加していた皆が、元の働きの場に帰っていったのである。

「イスラエルよ！　自分の天幕に帰れ」(列上一二・一六)。

これは危機を克服した後に繰り返される指示である。したがって、行政体制としての政府や、常設の司令部のようなものもない。そのような意味において、士師は、身分的な支配者でも体制上の支配者でもない。おそらく、中国の伝説的な王である堯舜の時代が、そのようなものであったのかも知れない。彼らは統治しないことをもって統治したからである。したがって、この体制は反国家（Antistate）といわれるが、それはイスラエルの、〈ただヤーウェのみ〉の精神を具現している重要な時期であった。

士師たち

士師サムソン（士一三―一六章）

「イスラエルの人々は、またも主の目に悪とされることを行ったので、主は彼らを四十年間、ペリシテ人の手に渡された」（士一三・一）。そのとき、マノアという人の妻にサムソンという男の子が与えられた。彼女に、「あなたは身ごもって男の子を産む。その子は胎内にいるときから、ナジル人として神にささげられているので、その子の頭にかみそりを当ててはならない。彼は、ペリシテ人の手からイスラエルを解き放つ救いの先駆者となろう」（士一三・五）という神託がくだされた。ここまでは、他の士師任命の動機と似ている。しかし、彼の行跡に対する叙述は違っている。

彼は二〇年間―ペリシテ人の時代にあったイスラエルの士師（士一五・二〇）であるとしているが―公的に戦争を指揮したり、イスラエルを治めたりしている場面は一度もなく、まるで現代人が描くスパーマンのように、独りで超人的な力を発揮している。その内容は明確な民話である。

そこには何かの目的の追求も価値の評価もなく、笑いを譲し出すだけである。彼は神託を受けたことを全くわれ関せずとばかり、ペリシテの女性に惚れてしまい、父母が引き止めるのも振り切って結婚を強行して災難い遭い、怒りを晴らす。割礼を受けられなかった蛮族であるペリシテの女性デリラに嵌って、彼の最後は悲惨なものになるが、彼の死で、ペリシテの指導層を皆殺しにする壮絶な最後を終えたという説話である。

ところが、このような民話には、時折り解釈がつけ加えられるのが常である。正にその解釈が重要なのである。サムソンはペリシテの女性と結婚する行為について、「父母にはこれが主の御計画であり、主がペリシテ人に手がかりを求めておられることが分からなかった。当時、ペリシテ人がイスラエルを支配していた」（士一四・四）という注がある。全てのことは神の経綸のうちになされるという確信である。要するに、彼がなしていることの結果を、張本人も知らなかったと見なければならない。実際、彼にそのような意図があったという言葉は一言もない。しかし、サムソンが超人的な力を発揮する度に、「主の霊に捕らえられて」という注をつけている。

このように、サムソンは神の道具にすぎないものとして描かれている。彼はついにデリラの裏切りで、彼の力の源である髪の毛がそられてペリシテ人たちに捕らえられ、目をえぐり出されて、ノートルダムのせむし男のように、青銅の足枷をはめられ、牢屋で粉をひかされなければならなかった。その後、ペリシテの全ての領主たちが集まった祭りに引かれてゆき、笑いものにされるとき、彼は、「私の神なる主よ。わたしを思い起こしてください。神よ、今一度だけわたしに力を与え、ペリシテ人に対してわたしの二つの目の復讐を一気にさせてください」（士一六・二八）と叫ぶのである。「一度だけ」と叫んで最後の命がけで哀願するのである。そして、神殿を崩壊し、そのなかの敵を全て死に至らしめたというのである。

士師ギデオン（士六―八章）

「イスラエルの人々は、主の目に悪とされることを行った。主は彼らを七年間、ミディアン人の手に渡された」（士六・一）。

「イスラエルの人々がミディアン人のことで主に助けを求めて叫ぶと」、結局ギデオンを召した。それはいうまでもなくイスラエルを解放しようという目的からである。

ギデオンは、「マナセの中でも最も貧弱な」一族から生まれ、彼自身が「家族の中でいちばん年下の者」であることを明らかにすることによって、士師としての彼の功が彼のものでないことをいおうとしている。したがって、度々「主の霊がギデオンを覆った」とか、「起きて敵陣に下って行け。わたしは彼らをあなたの手に渡す」などの言葉において、彼が偏に神の道具にすぎなかったことを現している。彼はサムソンとは違ってイスラエルを率いている。先ず、イスラエルを無力化していた偶像を打破する内的な粛正が行われる。それが終わると、三〇〇人を精選して、ミディアン軍を最後まで追跡して滅ぼし、彼らの手からイスラエルを解放させるのである。ところで、真の士師としての彼の姿が彼に関するいくつかの言葉によく現れている。イスラエルの人々が、「あなたはもとより、御子息、そのまた御子息が、我々を治めてください」（士八・二二）と懇請する。これは世襲的な支配権を樹立しようとする誘惑である。これに対してギデオンは、「わたしはあなたたちを治めない。息子もあなたたちを治めない。主があなたたちを治める」（士八・二三）という。これはギデオンの口を借りて披瀝された申命記学派の政治哲学である。人間が人間を治めることはできないというものである。これは、その当時よくあった周辺部族の王権体制を拒否した痕跡である。このような立場を維持した世代が士師の世代である。したがって、申命記学派はこの時代を重要視しているのである。

士師の時代と王権時代の間に、サムエルという人物が過渡的な役割をしている。ところが、全体的に見ると、その後からのイスラエルの歴史は、その本来の姿から遠ざかっている歴史である。人間が発展であると見ていることは、聖書の目においてはむしろその反対である。次章では、その点を明らかにすることにしよう。

六　王国の時代

王権と国家

士師時代のイスラエルは、厳格な意味において国家ではなく部族同盟（Amphiktyonie）である。

イスラエルは、王を立てて国家体制を整えることを避けた。なぜならば、彼らが定着した後、継続して敵対関係にあったカナンの部族たちを始めとした数多くの異邦が、そのような体制を有していたからである。アッシリア、バビロニア、エジプトなどは、大帝国として早くから王政国家の体制を整えており、彼らは王を神か神の子であると崇めていた。そのためには、王が彼らの神と結合する行事も行ったが、いわば聖婚がそれである。[14]

ローマのカイザル（Caesares）制度は、正にこのような中東の制度に倣ったものである。正にそうであったからこそ、神の主権主張は、王権体制に対するイスラエルの拒否反応を呼び起こしてきたのである。しかし、その反面、イスラエルが外国勢力に侵略されて敗北を繰り返す度に、王権体制のような強力な国家を望んだのである。サムエル記上八―一二章は、士師の時代から王国時代に変わる過程についての叙述である。この叙述には統一性がなく、言語上の比較から見ても、様々な伝承資料を集成したものであることが分かるが、そこで明らかなことは、王権を巡って激論した痕跡が明確であるという点である。

王の擁立を望んでいた側は、王権を形成して強力な体制を整えている異邦と対立するには、彼らと同じ体制にしなければならないと見たからである。したがって、「…今こそ、ほかのすべての国々のように、我々のために裁きを行う王を立ててください」（サム上八・五）、「…我々にはどうしても王が必要なのです。我々もまた、他のすべての国民と同じようになり、王が裁きを行い、王が陣頭に立って進み、我々の戦いをたたかうのです」（サム上八・二〇）と強弁する。これは、歴史を通じて軍国主義の形成を正当化するために繰り返された口実である。これに対し、王権の樹立に反対する主張には、大きく分けて二つの理由がある。その最初の理由は、サムエルの口を通して、比較的正確に明らかになっている。

「…あなたたちの上に君臨する王の権能は次のとおりである。まず、あなたたちの息子を徴用する。それは、戦車兵や騎兵にして王の戦車の前を走らせ、千人隊の長、五十人隊の長として任命し、王のための耕作や刈り入れに従事させ、あるいは武器や戦車の用具を造らせるためである。また、あなたたちの娘を徴用し、香料作り、料理女、パン焼き女にする。また、あなたたちの最上の畑、ぶどう畑、オリーブ畑を没収し、家臣に分け与える。また、あなたたちの穀物とぶどうの十分の一を徴収し、重臣や家臣に分け与える。あなたたちの奴隷、女奴隷、若者のうちのすぐれた者や、ろばを徴用し、王のために働かせる。また、あなたたちの羊の十分の一を徴収する。こうして、あなたたちは王の奴隷となる。その日あなたたちは、自分が選んだ王のゆえに、泣き叫ぶ。しかし、主はその日、あなたたちに答えてはくださらない」（サム上八・一一―一八）。

以上の警告内容はおおよそ次のように整理することができる。

第一に、軍国主義が発達したのである。したがって、軍を指揮する体制が確立され、武器を作るようにするであろう。その結果、民衆が王の私兵となり、「王のための耕作や刈り入れに従事」させるであろう。

第二に、息子たちを私兵化するように、娘たちも王の享楽のための奴隷とし、男女の奴隷も、同じ目的で奪うであろう。

第三に、財産を搾取するであろう。畑とぶどう畑とオリーブ畑のよい産物を奪い、その収入の十分の一を徴収するであろうというのである。

一言でいえば、人間に絶対権を与えれば、人間を奴隷化するであろうというのである。そしてもう一つの反対理由は、—これは実際根本的なものであるが—そのような要求は、実際には神の統治を拒否する形態であると見るからである（サム上、八・七、一一・一九、一二・一二）。

このように王権の樹立に反対する立場を神学化した人たちを、申命記学派（Deuteronomist）という。彼らはすでにダビデ王朝以後になめた苦い経験を鏡にして、二度とそのような歴史の悪循環がないようにしようというものであった。サムエルは〈民〉の強要には勝てず、サウルを訪ねて油を注ぎ王として立てたが、彼は最後まで批判的であった。しかし、サウルが祭司権を侵犯するのを機に、彼を呪うのである（サム上一三・一三以下）。ところで、その〈民〉とはどのような部類の人々なのであろうか。

サウルを王に擁立し「王様万歳」と叫んだとき、「こんな男に我々が救えるか」と反対する声があったが（サム上一〇・二七）、反面、「『サウルが我々の王になれようか』と言っていた者はだれであろうと引き渡してください。殺します」（サム上一一・一二）という決意を表明した群れがあったが、これは〈民〉が二つに分かれていたことを現している。ところが、サウルの王権に反対していたのは、社会的に「卑賤な者たち」であった。[16] そうだとすれば、彼を王に擁立した

〈民〉は、権力の周辺にいた階層であったと見るほかない。このような過程を経てサウルは部族同盟の王になった。しかし、彼は国家の形態を整えることができず、現地司令官のような立場にあり、同盟の部族全体を率いるほどの力がなかった。彼がなしたことは軍隊を創設したことであったが、その指揮権は、自分の一族が専ら掌握するようにした。そして、司令部も自分の故郷に置いた。しかし、彼は内外からの反対にぶつかった。サムエルとの決裂、新しい勢力であるダビデの脅威、ついには息子たちとの間も悪化した。

サムエル記上二八章には、彼が口寄せのできる女を探していって、すでに死んだサムエルの魂を呼び起こしてもらいたいと哀願する逸話がある。それは、彼がどれほど窮地に追い込まれていたかを劇的に描写しているものである。彼は、「主は夢によっても、ウリムによっても、預言者によってもお答えにならない」孤立状態に陥った。彼の最後の激戦地は、正に民衆が王として推戴しようとしたとき、「わたしはあなたたちを治めない。息子もあなたたちを治めない、主があなたたちを治められる」(士八・二三)といった士師ギデオンが、ミディアン族と戦って勝利を収めたギルボア山地であったが、正にその場でペリシテ軍に惨敗を喫した。ヨナタンを含め彼の息子たちまで戦死したのを見たサウルは、自らの剣で自殺してしまう悲劇で生を終えるのである。彼の統治期間は僅か二年であった。これは悲劇的な小王国イスラエルの前途を予示しているようである。

ダビデ王朝

イスラエルの王朝時代は三段階に分けることができる。最初の王朝時代は、ダビデ―ソロモンと続く紀元前一〇〇五～九二六年の間で統一王国の時代であり、第二期は、ソロモン王の死後統一王国が南・北に分裂し、北王国であったサマリアが没落した北王朝のイスラエル時代で、紀元前九二六～七二二年の間であるが、このとき、内的には預言者エリヤを始めアモス、ホセアなどが現れて厳しい批判をしていたときである。そして第三期は、南は南王朝の時代（紀元前七二二～五八七）で、外からはアッシリアの侵攻を受けて、結局エルサレムの陥落と共に終わった時代であるが、この時期に、かの有名なヨシヤ王の大改革の試図（紀元前六二二年）があり、申命記学派がこのとき活躍した。預言者としてはイザヤ、ミカをはじめエレミヤが最後の人物で、ユダヤの滅亡を見つめた人である。

このような王朝の興亡史において、ダビデ王が繁栄の絶頂をなし、後代になると、イスラエルの羨望の対象として美化され、ついには民族的なメシヤ思想と直結するに至った。しかし、ダビデ王朝内には滅ぶほかない要因があり、ダビデの生涯がその断面を示している。ダビデが版図を拡大した方法や過程、そして彼の生き方は、彼の王国の性格をよく語っている。ダビデに関する説話は、サムエル記下九―二〇章と列王記上一―二章にある。ダビデの側から描くことによってサウルの存在が曖昧になるほど、ダビデを積極的に表出したにもかかわらず、それを客観化すれば、おおよそ次のような歴史的大筋を見出すことができる。

サウルが王になると、常備軍（傭兵）と徴兵制を合わせて実施したが、ダビデは常備兵として志願し、軍人として頭角を現し始めた。サムエル記上一八―二〇章の間には、ダビデに対するサウルの嫉妬で互いに引き起こされる軋轢が叙述されているが、実際は、ダビデが巧みに自分の勢力を構築している過程である。彼の追従者たちは、彼の血族と共にいわば無法者（Desprodos）で構成されていた（サム上二二・二）。〈デスプロドス〉とは、権力者によって迫害されている者、債権者たちに苦しめられている様々な種類の人々で不満を抱えている階層である。[17] いわば被圧迫民衆である。このような民衆がダビデに期待をかけたのは、サウル王国の体質を間接的に露呈しているものであるが、それは同時に、ダビデの使命が―民衆の期待―何であるかを物語っている。しかし、ダビデとその王朝は、そのような性格のものにならなかっただけでなく、これに背いた。

無論イスラエルの版図を広げ、南北を統合し、中央に確固たる支配体制を構築して、強力な王国を建てたダビデ王の功労は認めなければならないであろう。しかし、彼は彼の地位を固め、野望を満たすために手段を選ばなかった。彼は版図と財力を獲得するために政略結婚を続けている。その最初の例であるアビガイルという女性との結婚（サム上二五章）の説話は、その結婚の性格がどのようなものであるかをよく現している。ナバルという富者に朝貢を納めるよう要求していて拒否されると、ついに暴力で彼の財産を奪おうとしたが、彼の妻アビガイルの仲裁で止めはしたが、その後ナバルは謎の死を遂げ、その女性はダビデの妻となる。

元来彼はサウル王麾下の傭兵司令官であった。そのような彼が、イスラエルの宿敵であるペリシテの王アキシュのもとに移って封建主になる（サム上二七章）。これは、彼がどこにいても、有利な条件を出す側の手足の役割をなし得る傭兵の長であったという証拠である。そのようにして、彼はカナンの都市国家の組織のなかに入っていって、彼らの戦術を学ぶ絶好の機会を得るようになる。彼はペリシテ王アキシュを騙し、彼の傭兵を率いて、引き続き略奪と搾取を事とする（サム上二八・一―二、二九章）。したがって、イスラエルとの対決において、エジプトの側に立って自分の祖国ローマに敵対していたアントニウス（Antonius）のような立場に立つようになるが、巧妙に抜け出てイスラエルの宿敵であるペリシテを破り、その功を背に凱旋将軍として故郷に帰ったので、そのような裏切りの過去が隠蔽されるのである。彼が故郷に帰る頃は、サウルとその息子たちが戦死したときで、偶然ではない（サム下一―五章）。彼は、彼の故郷ベツレヘムから南部のパレスチナ山地の中心であるヘブロンにその部隊を率いて移動してきた。このとき、「ユダの人々はそこに来て、ダビデに油を注ぎ、ユダの家の王とした」（サム下二・四）と記録しているが、これは、彼の過去から見て、強制して行った結果と見るほかない。ところが、ユダは北部イスラエル同盟とは関係のない地域である。したがって、ダビデがユダの王になったのは、サウルの王位継承を意味するものではないのである。

ダビデがユダの王になった後、ギルボアの戦闘で唯一人生き残ったサウルの子イシュ・ボシェトが、ヨルダン川東部地域のマハナイムにおいて王として推戴され、サウルの軍長官アブネルが彼を補佐した。そうだとすれば、この国がイスラエルの正統性を固守したのである。しかし、ダビデはアブネルと秘かに通じて、ついにヘブロンにおいて某種の協商をするのであるが（サム下三・一二―一三）、その帰途アブネルは、ダビデの将軍ヨアブによって暗殺された（サム下三・二六―二七）。サムエル記は、ダビデがそのような事情を知らなかったと記録することで、その責任はダビデにないようにしようとしているが、ダビデがそのような行為を行ったヨアブを罰したという記録はない。この事件の直後にイシュ・ボシェトが殺されたのも、このような文脈において理解すべきであろう。ダビデがその暗殺者たちを処刑したという記録があるが、すぐに処刑してしまったゆえに、その暗殺の動機は五里霧中に陥る。

ダビデはサウル系の一人から、「出て行け、出て行け、流血の罪を犯した男、ならず者、サウル家のすべての血を流して王位を奪ったお前に、主は報復なさる。主がお前の息子アブサロムに王位を渡されたのだ。お前は災難を受けている。お前が流血の罪を犯した男だからだ」（サム下一六・七―八）という呪いの言葉をかけられる。これは、サウルとその一家に対するダビデの寛大さを長たらしく叙述していることと相反するが、サムエル記下二一章一―四節においては、サウルの一家に対するダビデの残忍さが記録されている。

このような凶悪極まりない過程を経て、結局ダビデはイスラエルの王に推戴され、南北を統一するようになる。そのときから、ペリシテを再起不能になるほど撃破して版図を広げ、周辺の王国に匹敵するほど強大な勢力を構築したが、そうなるために、二つの大きな方式で布石をうった。

一つは、エルサレム市を占有して彼の城を建てたことであり、他の一つは、エルサレムに伝統の神の箱を移送して安置したことである。

元来エルサレムは、ユダやイスラエルには属さず、エブス族の都城であった。ダビデはこの城を奪って自分の私営にし、同時に王都にした。エルサレムはユダとイスラエルの中間にあって、彼がどちらにも属さない全体の王であることを示威するのに適した場所であった。ここに彼は自身の宮殿を建てたのである。これはもう一つの王権定着の事件であるが、これで、ダビデは三度にわたって王権を新たにしたことになる。神の箱を自分の私営に安置することによって、彼はヤーウェの神を独占した。したがって、一人の羊飼いから始まった彼が、祭司長たちを任命する権限まで行使するに至ったのである。彼は祭司長たちを彼の手下の他の官吏と同じ範疇に置いている（サム下八・一五―一八）。

こうして、ダビデが例えイスラエルの王になったとはいえ、イスラエルはその本来の姿を失ってしまうことになった。イスラエルは、今やヤーウェが直接率いる祭儀的な部族ではなく、君主王国になったわけである。したがって、そのような国体を率いようとすれば継続して戦争しなければならなかったし、それだけに残忍に多くの血を流さなければならなかった。その後モアブ、アンモン、アラム、そしてエドムの部族を次々打ち破って領土を拡大した過程がそうであった。奪う者は奪われる脅威にさらされるものであり、剣を用いる者は剣で自身を維持するか、滅ぶものである。結局、ダビデ王国においても反乱が起こるのである。彼の子アブサロム（サム下一五

―一九章）とシェバによる反乱（サム下二〇章）がそれである。彼らは民衆に強く支持されていた。それを、サムエル記下の記録は、「…イスラエルの人々の心を盗み取った」（サム下一五・六）と表現している。ともあれ、彼らの勢力がいかに強大であったかということは、ダビデがエルサレムから避難するほかなかったということにおいて立証される。結局、アブサロムはヨアブに殺害されることで終わりを告げたが、父子間の権力争いにおいて血を流す惨劇を露呈したのである。老年のダビデは、残った子二人のうち異腹の兄弟アドニヤとソロモンの間の争いを確固たる信念をもって処理できず、不倫で得た妻バト・シェバに操られてソロモンを後継者に定め、ツァドクという祭司長とナタンに油を注いだが、これで王朝の運命は決定されたわけである。

ダビデはサムエルの口を通して予告した通り、王になって民衆のために治めるといったが、実際は民衆に背いた。聖書記者は、ダビデの側に立って美化されて伝承されたダビデの説話を土台にして編集した。それにもかかわらず注目すべきことは、ダビデの恥部を躊躇なく暴露しているということである。記者は、ダビデを通じて実現される神の意志を尊重しているのである。しかし、彼の意志と神の意志を同一視しているのではない。彼の恥部を躊躇なく暴露したこととしては、何よりもウリヤの妻を奪ったことであるが、それは預言者ナタンが言及している。一方、一人の人間として、権力を掌握していたゆえに致命的な過ちを犯す人間ダビデを見ることができる反面、他方では神の前にあって無条件に跪くもう一つの側面のダビデを見ることができるが、この点に、彼の偉大さがあることをまた認めなければならないであろう。

王朝時代

ソロモン王

ダビデ王は、打ち拉がれた民衆を糾合して、自らの力でイスラエルの南端に位置するユダ地方を奪って王座に就き、引き続きイスラエルを執拗に攻略し、ついには統合して統一イスラエル王国を樹立した。例えうち続く戦争で多くの血を流しはしたが、イスラエル史を通じて類例のない強大国を作り、ダビデ王朝の基礎を築いた。

しかし、ソロモンはそうではなかった。彼はダビデの不倫の子として、この巨大な王国を世襲されたのである。父王が築いた基盤の上に蓄積された権力と財産で、富貴と栄華を享受することに陶酔し、〈知恵の王〉と渾名されるほど知謀に長けた人だったので、その王国を守護するために、国境地帯に要塞を築くことに力を注ぎ、守備のための武装に尽力したが、彼の軍隊の戦車は有名である。また彼は父王とは異なり、戦争よりも外交を選択して周辺諸国と友好関係を維持するのに努め、また宝物を手に入れるのにもいろいろな方法を通じて多くの成功を収めた人である。

ダビデはその意図はどうであれ、民との接触が多く、また直接権力とは関係のない宗教についても、その自律性を認めて権力濫用の限界を守ったのに対し、ソロモンはそうではなかった。彼は卓越した組織力を動員して行政体制を整備し、権力の基盤を堅固にするためにその象徴である宮殿を大きく建築し、イスラエルの信仰の象徴である〈神の箱〉を祭るための神殿を建築して自らの王国のイデオロギーにした。ダビデは神殿を建築しようとしたが、多くの戦争を通じて血を流したその手で神殿を建築することを民が反対して志を遂げることができなかったのに反し、ソロモンは大きな抵抗もなくそれを遂行できた理由は、それだけ彼が統治を組織的に行ったことを反証している。

彼が神殿を建築したことをもって彼の信心を推定してはならない。彼の神殿建築の主旨は彼自身の言葉によく表現されている。「ここに至ってわたしは、わたしの神、主の御名のために神殿を建てようと考えています」（王上五・一九）。すなわち、彼を守る神としてヤーウェを独占することによって、彼の統治権の後光にしようとするのが彼の目的であった。また神殿建築を、ダビデ王朝の史家たちが大きく取り上げているが、実は、それは大きさや位置から見ても、宮殿建築には本館だけのために一三年を消耗したのに対し、神殿建築には、その半分である七年を消費したといわれる。大きさから見ても、神殿は宮殿の三分の一にもならない小さなものであった（王上六・二）。

彼は自らの王国の要塞化のために、労働力と税金を強制徴用したが、数字上から見ても、強制動員した人力は当時の状況から見ると驚くほどである。外国から資材を搬入するために三万人、山岳地帯から採石する人員として八万人、そしてその事業を指揮する上級官吏だけでも三、三〇〇人という記録（王上五・二七以下）がこの事実を立証している。

彼は隣国の豊かな国々と外交関係を結び、その関係を血縁関係にするだけでなく、蓄財の手段として、ほとんど例外なく修交国の王女たちと政略結婚をした。例えば、イスラエルの宿敵であったエジプトをはじめモアブ、エドム、シドンそしてヘトなどの地からきた女性たちの名があげられている（王上一一・一）。彼の享楽欲はそれだけでは終わらなかった。彼は七〇〇人余りの後宮を所有し、そのほかにも御伽を務める女性が三〇〇人もいたと伝えられている（王上一一・三）。したがって、王朝史家たちでさえも、「この妻たちが彼の心を迷わせた。ソロモンが老境に入ったとき、彼女たちは王の心を迷わせ、他の神々に向かわせた」（王上一一・三—四）と評している。

このような野望を満たす過程で、イスラエルの民には許し難い致命的な副作用が伴った。彼は、政略的かつ蓄財を目的として各国の君主一家と婚姻関係を結び、そうすることによって、自国の根幹を汚染させる宗教的浸透を許すことになってしまった。すなわち、彼は後宮として外国女性を迎え入れるとき、彼女たちが持参した宝物と共に、付き添って世話をする一定の人員、そして彼らの宗教を尊重するという条件を受諾したのである。その結果として、宮殿内にヤーウェ宗教のほかに様々な宗教のための神殿の建築を許容し、彼らの布教努力を黙認するだけでなく、ついにはソロモン王自身までが、後宮たちの影響力につられて、様々な宗教の神殿儀式に参加する結果をもたらした。その結果、長い間の単一宗教の伝統が、混合宗教になり変わったのである。

彼に、これら全てのことに加えて致命的な過誤を指摘するならば、国家分断の原因となった北イスラエルの排除、南ユダ中心の政策を展開したことである。これは次に見るように、国家の分断を、さらには国家全体の滅亡を招く結果をもたらすのである。

分断の二〇〇年

ソロモンが紀元前九二六年に亡くなると、統一王国は分断し、南ユダと北イスラエルという分断の時代に入るのである。それは一時的な過ぎ去った事件ではなく、二〇〇年の分断時代への突入を意味し、ついには分断のまま全てが滅んでしまうようになる歴史的な分岐点である。

もともと、南ユダと北イスラエルは、ダビデの戦略で連邦国のような条約に基づいて一つの国家を形成していた。ダビデはこの点を考慮して、彼の統治時には〈持ち分〉を守った。それで祭司、官職に至るまで、持ち分に従って配分された。ところが、ソロモンはダビデの後を継ぐと同時にこの伝統を無視した。先ず、彼は自ら大祭司の行為をし、ユダ系だけを祭司職に任命し、閣僚においても北イスラエルを除去してしまった。

そうしながらも、彼は既得権を確保するために城壁の建設などを行い、国境を守るためにイスラエルの人を徴用、徴集し、税の負担を日を追うごとに高めていった。これに対抗してイスラエル民衆の抵抗が頻繁に起こったが、そのうちの三度はソロモン政権に大きな脅威となった。

そのうち、第一次民衆蜂起の指揮者である〈ヤロブアム〉が革命に失敗した後エジプトに亡命し時を窺っていたが、ソロモンが死ぬと急拠帰国して北イスラエル中心の求心点になった。一方、ソロモンの子レハブアムが王位を世襲すると、最初の課題にしたのが、北イスラエルとの連合国条約を新しく締結することであった。聖書には詳細に報じられていないが、このように、すでに北イスラエルにおいては反ユダないし反ダビデ王朝の抵抗運動が侮れなかったようである。

レハブアムが古代イスラエルのヤーウェ信仰の象徴の一つである〈シケム〉を協商の場所としたのは、政治的な配慮である。ユダの立場から書かれた列王記には、そのとき、イスラエルが彼を王として推戴しようと（厳密にいえば追加承認である）集まっていたといわれるが（王上一二・一）、レハブアムを代弁者に推して、ソロモン時代の抑圧的な搾取を想起させて、そのような統治はしないという誓約を要求した。レハブアムはダビデ王朝に仕えていた旧臣たちに別に会って意見を問うたところ、年老いた元老たちは、レハブアムに、王としてではなく民の僕として彼らに仕えるという誓約をすることを要求した（王上一二・七）。しかし、レハブアムと共に育った若い少壮派は、より強圧的な統治を行って、騒擾の兆しを見せている北イスラエルの機先を制することを提案した。これにレハブアムは、「先王はお前たちを皮の鞭で殴ったが、わたしは牛の鞭で治めるであろう」といって元老たちを振り切って少壮派の意見に従うことで、永遠に帰り得ない橋を渡ってしまった。

南ユダ（レハブアム）はその後武力による統一を試みたが思うままにならず、彼が死ぬ日まで北イスラエルとの小規模の戦いは続けられた（王上一四・三〇）。その世代が亡くなった後にも南北の戦いは持続され（王上一五・一六）、分断の溝は深まるばかりで、打ち続く戦争の痛みで双方は共に衰退していくばかりであった。

分断の南北の姿は次のように要約される。南ユダは、世襲制を継続してダビデ王朝と神殿宗教を求心点にすることで、北イスラエルに比べ安定性を維持した。これに対し北イスラエルは、古代イスラエルの部族共同体の伝統のように、王の世襲制ではなく、カリスマ的な任命制であった。民衆が推戴する人が、預言者たちの認定する過程を経て王になった。したがって、古代イスラエルのように、君主制国に比べ変乱が頻繁に起こった。二〇〇年の分断期間中に、南ユダにおいては王権が比較的安定していたのに比べ、北イスラエルは王が一九人も交代し、そのうち八人は殺害された。これは政変が頻繁であったという意味にもなるが、民の力が大きかったという意味にもなる。

一方、南ユダはエルサレム神殿を中心にした地域的な求心点があったのに対し、北イスラエルは、王が居住する首都がマハナイム、シケム、ブスエル、テイルツアなどに度々移った。これは外国勢力の侵略とも関連があるが、中央集権制が堅固でなかったことから、自己の根拠地を中心にして安定した王権を維持しようとすることから生じた現象でもある。

北イスラエルの脱ユダ化は、古代イスラエルの伝統を継続するときにのみその名分が立つ。それは、政治も宗教も中央集権的ではない民による共同体の形成である。ところが、ダビデの影響を受けたこともあり、ユダとの競争心理が作用したため、その方向性を喪失した。南ユダの中心である神殿に対抗するために、ベテルとダンに聖所を築いて、ベテルの聖所に金の子牛を聖所建設の基礎にすることなどで、次第に自らの伝統を失っていった。これで、かえって南ユダの側から、北イスラエルを偶像崇拝者であると非難するまでに至ったのである(王上一二・二六—三二)。

そのようななかで、南ユダは次々と戦いを挑んできた。しかし、それは統一のためではなく、分断状態を固守するのに自分たちが有利な位置を占めるためのものであった。その代表的なことが、分断によりエルサレムが北端の国境地帯に置かれることになり、その安全性が脅威にさらされるため、エルサレムの北側に位置したベニヤミン地域を確保するために、継続して戦争をしてきたのである。われわれの六・二五戦争〔朝鮮戦争〕のとき、差し迫った休戦を前にして、高地争奪のために残忍な同族殺し合いの極をなしたことや、分断状態において有利な立場を求めて五〇年の歳月を反統一の方向に悪用したことなど、全て類似した分断の苦しみであった。このような分断の悲劇によって衰退し、北王国イスラエルは紀元前七二一年、南王国ユダは紀元前五八六年に完全に滅亡してしまったのである。

七　預言者

預言者の現場

聖書学者によると、旧約聖書が文書の形態で完成された時期は、おおよそ紀元前八世紀以後のことである。それ以前には、ほとんどが口伝によるものであり、部分的に文書化されたものがありはしたが、それが一つの明確な歴史観によって今日のようなものになったのは、預言者アモス、ホセア、ミカ、イザヤ時代以後のことである。そのうちのどれも、彼らの直接・間接の影響を経ることなく完成されたものはない。もしもこのような一連の預言者たちがいなかったならば、イスラエルの歴史は、各民族の民族伝説以上の役割を果たし得なかったであろう。彼らこそが、草野に埋もれてそのまま萎れてしまう雑多な伝承を、〈神の約束と成就〉という太い縄で括り、そうすることによって歴史を転換し得る一つの巨大な原動力に変えたのである。

そうだとすれば、預言者とは、どのような人間であったのだろうか。預言者こそ、イスラエルの歴史においてのみ見ることのできる独特の存在である。彼らがいなかったならば、イスラエルの信仰が世界に進出することはできなかったであろう。しかし、反面にイスラエルの信仰のような背景がなかったならば、預言者という存在が生まれることはなかったであろう。他の民族の歴史にも、イスラエルの預言者に似た人物がいなかったわけではない。もしも、預言者が未来の展望において現在の執権者を批判する者であるならば、死をも恐れず腐敗した王を諫めていた忠臣たちや、将来やってくるであろう運命を知らせ、それに備えるべきことを伝えて消える東洋の仙人のような者も一種の預言者であるといえよう。しかし、このような人物たちは、その民族の歴史を率いる主流の役割をすることはできなかった。イスラエル外のあるところに出現したとすれば、神秘に覆われた仙人や奇人の伝説ぐらいは残したであろう。しかし、彼らがイスラエルの歴史において主役になり得たのは、その民族の信仰が背景にあったからである。

預言者は神の足に蹴られて動き回る人であるという人がいる。確かにそのような面がある。彼らは、イスラエルの歴史に忽然と現れて忽然と消える人々で、自分の言葉ではなく、神の言葉を伝えるだけであるといわれたのである。しかし、彼らは決して超人的で非現実的な神秘に覆われた存在ではなかった。彼らこそが、彼らが置かれている状況について敏感だったのである。否、彼らこそその民族の歴史の隊列の先頭に立つか単身その流れを遮って立ち、その民族の現実の真っ只中において、彼らと共に笑いかつ泣いた存在である。もう一つの特殊性は、彼らは緊迫した現実の前で決断を要求した人たちである。彼らは決して東洋の賢人やまたはギリシアの哲人のような人々ではなく、行動のなかにあって神の意志を聞き、神の意志において民族に対する責任と民族の叫びを聞く行動の人たちであった。彼らの舞台こそがその民族史であったゆえに、彼ら個人よりも先ず、彼らが活動していた時代の状況から知らなければならない。

預言者が現れ始めたのは、イスラエルが流浪の生活から定着の生活に転換し、行軍的な姿勢から組織の姿勢に移って以後である。いわば、パレスチナ（カナン）に定着して、現代的な意味の民族が形成され国家の体制が確立して以後である。

イスラエルが民族国家としてその姿を整えたのは、ダビデ王朝の創建において始まる（紀元前一〇〇〇年）。ダビデは、彼の部族ユダによって王として認められたが、一つの部族ではなく全イスラエルの統一のために、今日のエルサレムを占領しそこに宮殿を建てることによって、有史以来初めてであり最後であるイスラエル歴史上最大の版図を有した国家の基礎を築いた。それだけでなく、彼は神の箱をエルサレムにもってくることで、イスラエルの宗教の中心を形成し、名実共にエルサレムを政治と宗教を一つにまとめたイスラエルの中心地に作り上げた。

その後を継いだソロモン王は、ダビデ王の威厳とその後光の下で政治や軍事には関心がなく、末梢的な華麗なる生活だけを享有したため、統一イスラエルの王国を外国勢力の侵入から防ぐことのできない弱い国に転落させた。そのため、彼の死と共に、ダビデによって統一されていたイスラエルは南北に分裂してしまった（紀元前九二六）。しかしそれなりに、八世紀の中頃までは平和が続いた。

しかし、次第にこれらの小さな二王国は、当時の強大な勢力であるエジプトとアッシリアの狭間にあって不安定になった。ついに、アッシリアは大きな勢力として今日の中東一帯を席巻した。そのときの北王国イスラエルの王ヤロブアム二世は、はっきりした志操がなく、外勢に依存しようとする政策だけを用いていて、ついに紀元前七二二年アッシリアによって滅ぼされてしまった。このとき、ほとんどの人々が捕虜として捕らえられていった反面、多くの異邦人がその地に移住してきて、血が混ざり宗教的に蹂躙され、国権だけでなく全ての点において事実上その末路になってしまった。

アッシリアは南王国のユダにも手を伸ばし、その運命も風前の灯火であったが、突然アッシリア軍は撤退した。それはアッシリアの国内問題によるものであったであろう。ユダの側から見ると、一つの奇跡であるといわざるを得なかった。しかし、新興勢力であるバビロニアの侵略で、紀元前五八七年には、残った片一方の王国までが最後を告げた。そのときエルサレムは略奪され、神殿は破壊されて、市民を除外した全ての貴族、上流階級、技術者をはじめ多くの人々が捕虜としてバビロンに捕らえられた。しかし、ユダ地域は幸運にも政策的な異邦人の移住はなかった。したがって、彼らの伝承と伝統をそのまま保存することができたし、バビロンに捕虜として捕らえられていったイスラエルの民も、ある程度の自由が与えられて、彼らの伝承をそのまま維持し、その伝承を整理して再解釈する機会となった。

このときから、イスラエルは国なき民族となった。その点から見ると、イスラエルは最も悲劇的な民族である。しかし、彼らの精神は死ななかった。そのときから半世紀後に、バビロニアは没落し、その後の覇権はペルシアが掌握した。ペルシアの王は、捕虜になっているイスラエルの民に帰国の自由を与えた。それで彼らは再び廃墟となったエルサレムに、国家ではなくイスラエル共同社会を再建して彼らの伝統を維持することができた。

これでイスラエルの歴史は事実上終わったのではないか。彼らの信仰に何の意味があり、彼らの運命はどのように理解されなければならないのであろうか。これは単にイスラエルの問題に止まらないのではないか。そうだとすれば、今日のわれわれにとって、このイスラエルの歴史を憶えることにどういう意味があるのだろうか。このような興亡盛衰の民族の歴史はいくらでもあるではないかと問うほかない。実際、この歴史自体だけでは、何らの特別な意味も見出すことはできないし、したがって、われわれが必ずしも関心をもつ必要はない。しかし、われわれがこの民族の歴史に関心があるのは、歴史（Historie）それ自体ではない。それよりも、そのような歴史を通じて起こった事件の意味を明らかにした預言者たちの歴史観が、われわれの関心事だからである。彼らは歴史を単に民族興亡の連続と見ず、それ以上の意味を教えてくれた。

例えば、上記の記録を残した列王記を読むならば、先ず年代的な叙述は極めて簡単で、必ず必要なことにのみ制約しているのを見出すことができる。これと同時に、事実に対する記録のほかに、極めて異なる形態の記録が目につくであろう。列王記に、いく人かの王の場合を除いては、簡単にその来歴を記録するに留まっているが、必ずその王を判断している記録が後に続くのである。「彼は神の前にあって完全であった」、または、「彼はヤーウェの目には悪を行った。」がそれである。これは、彼が王として善い政治を行ったとか、軍事的に勝ったり敗れたりしたということとは全く異なる側面の判断である。善い政治をした王に対して、神の前に正しかったといったかと思うと、その反対の場合にも、神の前に正しかったともいっている。この判断の基準は、全く異なった次元にある。すなわち、神の前に立った存在としての判断基準である。これは、力がすなわち勝利であり、勝利がすなわち善であるという類の歴史評価とは全く異なる視点による判決である。このような判断は誰がするのであろうか。それは預言者の歴史観にその根拠がある。

預言者たちは、イスラエルの歴史の真っ只中において、彼らの民族と共に喜怒哀楽に参加した。しかし、彼らは歴史のなかに共に生きながらも、その拠点を歴史自体のなかには置かなかった。したがって、彼らの判断は、歴史の事実を記録した一般の歴史書の言葉とは全く一致しないのである。彼らの判断の拠点は、歴史のなかにあって歴史を超越したところにあった。それこそが、神の御言葉を担った者であるという預言者の意識であり、立場である。

讃美と呪い――ナタン

注目に値する預言者の姿は、イスラエルの王朝の建立と共に現れる。ダビデ王時代のナタンがその人である。

ダビデはイスラエルの最初の王ではない。彼はサムエルに任命されてサウル王の後を継いだ者である。しかし、サウル王時代の版図は大したものではなかったばかりでなく、彼を王として認める範囲も極めて制限されていた。

ダビデは一介の羊飼いで、サウルに対しては、一面武勲として、また芸術に有能であるところから次第に頭角を現したものとして伝えられている。しかし、サウル王の嫉妬の対象になり、彼を避けて転々としていたが、彼の死後になって初めて、彼の一族であるユダ地域の王として認められ、次第にその版図を広げてイスラエル地域全般の王として認められ、宿敵であった西のペリシテ、そして東南のアモン、モアブ、エドムなどを平定して、シリア、パレスチナ一帯を手に入れた。

しかし、そのような程度で彼の功績が永遠に残されなければならない根拠にはなり得ない。もちろん、彼は人品が突出しており、政治的な手腕も秀でたものとして伝えらえている。しかし、それに劣らず弱点も多くもっていた人であった。彼に決定的な意味を与えたのは、正にナタンという預言者であった。ナタンは彼に神の約束を伝えた。それは、神がダビデと彼の子孫を選び祝福したというものである（サム下七章）。これが彼の王朝に決定的な意味を与えたのであり、全イスラエルが彼を崇め、ついには彼の子孫からメシアが現れるであろうという希望をもたらした。

このナタンの告示がなかったならば、イスラエルはダビデ王朝の盛衰にともなって、その期待も上下の曲線を描いたであろう。現実的に、ダビデの業績は彼の代を持続できず崩れ始めた。したがって、彼らの期待が崩れることもあり得た。しかし、イスラエルは預言者の告示のゆえに、眼前に信ずるに足る根拠が見えなくても、その希望を失うことなく、究極的な未来の祝福を待つことができたのである。

ナタンがどのような人であったかは、全く知らされていない。彼はたったの三度ダビデの前に現れただけである。ところが、重要なことは、ダビデが彼の言葉を絶対的なものとして認めたということである。このようなダビデなくしては、ナタンもあり得ない。ナタンは、他の国の王朝史において見るような知恵を授けるといった賢人の類とは全く異なる。ダビデは彼を神の人として認めて彼の知恵を借りるのではなく、むしろ、彼の口を通じての御言葉に服従したのである。ここに、イスラエル史の特殊性の秘密がある。

ナタンはダビデ王の側に立った。ナタンは彼に神の祝福と約束を伝えた。しかし、これは同時にダビデをして神の前にあって責任のある存在にならしめた。神の約束と祝福は人間の応答と遊離したものではない。神の意志は、人間が責任ある自覚として応答するときにのみ現実になるのである。したがって、神の約束と祝福はダビデの責任意識の客観化である。

「主よ、更にあなたはあなたの民イスラエルをとこしえに御自分の民として堅く立て、あなた御自身がその神となられました」（サム下七・二四）。

これがダビデの応答である。神がイスラエルの民を彼の民として立てるということは、神を彼らの主として崇めるということと遊離しない同時的なものである。

しかし、ダビデは神の前に立った責任のある存在であるということを忘れたときがある。彼が、自分の部下ウリヤの妻を奪おうとして、ウリヤを戦線に送って死に至らしめるという、卑怯な男に転落したということがそれである。ダビデは、自分の部下であるウリヤが戦争に出ている間に、ウリヤの妻と姦通したのである。それまでも赦すことができるかも知れない。ところが、その事実を隠蔽するために、前線にいるウリヤを帰還させて彼女と共寝するようにしたが、それが失敗に終わると、ウリヤを前線に送って死に至らしめ、彼女を妻に迎えたのである（サム下一一章）。このとき預言者ナタンはダビデの前に立つ。そして彼はダビデの過ちを厳しく叱責する。

ダビデを訪れたナタンは、このような話を始めるのである。

「二人の男がある町にいた。一人は豊かで、一人は貧しかった。豊かな男は非常に多くの羊や牛を持っていた。貧しい男は自分で買った一匹の雌の小羊のほかに何一つ持っていなかった。彼はその小羊を養い、小羊は彼のもとで育ち、息子たちと一緒にいて彼の皿から食べ、彼の椀から飲み、彼のふところで眠り、彼にとっては娘のようだった。ある日、豊かな男に一人の客があった。彼は訪れて来た旅人をもてなすのに、自分の羊や牛を惜しみ、貧しい男の小羊を取り上げて、自分の客に振る舞った」（サム下一二・一—四）。

この話を聞いたダビデは、「…そんなことをした男は死罪だ。小羊の償いに四倍の価を払うべきだ。そんな無慈悲なことをしたのだから」と激怒すると、これに対しナタンは、「その男はあなただ」と叱責する。権力の座にある者の正鵠を射たのである。ナタンは、神が彼を選ばれたことを想起させ、しかしダビデが自身の責任性を忘れ去ったために、ダビデの後裔に形容し難い受難があるだろうということを宣言する。ここにおいても、神の約束は決して一方的に成就されるのではなく、人間の応答、人間の決断と直結しているという原則が十分に反映された。

預言者ナタン！　神の約束と祝福を伝えた彼は、これに対する責任性を忘れ去ったイスラエルの主権者ダビデに対し、躊躇することなく呪いを宣言し、以後二度と現れないのである。あたかも彼の任務がそれで終わったかのように…。

これが預言者の一つのモデルである。彼は神のほかにはいかなるものにも隷属せず、正にそうであるゆえに、恐れることなく真実を暴露することができたのである。真実の暴露、それこそが真理に対する証言である。

王権との対決者――エリヤ

預言者は、賢者でもなければ哲人でもない。そうだからといって、未来を予告する占い師でもない。彼は未来によって現在を見る。しかし、未来に向かって漠然と夢を抱くのではない。彼は民衆の真っ只中、歴史の先頭に立って二者択一の決断を要求する。

紀元前九世紀中葉に、イスラエルの宗教は大きな危機に直面した。カナンの土着宗教であるバアル崇拝が、イスラエルの民衆と、さらには王の勢力圏にまで浸透してイスラエルにおいては公然たる混合宗教が施行されていた。遊牧の部族として放浪していたイスラエルが、神との約束に従って多くの逆境の末にカナンに定着したときから、カナンの既存宗教と自然に混合された。このような形態の宗教は、定着した民族にはよく見られる現象で、問題が起こる度に、それを全的に担う神を別に決定したのである。病を司る神、雨の神、太陽の神などがそのような例である。カナンでは、そのような神々のなかでバアル神を第一に崇めた。

バアルは結実の神である。農事は定着民の唯一の生業であったので、豊穣なる収穫こそが最も大きな目的であった。したがって、結実の神であるバアルは、農耕民族には最も重要視される神であり、同時に礼拝の対象でもあった。これに対し、イスラエルの民は、これまで遊牧生活のなかで自分たちの信仰を守ってきた。彼らは神との契約を表示する神の箱を先頭にして、絶えず移動した。この神の箱は、見えない神の現存の具体的な標識であった。それゆえに、この神は自然の神であるというよりは歴史の神であった。したがってバアル神とは対照的であるほかなかった。またバアルの神は定着民の神である。カナンの部族は、自分たちの土地の主、全ての穀物や生産を司る神はバアルであると主張した。イスラエルは、新しい状況において新しい神理解が必要であった。それは、ヤーウェは導きの神すなわち歴史の神であるだけでなく、この自然も司る神でなければならないのではないかというのである。

したがって、イスラエルの民のなかには、バアル神の特殊領域を認めようとする群れ、イスラエルの神とバアルの神を同じ神であると主張する群れもでき、一部は二つの神の間で迷っていて、ついにはバアルの神に転向する者も生まれた。ところが、北王国の首都サマリアに定住しているアハブ王は、公然とバアルの宗教を是認した。彼はフェニキアの王女であるイゼベルと政略結婚をしたのであるが、そのイゼベルの影響でアハブは宮殿内にバアル神殿を建てて、ついに統一された宗教にしてしまった（王上一六・二九―三四）。

このとき、アハブに立ち向かって、イスラエルに峻厳なる批判と共に決断を促求して登場した者が、預言者エリヤである。エリヤはイスラエルの民に向かって叫ぶのである。

「あなたたちは、いつまでどっちつかずに迷っているのか。もし主が神であるなら、主に従え。もしバアルが神であるなら、バアルに従え」（王上一八・二一）。

これは、〈あれも―これも〉という曖昧な立場にあるイスラエルに決断を促す激烈な表現であり宣言でもある。この事件に続いて、エリヤとバアル宗教の代表たちとの劇的な対決があったことを伝えている（王上一八・一六―四六）。その描写は、民話的な伝説形態になっている。それは、エリヤがイスラエル宗教の危機を生命をかけて守ったことを集約して劇的に表現している。このエリヤの悲壮かつ徹底した対決と戦いがなかったならば、イスラエルの宗教はその痕跡をなくしていたかも知れない。

その戦いはエリヤ個人の戦いではなく、イスラエルの生死を決定する対決であった。イスラエルは神との約束である十戒、「あなたは、わたしをおいてほかに神があってはならない」ということをその最初の戒めとして崇めていた。それにもかかわらず彼らがバアルの神を崇めるということは、この最初の戒めを破ってついにはイスラエルの存在を放棄することになる。したがって、この決断は他の宗教をもち得るか否かの問題ではない。イスラエルが存在し得るか否かの問題なのである。一歩進めて考えるならば、エリヤのこの対決がなかったならば、キリスト教ですら考えられなかったであろう。

エリヤのこの戦いは、イスラエルを本来の姿に戻すのに決定的な契機になり、その強大であったバアル宗教を地球上から痕跡をなくす転換の時点にならせたということができる。また、エリヤの預言者的な促求は、その後いつも続けられ、新約においてもほとんど同じような内容の言葉が伝えられている。

「わたしはあなたの行いを知っている。あなたは、冷たくもなく熱くもない。むしろ、冷たいか熱いか、どちらかであってほしい。熱くも冷たくもなく、なまぬるいので、わたしはあなたを口から吐き出そうとしている」（黙三・一五―一六）。

エリヤの伝説は、預言者の風貌をよく現している。預言者とは、英雄でも賢人でもなく、ただ神の霊を受けたときにのみ、初めて特別な勇気と力を発揮することができるという点において、〈神の人〉である。

彼に関する説話は、列王記上一七章から始まる。エリヤはアハブ王の統治時代に忽然と現れている。彼は一貫してヤーウェの指示に従って動いた。そのような表現として、「ここを立って〜へ行け」という指示が度々出てくる。彼の登場は、三年も続く旱害と関連がある。このとき、彼はバアルの神と対決するのである。勝利した彼は、バアル神とアシュラ神の司祭九五〇人を剣や槍で打ち殺す。そして激しい雨になる気配になったとき、アハブの車の先を裾をからげてイズレエルの境まで走っていった。そのような彼が、アハブの女人イゼベルの復讐を恐れて曠野へ狂った人のように逃亡する。精根尽き果てた彼は、一本のえにしだの木の下に座り、「主よ、もう十分です。わたしの命を取ってください。わたしは先祖にまさる者ではありません」（王上一九・四）という。瞬時にして、彼はこのように卑怯になったのである。再び力づけられた彼は、ある洞穴に入って隠遁生活を始める。そこでヤーウェに出会うのである。彼は心を焼き尽くすような哀願をする。

「わたしは万軍の神、主に情熱を傾けて仕えてきました。ところが、イスラエルの人々はあなたとの契約を捨て、祭壇を破壊し、預言者たちを剣にかけて殺したのです。わたし一人だけが残り、彼らはわたしの命をも奪おうとねらっています」（王上一九・一四）。

これは徹底した単独者の絶叫である。しかし彼は、「イスラエルに、バアルにひざまずかず、口づけしなかった者が七千人」残っていることを悟った。「一人ではない。地下運動は続いている」という信念は、彼を甦らせた。したがって彼は再び力づけられて、一人の女人に嵌まって、彼女を喜ばすために奸計と暴力で弱者であるぶどう畑の主人を殺してその畑を手に入れたアハブに忽然と現れる。そして「犬の群れがナボトの血をなめたその場所で、あなたの血を犬の群れがなめることになる」（王上二一・一九）と獅子のように吼えるのである。そのように鬼神のごとく消えていて現れ権力者と戦っていた彼は、後継者（エリシャ）に彼のバトンを渡し永遠に消えるのである。

このような叙述は、例え伝説的ではあっても、「神の人」である預言者の風貌をよく表している。

宗教よりも正義を――アモス

イスラエルは王国建設後一世紀にして、急速な社会の変遷過程を経なければならなかった。遊牧生活から農耕生活へ、加えてそこに商人まで登場するようになり、経済的な階層と合わせて階級が形成されることによって社会問題を誘発するに至った。そしてそのようなかでヤロブアム二世のとき、北王国イスラエルは中身のない繁栄の頂点に達していた。

このとき、一介の羊飼いにすぎないアモスが、この現実の真っ只中に現れた。そして彼は、経済的繁栄を謳歌する社会の現実のなかで蹂躙されている状態を見て、彼らと対決する。彼はイスラエルの社会悪を具体的に告発するのである。

「イスラエルの三つの罪、四つの罪のゆえに、わたしは決して赦さない。彼らが正しい者を金で、貧しい者を靴一足の値で売ったからだ。彼らは弱い者の頭を地の塵に踏みつけ、悩む者の道を曲げている。父と子も同じ女のもとに通い、わたしの聖なる名を汚している」(アモ二・六―七a)。

アモスはいわば著述預言者の代表的人物である。アモス書の内容は、「主は言われる」と「災いだ」という言葉に分けられている。彼の活動期間は、北王国イスラエルのヤロブアム二世(紀元前七八六／八二―七五三／四六)時代の後半期である紀元前七五〇～七六〇年代である(王下一四・二三―二七)。アモスは南ユダの出身であるが、彼の活動の舞台は、ほとんど北イスラエルの首都サマリアであった。

彼が終始一貫糾弾したのは、宗教に託けて正義を蹂躙している現実である。彼は、正義が執権者と資本家たちによって蹂躙されている現実に怒りを覚えて告発するのである。正義の蹂躙とはすなわち人権の蹂躙である。彼はこのような状況のなかで神の怒りを聞くのである。

「獅子がほえる、誰が恐れずにいられよう。主なる神が語られる、誰が預言せずにいられようか」(アモ三・八)。

彼の怒りは個人の感情ではない。神によって衝動した怒りである。しかし、社会正義を叫ぶことはイスラエルの信仰の問題と遊離しているのではない。アモスの思想において最も重要なことは、宗教と正義の関係である。彼はそのとき、イスラエルが宗教と倫理の生活を分けて、宗教を日常の生活と区別された他の領域に属したものとするのを見た。そのような宗教は、人間とその世界を腐敗させる最も醜い宗教である。したがって、彼は結局矢を正に彼らの宗教生活に射るのである。それで、正義を無視した宗教行為に対してこう糾弾するのである。

「わたしはお前たちの祭りを憎み、退ける。祭りの献げ物の香りも喜ばない。たとえ、焼き尽くす献げ物をわたしにささげても、穀物の献げ物をささげても、わたしは受け入れず、肥えた動物の献げ物も顧みない」（アモ五・二一―二二）。

これは神の意志を代弁したものである。そのときの状況において重要なことは、公義と正義の樹立であった。正義を無視した宗教などあり得ない。したがって彼は、「正義を洪水のように、恵みの業を大河のように、尽きることなく流れさせよ」（アモ五・二四）と叫ぶのである。

これはアモスに始まった新しい意志ではない。神を愛するということと隣人を愛するということは、本来遊離しているのではない。彼は、神を愛するということが隣人との関係において正義を無視してもよいという口実になるとすれば、むしろそのような宗教意識はなくならなければならないとまで考えた。

隣人を愛するということは抽象的ではあり得ない。それは具体的な状況における決断である。アモスは、繁栄する経済秩序において、貧しい隣人が蹂躙されているのを見た。彼は宗教を日常の生活と聖別することによって、正義に鈍感になっているのを見た。しかし、隣人を愛することと遊離した宗教行為があり得ないように、いわゆる世俗的な生活を離れた宗教的な生活が別にあることはできない。否、宗教と生活の区別などあり得ないのである。

また彼は社会の問題を告発した。しかし、彼はいわゆる社会改革のプログラムを提示したのではなかった。彼はどこまでも神の意志の宣布者として、神の前でイスラエルの責任を追及しているのである。責任とは、常に具体的な状況、すなわち今と結びついている。現在の課題を無視して明日はあり得ないのである。そのような場合、明日は彼にとって審判になる。そのような意味においてアモスは爆弾宣言をする。

「災いだ、主の日を待ち望む者は。主の日はお前たちにとって何か。それは闇であって、光ではない」（アモ五・一八）。

これは、現在の具体的な自らの任務を全うせず、ヤーウェの日、すなわち未来の究極の救いを待ち望む愚かさを糾弾している言葉である。

アモスは、神が彼らの不義を罰するであろうことを宣言する。彼は、イスラエルの腐敗からくる必然的な結果と、そのときの国際情勢（アッシリアの侵入）を見越していた。彼はこの押し寄せる運命の前にあって、改めることを促求したのではない。この民族にくだされるであろう神の審判を予告しているのである。なぜならば、すでにイスラエルが神との約束の関係を自ら破棄したと見たからである。それでは、イスラエルを選択した神の意志は放棄されるということであろうか。アモスは、その時代の人にはあまりにも逆説的な、意外なる神の意志を知らせるのである。「地上の全部族の中からわたしが選んだのは、お前たちだけだ。それゆえ、わたしはお前たちをすべての罪のゆえに罰する」（アモ三・二）。

神がイスラエルを選択したにもかかわらず罰するということは、当時の聴衆の期待を正面きって壊す宣言である。選択したがゆえに、全ての罪を赦し寛容にならなければならないのではないか。しかし、これはアモス独特の主張ではない。神が直接に選択したということがすなわち神の赦しを保障することではない。選ばれたということは、正に責任的存在であることを意味する。したがって、この責任を回避すれば、選ばれたがゆえにかえってその結果を追及されるほかないのである。

イスラエルは、神の前に立てられた責任を宗教的な義務に局限させたところに誤りがあるのであり、そうすることによって、宗教がその具体的な責任から逃避させる結果をもたらしたのである。神の前にあって責任を負う存在になるということは、具体的でなければならない。それは正に、今、ここにわたしが立っている歴史の現実において、わたしがなすべきことをすることである。これが預言者たちの基本姿勢であるが、アモスはその歴史的現場を具体的に把握し、そのなかにおける不義を糾弾したところに特色がある。

残りの群れ――イザヤ

イザヤは、アモスより約二〇～三〇年後、ウジヤ王が死去した年からヨタム（紀元前七四二～七三四在位）、アハズ（紀元前七三四～七二八在位）、ヒゼキヤ（紀元前七二八～六九九在位）など三代にわたる王政下のエルサレムを舞台にして、四〇年余を活動した。その間アモスの預言通り北王国イスラエルが陥落し（紀元前七二二年）、南王国ユダも属国となる辛い事件が起こったが、そのような民族的危機の真っ只中において一生を献げて戦った預言者こそがイザヤである。

彼はアモスのような無名の羊飼いではなく、エルサレム貴族の後裔として上流層に属していたので、王宮に出入りして勢力圏の人々と接することができた。

彼は忽然と現れて消えた人ではなく、長い歳月を緊迫した社会的、国際的危機のなかで、神の人として、王をはじめとした支配層の人々と対決して正道を訴えた人である。それゆえに、そのいかなる預言者よりも現実的であり、その活動はダイナミックである。彼には、アモスとホセア二人の先輩の思想を継承した痕跡が明確であるが、神の審判の峻厳性と共に彼の慈悲深さを確信させているのがそれである。

イザヤの文書や彼に関する文書は、イザヤ書の一―三九章までである。四〇―五五章と五六―六六章は明確に区別される。最初のもの（一―三九章）はイザヤの文書と彼に関する叙述で、イザヤ自身と彼の弟子たちの文書と見ることができるが、その次のものは全く異なるだけでなく、誰のものであるか知る由もなく、便宜上第二イザヤ書、第三イザヤ書と称される。

ヨタムの時代には、新興王国であるアッシリアが驚異的な勢力であった。それは、イスラエルだけでなく、隣接の群小国にも同様であった。ヨタムは、彼の父王ウジヤ時代の繁栄を継承したが、外勢の侵攻に脅えていた。そこで、シリア、エフライムなどが主軸となって同盟を結んでアッシリアに協力することにし、ユダにもこれに加盟するよう要請したが、アッシリアを恐れたヨタムはこれに応じないところから、その同盟勢力の攻撃を受ける状態のなかで死んだ。その後を継いで王となったアハズは、この困難な課題を継承した。しかし、彼は自らの力で彼らと決戦しようとする考えはなく、かえってアッシリアの力を借りて解決しようとした。したがって、彼は皮相な外交だけに頼った。イザヤはアハズに対し、「主なるあなたの神に、しるしを求めよ。深く陰府の方に、あるいは高く天の方に」（イザ七・一一）という。これは、地平線上において何らかの解決を求めようとせず、地平線の向こうに何らかの解決を求めよというものである。しかしアハズは、「わたしは求めない。主を試すようなことはしない」と応えるのであるが、この短い応答において、アハズの人となりを垣間見ることができる。すなわちそれらしい言葉で正面切って拒否したのではなかったが、彼はそのような忠告を相手にしないのである。彼には勇敢に対決する決断もなく、だからといって神に救いを求める信仰もなかった。それで彼は引き続き自身の「浅知恵」にのみ頼っていたが、イザヤの警告にもかかわらず、かえってアッシリアにつくのであるが（王下一六・七）、その結果は、アッシリア軍をして、北王国イスラエルと地中海一帯、ヨルダン川東部地域とガリラヤ北部地方を攻撃し略奪させる結果を生み、ついには南王国ユダ自体にも脅威となり、莫大な朝貢と宗教的諂《へつら》いを行って、事実上その前に跪いて命だけは助けてほしいと訴える境遇に至った（王下一六・九―一〇）。このときイザヤは軟禁状態にあった（イザ八・一六に反映）。

イザヤは、アハズの時代を暗黒時代と見ている。それは単にユダだけでなく、その周辺の諸々の部族国家にも該当する。そこでイザヤは、「災いあれ」という意味の「ホーイ」を連発しているが、これはアモスとミカの当代にのみ見ることのできる叫びである。

実際アハズの卑劣な政治のため、イスラエルは日を追うごとに荒廃していった。アッシリアによって北王国イスラエルの首都サマリアが陥落し、ついには北王国イスラエルが滅んだが（紀元前七二二年）、その間南王国ユダもメディアの攻撃を受け、皮相な外交費のために国庫を蕩尽する状態にまで至った。そのときの状況をイザヤは次のように記録している。

「お前たちの地は荒廃し、町々は焼き払われ、田畑の実りは、お前たちの目の前で、異国の民が食い尽くし、異国の民に覆されて、荒廃している。そして、娘シオンが残った、包囲された町として。ぶどう畑の仮小屋のように、きゅうり畑の見張り小屋のように」（イザ一・七―八）。

彼は、王を批判すると同時に支配者に峻厳なる矢を放つのである。彼らは豊かさに目が眩んで、自分たちが直面した危機を見ることができなかった。彼らは既得権の保全とそれを増やすことにのみ血眼になった。それこそが、貧しく名もなき階層を搾取することで実現していった（イザ三・

一四―一五）。彼らにはもう一つの奇怪な現象があった。それは神に献げる祭祀を熱心に行う行為である。これは必然的にヤーウェ宗教がご利益宗教に堕落したことを物語っている。ご利益宗教というものは、危機であるほど貧しい者とそして既得権者に広がるものである。このような危機状況のなかで、宗教活動は、貧しい者としては実存的な脅威においてかけて見る最後の期待かならなす行為であるのに対し、既得権者は、すでに持っているものを死守するための行為である。危機であるほど、ご利益を約束する新興宗教が、中間層を除いた上と下の階層に広がる理由がここにあるのである。このような一連の風潮に対して、イザヤは次のように預言するのである。

「災いだ、家に家を連ね、畑に畑を加える者は。お前たちは余地を残さぬまでにこの地を独り占めにしている。万軍の主はわたしの耳に言われた。この多くの家、大きな美しい家は、必ず荒れ果てて住む者がなくなる。」（イザ五・八―九）。

「災いだ、朝早くから濃い酒をあおり、夜更けまで酒に身を焼かれる者は。酒宴には琴と堅琴、太鼓と笛をそろえている。だが、主の働きに目を留めず、御手の業を見ようともしない」（イザ五・一一―一二）。

「お前たちのささげる多くのいけにえが、わたしとって何になろうか、と主は言われる。雄羊や肥えた獣の脂肪の献げ物にわたしは飽いた。雄牛、小羊、雄山羊の血をわたしは喜ばない。こうしてわたしの顔を仰ぎ見に来るが、誰がお前たちにこれらのものを求めたか、わたしの庭を踏み荒す者よ」（イザ一・一一―一二）。

このように神に献げる礼拝を拒否しているのは、その礼拝の目的が利己心からくるものであるからである。真の礼拝は、神の意志を行うこと以上のものではない。それは正義を実現することである。正義とは、常に弱者、貧しい者、抑圧されている者、見捨てられた者の側に立つ行為においてなされる。この点はアモスと同様である。

「洗って、清くせよ。悪い行いをわたしの目の前から取り除け。悪を行うことをやめ、善を行うことを学び、裁きをどこまでも実行して、搾取する者を懲らし、孤児の権利を守り、やもめの訴えを弁護せよ」(イザ一・一六―一七)。

そうしないならば、「支えとなり、頼みとなる者を、また、パンによる支え、水による支えをも……勇士と戦士、裁きを行う者と預言者、占い師と長老、五十人の長と尊敬される者、参議、魔術師、呪術師などを取り去られる」革命が起こるであろうと警告する(イザ三・一―三)。

支配層の腐敗は、女性たちの奢侈と結びついている。女性たちは、不正から得た富を虚栄として露出し、権謀術数や諂いで得た権力を天下に暴露する役割を果たしている。イザヤの時代も例外ではなかった。それゆえに、彼はそのような女性たちを攻撃することを辞さなかった。

「シオンの娘たちは高慢で、首を伸ばして歩く。流し目を使い、気取って小股で歩き、足首の飾りを鳴らしている。主はシオンの娘らの頭をかさぶたで覆い、彼女らの額をあらわにされるであろう」(イザ三・一六―一七)。

どこを見ても暗黒の時代であり、イスラエルに希望をかけることはできなかった。それでは、イザヤは虚しく情熱を浪費しているのであろうか。然《さ》に非ず。彼は王に対し、地平線の上や下においてある種の可能性を求めよといったように、彼は地平線の彼方からくる「救いの新しい芽」を見ていたのである。彼は、政治的にその危機を克服する可能性を否定した。彼はダビデ王朝を根本的に否定したのである（イザ七・一三）。その代わり、彼は新しい希望が芽生えてくるのを見た。

「見よ、おとめが身ごもって、男の子を産む。その名はインマヌエルと呼ばれる（マタ一・二三）。

この象徴的な言葉は、新約においてイエスの誕生を解釈するところにまで引用されるほど重要な役割を果たす。ところが、その〈おとめ〉が誰なのかは全く知る由もない（おとめと翻訳されている「アルマ」は、ギリシア語訳の〈パルテノス〉のように、必ずしもおとめを意味するのではなく、女性という意味である）。インマヌエルは、〈神はわれわれと共におられる〉という意味で、救いを意味する。そうだとすれば、これは神からやってくる新しい救いをいうのである。それは、メシヤ思想とメシヤ時代のユートピア的幻想へと発展する。イザヤ書一一章は、かの有名な史上最高の美しい国の叙事詩である。結局、救いは歴史的革命で可能であるが、それは神の救いの行為によってのみ可能であるということである。これと共に、彼は重大な事実を指摘する。それは〈残りの者〉によって新しい出発になるだろうということである。

「その日には、イスラエルの残りの者とヤコブの家の逃れた者とは、再び自分たちを撃った敵に頼ることなく、イスラエルの聖なる方、主に真実をもって頼る。残りの者が帰って来る。ヤコブの残りの者が、力ある神に。あなたの民イスラエルが海の砂のようであっても、そのうちの残りの者だけが帰って来る。滅びは定められ、正義がみなぎる」(イザ一〇・二〇―二二)。

これは、紀元前七三四年にアッシリアの捕囚生活から帰ってきた一部のイスラエルを反映しているものであり、彼らこそが、イザヤと志を共にしているグループと推定される。要するに、イスラエル全体が選民であるという思想が現実的に拒否され、神の関与は、それが祝福であれ呪いであれ、イスラエルを二つに分けたことを意味し、その一方が〈残りの者〉として新しい時代を築いていく働き人になるであろうという確信である。彼は今や捕囚生活から帰ってきた〈残りの者〉を待ちつつ、その日に備えて静かに弟子たちを育んでいたが、彼は彼らを「主が与えられたイスラエルのしるしと奇跡である」(イザ八・一八)という。それは、彼が迫害されて公的な活動を禁止されたことと、時を同じくしている。「弟子たちと共に、証しの書を守り、教えを封じておこう」(イザ八・一六)というのが、正に彼の軟禁状態を指している。〈残りの者〉に対する彼の思想が、単に新しい政治の安定に対する希望であったとすれば、彼は妄想したことになる。なぜならば、ユダが次第に死地に向かって突っ走っていたからである。しかし、彼はこの〈残りの者〉の思想を通じて、イスラエルを究極の救いと結びつけた。したがって、彼は政治的状況において諦めたり絶望したりすることがなかった。

審判と新しい可能性—エレミヤ

アッシリアは、小アジア、メソポタミア地方のほとんどを占領するか朝貢を受け取る属国にし、ついにはエジプトまで征服してその繁栄の極致をなした。アッシリアによってオリエントが統一され世界帝国が建設されたのであるが、そのために、いろいろな民族国家が崩壊し、伝統文化が塗抹《とまつ》される危機に直面した。したがって、消えゆく運命にあった古代諸国の文化遺産を保存するために、アッシリアはかの有名なニネベ（Nineveh）の大図書館を建設したのである。しかし、それからしばらく後に新しい帝国が現れたが、そのなかで最も大きな変革をもたらした大帝国が新バビロニア帝国である。新バビロニア帝国の出帆は、イスラエルに一つの転換期をもたらした。いわばヨシヤ王の宗教改革運動はこのような状況においてなされたのである。しかし、イスラエルは、正にこの新しい勢力によって紀元前五八七年に滅亡し、三度にわたって指導層とエリートたちは、ほとんどが捕虜として捕らえられる悲劇に遭った。

このような歴史の真っ只中にあって、民族と共に泣き、戦い、慰め、審判の宣言をしつつ、ついには自らの命を投げ出して、愛する同族の手によって命の脅威にさらされながらも、四〇年の受難の道を歩まなければならなかった預言者が、エレミヤである。

紀元前七世紀前半、アッシリア帝国の下で御用政策により延命していたマナセ王の長期執権の後を継いだアモン王が、即位二年にして、紀元前六四〇年に宮中革命により暗殺され、八歳にしかならないヨシヤを王に擁立したこと（王下二一・一、二三―二四章）は、すでにアッシリアの勢力が傾き始めた信号である。この革命の主体は、ヤーウェ宗教の伝統を継承した人たちであった。彼らが宮廷の官吏たちを退けて自分たちの意のままに新しい王を立てたということには、重要な意味がある。このようにして擁立されたヨシヤ王一八年（紀元前六二二年）に、かの有名な宗教改革が進められ、三〇年間はその革命の主体が主導の役割を果たしたが、エレミヤが預言者として呱々《ここ》の声をあげて登場したのは、それ以前の紀元前六二六年であった。そのとき彼は、やっと二〇代前半であった。

彼が召命を受けた記録がエレミヤ書一章四―九節にあるが、その要点は、彼を選んだのが神自身であるということと、彼はイスラエルだけでなく、世界（万国）の預言者として選ばれたということである。彼がこのような使命を指示されるとき、自分が「若者」にすぎず、「語る言葉を知りません」といって逃避しようとしているのは、モーセの場合と似ている。そして、彼が立っている現場と彼の課題は、イスラエルに局限されるのではなく、イスラエルを取り巻く国際関係にある（時代背景史については、グンネベックの『イスラエルの歴史』九―一〇章参照）。彼に示された幻想は、「煮えたぎる鍋が見えます。北からこちらへ傾いています」（エレ一・一三）であった。これはスキタイ人（Skythen, Scythians, ロシア地方から南下して、地中海と黒海の間の地域に住んでいた部族）の侵略（紀元前六二六年）という具体的な脅威の前に立った彼の任務を物語っている。

ヨシヤの宗教改革は、列王記下二二―二三章に叙述されている。ヨシヤ王一八年に大祭司ヒルキアが神殿において「律法の書」を発見してヨシヤ王に差し出した。それは現在の申命記一二―二六章に収められている。ヨシヤ王は、ユダとエルサレムの代表たちを神殿に集めて、神と新しい契約を結ぶ。これが宗教改革であるが、内容は決して新しいものではなく、すでに与えられた律法を再確認したものである。その内容は、出エジプト記二〇―二三章のものをほとんど収めている。それが契約の性格をもつのは、その内容を実践できなければ呪われるであろうし、これからであっても徹底して行えば危機から救われるであろうという意味においてである。ヨシヤ時代の宗教改革は、次の三つに圧縮することができる。

第一は、神殿の権威確立である。エルサレム神殿に浸透した異教的要素を排除するということは、長い間のアッシリア統治下の残滓を清算するという意味において重要である。また、そのほかに散在しているあらゆる異教的な祭壇を集中的に破壊したことが正にそれである。その代わりに、エルサレムが唯一の聖都であることを再び明らかにした。そこは、宗教の中央執権体制樹立の拠点である。イスラエル本来の聖所はシケムであった（申二七・一二―一三、民八・三〇―三五）。したがって、サマリアがそこを聖所として固執してきたのに対し、ヨシヤはダビデの伝統を再建するために、エルサレムを唯一の聖所として定着させようとしたのである。

第二は、モーセ律法の権威を再確立することであった。王も（申一七・一四―二〇）預言者も（申一三・一―五、一八・一五―二二）律法に従属するのである。

第三は、イスラエルの民族史を編集、記述することである。この歴史の叙述に身を投じた人々は、この宗教改革の中枢であるいわば申命記学派というグループである。

エレミヤはヨシヤの宗教改革を全面的に支持した。彼はその〈契約〉に従わないならば呪われるであろうといい、したがって、エルサレム神殿以外の全ての祭壇を破壊することも指示した。その結果として、自身の故郷であるアナトトの人々に暗殺されるところであった（エレ一一・一八）。なぜならば、彼らの聖所が破壊されるようにした張本人がエレミヤであると見なしたからである。

ヨシヤ王は、アッシリアの手からの解放を目的にバビロニアに期待をかけていたが、アッシリアの同盟勢力であるエジプトの手にかかって夭折した（王下二三・二九―三〇）。これで、彼の民族中興の夢は消えた。これに対するエレミヤの悲しみは大変なものであった（エレ二二・一〇参照）。

一方、エジプトによって建てられたヤロブアム王（紀元前六〇九～五九八在位）は、ヨシヤ先王の政策を逆行させた。このときからエレミヤの本格的な苦難の生活が始まり、同時に預言者としての姿が明確になる。それは一言でいって、真実の前に命をかける証人の姿である。

エレミヤは、亡国の現実をそのまま暴露し、そのような運命を直視すまいとして他のことに目を向ける宮殿の貴族階層や支配層に対して、仮借なき〈宣告〉をしなければならない悲運に直面した。エレミヤ書七章は、彼のそのような立場と悲嘆を伝えている。

「主の神殿、主の神殿、主の神殿という、むなしい言葉に依り頼んではならない」（エレ七・四）。

これは空しい言葉であり、自分騙しである。「寄留の外国人、孤児、寡婦を虐げ、無実の人の血を流し、異教の神々に従う」限り、神殿の祭祀は空しいものである。「盗み、殺し、姦淫し、偽って誓い、バアルに香をたき、知ることのなかった異教の神々に従いながら」神殿において祭祀を行う限り安心であるという態度は、呪いを促進させるだけである。エレミヤは彼らのために請うたり祈ったりすることはしなかった。それは、彼らは受難に遭わなければならないし、そういうときになって初めてそのなかで神を求めるであろうからである。彼は繰り返しエルサレムの破壊を宣告（預言）した（エレ一九・一―一五）。このため、彼は王宮に監禁され、神殿に近づくことを禁じられたりもした（エレ二〇・一―六）。エレミヤ書二六章は彼の受難期の一コマである。彼は群衆によって殺害される危機にまで至り、彼の反対派と支持派の間で苦しめられた。

バビロニアでネブカドネツァルが王位に就くと、ユダの運命は風前の灯火同然であった。ヤロブアムは、新興勢力であるバビロニアに対して、正しい判断ができなかった。したがって、それに抵抗しようとする無謀な姿勢をとっていたので、彼とは異なる立場にあるエレミヤを軟禁してしまったのである。しかし、エレミヤは軟禁状態にありながらも、彼の弟子バルクを通じて、バビロニアに対する無謀な抵抗をけん責し、自国の滅亡を宣告することは悲しいことであるほかない。しかし、真に自民族を愛したゆえに、死をも顧みることなく、いわば神の救いなきことを預言できたのである。ヤロブアム王は怒って、彼の巻物をナイフで切り裂いて、暖炉の火にくべ燃やしてしまったという（エレ三六・二〇―二六）。しかし、難を避けた彼は繰り返し「不救済」を宣告した。これに対し王は、逮捕令をもって応酬しただけであった。

ついに、不幸にも彼の預言が的中して、紀元前五八九年エルサレムに侵入したバビロニアは、王族をはじめ支配層を捕らえた。これが第一次捕囚である。その後紀元前五八七年、五八一年など三次にわたって捕虜として連行され、紀元前五八六年にはエルサレム神殿が焼かれてしまった。

バビロニアの軍が目前に迫ったとき、イスラエルは神の奇跡を期待した。しかし、エレミヤはそのような期待を覆してしまった。否、奇跡はやって来ない。神の忍耐はもう終わった。今やイスラエルには審判が臨んだ。それだから敵に投降せよといった。これは最も難しい苦言であり、イスラエル民衆の抵抗を受けるほかない勧告であった。そして、神がこの苦難からすぐにも救ってくださるであろうという偽預言者たちの薄っぺらな騙しに抵抗して、平和、平和というが平和はないではないかと立ち向かった。彼は、現在の状況を直視して、その次の課題のために決断することを妨げるこのような偽の慰めを許さなかった。預言者とは、民衆が聞きたいと思う声だけを語る人ではないのである。民衆の期待がどこにあろうとも、これに関係なく真実を語るのでなければならない。エレミヤは、現在の状況において神の審判が決定されたことを直視し、この現実を肯定することを求めた。悲惨なこの現実をそのまま肯定せよということは、全てのことに対する諦念を意味するのではないか。しかし、エレミヤは正にこの現実においてかえって神を見よというのである。平坦な道の上でのみ神の導きを語ることは、真の信仰ではない。良い条件が神の導きを判断する基準にはなり得ない。否、悲運のなかにあっても神の導きの手を見ることができなければならない。この悲運がたとえ審判であるとしても、彼の導きの手が止まったことを意味するのではない。悲運のなかにあって神の真の意志を求めよ！　これがエレミヤの叫びである。

バビロニアは、ほとんどのイスラエルの人々を捕虜として捕らえた。捕囚となった彼らには二通りの理解があるだけであった。神はこの民族を見捨てた。それで全ては終わった！　そうでなければ、神はわれらと共におられる。したがって、彼はすぐにも彼の力でわれわれを救われるであろう。待とうではないか！　エレミヤは悲運のなかにあっても神の導きを見よという。しかし、それは単純に観望したり待つようにという意味ではない。

エレミヤ書二九章には、バビロニアに捕囚となっていったイスラエルの人々に送ったエレミヤ自身の手紙が伝えられている。その手紙の初めに、彼は捕囚となったイスラエルの人々に、「家を建てて住み、園に果樹を植えてその実を食べなさい。妻をめとり、息子、娘をもうけ、息子には嫁をとり、娘は嫁がせて、息子、娘を産ませるように」（エレ二九・五—六）という。それはあまりにも日常的で平凡な勧めである。しかし、これは漠然と過去を思い、未来を夢見て、現在の状況においてなすべきことを等閑にしている彼らに、限界状況としての現在に目を向けさせる重要な勧めである。エレミヤのこの勧めは、何か独特の視角をもって語っていた伝統的な預言者らしくない。しかし、伝統とは完結されたものではない。それは常に新しい状況において、決断を通して新しくなるものである。しかし、この勧めは、諦めて生きよという意味ではない。否、このように抑圧された状況のなかにあっても、今なすべきことを忘れてはならないということである。イスラエルは今審判を受けている。この事実を自覚せよというのである。しかし反面、彼は継続してイスラエルの未来と希望を語っている。過去の事実が今日の結果をもたらした。しかし、新しい未来はやってくる。これら二つの事実は、現在が何を意味し、その課題が何であるかをよく示している。

エレミヤは、このような悲運の状況のなかにあって、重要な啓示を語っている。イスラエルは、彼らが神と結んだ契約を破ってしまった。したがって取り返しのつかない深い傷を負った。すでに壊れてしまった器のようなものである。それでは神は彼の約束を放棄したのであろうか。然に非ず。神は最後まで、彼の民との約束を守るであろう。それでは、どうすればその道が可能であろうか。ここで、エレミヤは二つの思想を提起している。一つは、神がイスラエルと新しい契約を結ぶであろうということである。

「見よ、わたしがイスラエルの家、ユダの家と新しい契約を結ぶ日が来る、と主は言われる。この契約は、かつてわたしが彼らの先祖の手を取ってエジプトの地から導き出したときに結んだものではない。わたしが彼らの主人であったにもかかわらず、彼らはこの契約を破った、と主は言われる」（エレ三一・三一―三二）。

これは、イスラエルの伝統から見ると画期的なことである。これは、イスラエルの過去の全ての歴史に対する否定であり、新しい歴史の出発を宣言しているのである。過去の歴史はエジプトからの脱出にその起源を置いているが、今宣言された新しい歴史は、自身の伝統からの脱出をその起源にするものである。

これまで、イスラエルの歴史は神との契約関係においてなされた歴史である。ところが、イスラエルが一方的にこの契約を破棄してしまったのである。これでその歴史は終わるしかない。それと同時に、新しい出発の可能性の扉を開けた。しかし、その新しい出発も神との関係においてのみ可能である。このような信仰がこの思想に躍動している。それでは、新しい関係はどのようなものでなければならないのであろうか。

「来るべき日に、わたしがイスラエルの家と結ぶ契約はこれである、と主は言われる。すなわち、わたしの律法を彼らの胸の中に授け、彼らの心にそれを記す。わたしは彼らの神となり、彼らはわたしの民となる」（エレ三一・三三）。

ここで重要なことは、神の律法を胸のなかに記すということである。エレミヤはヨシヤの宗教改革に大きな期待をかけたようである。ヨシヤの改革は、新しい共同体の律法を作ることであった。しかし、その改革は、イスラエルの国権の喪失と共に挫折した。今や、彼らを一つにまとめる国体はない。今や、一人一人が人格的に神と関係をもつことができなければならないとしたのである。今では、神との契約の単位は全体ではない。イスラエルの個々人でなければならない。このような革命的な思想がここには芽生えているのである。

キリスト教は、自らを新しい契約によってできた、新しいイスラエルであるといった。ところが、彼らは共同体でありながら、一人一人がめいめい神と関係していると確信した。したがって、エレミヤが見た未来は、正にキリスト者において実現されたわけである。

イスラエルの歴史は、イスラエルの側から見ると挫折されるべき歴史である。しかし、神の側から見ると、それは新しい姿で継続されるであろう。イザヤは、イスラエル全体が腐敗するとき、小さな群れを通してでも再び立ち上がるであろうと考えたが、エレミヤは、一人一人を通じてであっても、神は自らの意志を歴史のなかに成就すると確信したのである。

枯れた骨の復活——エゼキエル

エレミヤが、ユダの危機を前にしてその滅亡を事前に防ごうと苦しんだ預言者であったとすれば、エゼキエルは、すでにユダを滅亡させたバビロニア捕囚として連行されたイスラエルの人々のなかで、苦難を共にしながら正道を教えた預言者である。

象徴的な言語が用いられるのは、迫害下において書かれ文書の特徴である。したがって、そのような文書であるほど、至るところに黙示文学的な叙述様式が見える。エゼキエル書も例外ではない。彼は表現の自由を極度に制限されていたと思われる。彼の思想は、彼の先駆者エレミヤの精神圏内にある。エレミヤは、捕囚となったイスラエルの人々に何度も文書を送ったが、エゼキエルはそれに呼応して、その意志を彼らの現場において再び明らかにした。

彼は流浪の地バビロニアのケバル川の河畔で神の顕現に接した（エゼ一章）。その顕現において重要なことは、神の玉座が、バビロニアとエルサレムの間を移動しているという点である。それは、すでにヤーウェがイスラエルにのみ定着した神ではないということである。この神は世界に思うままに動いて、彼の意志を歴史に広めていく神である。

エゼキエル書はイスラエルの歴史を再解釈するのであるが、その結論は、イスラエルが滅びるほかない理由を取り上げるところにある。彼は安易に民心に便乗する預言者ではなく、〈不救済の預言者〉の隊列に立った。

彼の歴史叙述は、エルサレムが陥落する前後を回顧するところから始める。したがって、イスラエルは〈反逆の民〉であるという結論をくだし（エゼ二章）、それゆえに受難するほかなく、神の栄光がエルサレムからバビロニアに移動したというのである（エゼ一一・二二—二五）。ところが、彼はこの反逆の歴史を遡って見つけ出すのである。ダビデ王朝（エゼ一七、一九章）、そして出エジプト以来のイスラエルにすでに審判を受ける種子が胚胎している。エルサレムは、正にカナンに定着したイスラエルの顔である。しかし、彼はそのエルサレムの罪を辛辣に暴露して（エゼ二二章）、すでに聖都ではないことを象徴的に描いている（エゼ二四章）。

「お前の出身、お前の生まれはカナン人の地、父はアモリ人、母はヘト人である」（エゼ一六・三）。

これは、イスラエルがすでに自身を喪失したことを揶揄しているのであり、イスラエルの選民思想を徹底して壊してしまう宣言である。

しかし、徹底した否定は徹底した新しいことへの肯定である。エゼキエルはイスラエルの遺産を徹底的に壊すことによって、完全な新しい出発を期待する。したがって、彼は急転して新しいヴィジョンを見るのである。

彼は主の霊によって連れ出され、ある谷の真ん中に降ろされた。その谷の上には非常に多くの骨があり、それらは甚しく枯れていた。ところが、突然、散らされていた骨と骨とが近づいて接合し、それらの骨の上に筋と肉が生じ、皮膚がその上をすっかり覆った。すると、霊が彼らの中に入り、彼らは生き返って自分の足で立った。彼らは非常に大きな軍団となった。これは、神の力によって新しく誕生したイスラエルであった（エゼ三七章）。

エゼキエルが語るこの啓示は重要なことを示唆している。確かにイスラエルは死んだ。彼ら自身においてはいかなる希望も見出すことはできない。しかし、イスラエルはそれで終わるわけにはいかない。否、彼らは神が選んだ民族である。見捨てられた民族ではない。エゼキエルは生きる方向を指示している。それは谷の真ん中にある枯れた骨のように、腐ってしまったこの民族が生きる道は、一人一人に枯れた骨が復活するような人間革命があってこそ可能であるということであり、この革命はまた神の力によってのみ可能であるということである。

エゼキエルには、その民族に対する極端なまでの絶望と相まって、それにもかかわらずまた甦らなければならないという燃えるような念願、新しい希望の火の手が猛烈に起こっている。彼は彼の先駆者エレミヤから決定的な影響を受けた。それは、この民族の復活は、イスラエルの一人一人が神との関係において再び甦らなければならないというものである。

それゆえに、彼はイスラエルという全体から一人一人を先ず切り離すのである。十戒は、神がイスラエルに連帯責任を負わせたものである。そのような理由で、父祖の罪は子孫に三代、四代までも影響が及ぶであろうといい、主を愛し、戒めを守る者には、幾千代にも及ぶ慈しみが与えられるといった。しかし、今やイスラエルは破滅し、責任の拠点はどこにもない。彼らは互いに責任を転嫁しているだけである。全体としてのイスラエルは、神の前にあって無責任であった。それだから審判がくだされた。エゼキエルは、イスラエルの散らされた一人一人が甦るためには、もう一度神の前に立って責任を負う存在にならなければならないと見た。それで、父祖の罪が子孫にまで至るという主張を極力否定し、義人の功績が他の人にも及ぶという主張すら封じている(エゼ一八・一―四)。これは明らかに伝統的な考え方とは異なっている。しかし、エゼキエルの主張は、各個人が自身の不幸の原因を父祖に転嫁したり、反対にある義人の功績に寄り掛かることによって、自分が負うべき責任から逃避しようとする姿勢を封じようとするところにある。

今や、イスラエルが生きる道は、各人が自身が置かれている場において責任を全うする存在として立つ道のほかにはない。全体としてのイスラエルの再建に先立って、各個人の革命がなければならない。しかし、ここでこの個人とはもちろん孤立した個人ではない。彼らは全体としてのイスラエルのために存在するのでなければならない。それゆえにエゼキエルは個人のなかに全体を、全体のなかに個人を見出そうというのである。この点において、エゼキエルもイスラエルの伝統的な思想と異なるところはない。彼はただ、この切断された現実において、個人の覚醒とその責任性が一人一人に具体化するときにのみ、これを克服しうる新しい可能性が芽生えるであろうことを啓示のように痛感したのである。

しかし、それはこの民族共同体の新しい出発を前提とする。それゆえに、彼はバビロニアから解放される日、帰って新しく建立する神殿の姿を描くのに没頭するのである（エゼ四〇章）。

あなたのための受難──無名の預言者

バビロン捕囚の生活は、イスラエルに諦念を学ばせた。それ以上自己の主権を取り戻すという期待ができなかった。したがって、彼らは制限された領域において彼らがなし得ることをして定着しようとした。これは、われわれの日帝三五年の歴史を連想すればよい。日帝統治下の初期には反発もし、再び主権を取り戻すのだと期待したが、三・一事件において残忍に打ちのめされてからは、日毎に諦念の雰囲気になり、その状態が永遠に続くと考えた一部の民族指導層は、変節までしたこととよく似た状況であった。

しかし、イスラエルは、政治的主権に対しては諦念の状態にあったが、その代わり、ヤーウェ宗教の信仰共同体としての民族に様相を変えていった。彼らは、民族が捕囚となった最悪の状況のなかにありながらも、民族精神の基盤になる彼らの歴史を、編集、整備するのに力を注いだ。そうして、申命記を始めヨシュア記、士師記、サムエル記、列王記などが日の目を見るようになった。また民話形式のいわばJ伝承、E伝承もこのとき整備されたものと見られている。彼らの捕囚生活は悲惨であったが、彼らの精神だけは、抵抗と自己の守護で一貫していた。その精神的な断面が詩編一三七編に伝えらえている。

世界帝国バビロニアは突然崩壊した（紀元前五三九年）。永遠に天に向けて伸びるであろうと思われた巨木が一朝にして倒れたのである。それは、新興国ペルシアの王であるキュロスによってであった。バビロニアの版図と遺産をそのままごっそり移譲されたキュロスは、その翌年の紀元前五四〇年にいわば勅令を頒布して、その傘下の全ての民族の神々を原産地に帰し、その民族たちを解放した[18]。

この頃に、イスラエルと運命を共にした預言者がいた。しかし、彼は最後まで隠れた人物で、彼の意志を込めた文書だけがわれわれに伝えられているが、イザヤ書四〇—五五章に添付されたのがそれである。その名が知られていないため、学者たちは便宜上彼を〈第二イザヤ〉と称している。

彼の文書は二つにまとめられている。前半はバビロニアの没落を主題にしており、後半（四九—五五章）は、帰還する準備と帰国と定着を報らせているものである。そのなかに、帰っていく希望に膨らんだ表現は、あたかも凱旋将軍の帰還準備のように聞こえる。

「呼びかける声がある。主のために、荒れ野に道を備え、わたしたちの神のために、荒れ地に広い道を通せ。谷はすべて身を起こし、山と丘は身を低くせよ。険しい道は平らに、狭い道は広い谷となれ。主の栄光がこうして現れるのを、肉なる者は共に見る」(イザ四〇・三―五)。

その帰還は、イスラエルの帰還である前に、ヤーウェの神の移動を意味する。エルサレムからバビロニアに移動していたヤーウェが、今やエルサレムに帰るのである。これは、聖書の記者たちにのみ見ることのできる歴史の解釈である。この匿名の預言者は、新しい歴史の開幕を告知する使命を、喜び溢れた心で叫ぶのである。

「いかに美しいことか、山々を行き巡り、良い知らせを伝える者の足は。彼は平和を告げ、恵みの良い知らせを伝え、救いを告げ、あなたの神は王となられた、とシオンに向かって呼ばわる。その声に、あなたの見張りは声をあげ、皆共に、喜び歌う。彼らは目の当たりに見る、主がシオンに帰られるのを」(イザ五二・七―八)。

彼らの帰還は単独で帰るのでもなく、そうだからといって自力で国家の再建をするということでもない。それは神の王権樹立を意味するものである。

そのとき帰ってきたのは四万二千人である(エズラ記)。これは無論捕虜として連行された人々全員ではない。ほとんどの人々は、長い歳月の間捕囚の地で築いた生活の基盤を捨てることができなかったし、帰還後も何らの保障もなかったので、そのような冒険をしようとはしなかった。それゆえに、帰還民たちは、イザヤが期待していた「残りの群れ」になるわけである。彼らは、その間例え異邦の地であっても築いて置いた生存の基盤と持てるものをかなぐり捨てて、〈ヤーウェの王権樹立〉のために帰ってくるのである。

帰還した彼らは再び神に献げる祭祀の儀式を始め（エズ三章）、すぐに続けて紀元前五三七年神殿の再建に着手した。しかし、彼らは新しい時代の建設に参加しようとする残余の者（サマリア人たち）たちの参加を拒否することで内紛が起こるのであるが、これが、結局後にユダとサマリアの間に決裂をもたらす原因になるのである。そのために神殿の建築が中断されていたが、紀元前五二〇年になってやっと、その事業を続けることができた。第二イザヤには、これについての言及はない。彼の文書において重要なことは、いわゆる〈主の僕〉についての叙述である。いわば〈僕の歌〉は四つでできている（イザ四二・一―四、四九・一―六、五〇・四―九、五二・一三―五三、一二）。そのうちの最後のものは、〈苦難の僕の歌〉として最も有名である。

「…見るべき面影はなく、輝かしい風格も、好ましい容姿もない。彼は軽蔑され、人々に見捨てられ、多くの痛みを負い、病を知っている。彼はわたしたちに顔を隠し、わたしたちは彼を軽蔑し、無視していた。彼が担ったのはわたしたちの病、彼が負ったのはわたしたちの痛みであったのに、わたしたちは思っていた、神の手にかかり、打たれたから、彼は苦しんでいるのだ、と。彼が刺し貫かれたのは、わたしたちの背きのためであり、彼が打ち砕かれたのはわたしたちの咎のためであった。彼の受けた懲らしめによって、…わたしたちはいやされた。…そのわたしたちの罪のすべて、主は彼に負わせられた。苦役を課せられて、かがみ込み、彼は口を開かなかった。

屠り場に引かれる小羊のように、毛を切る者の前に物を言わない羊のように、彼は口を開かなかった。捕らえられ、裁きを受けて、彼は命を取られた。彼の時代の誰が思い巡らしたであろうか、わたしの民の背きのゆえに、彼が神の手にかかり命ある者の地から断たれたことを。彼は不法を働かずその口に偽りもなかったのに、その墓は神に逆らう者と共にされ、富める者と共に葬られた…」（イザ五三・一―一〇）。

この無念の受難者とは誰か。匿名の預言者自身であろうか、さもなければその時代の誰なのであろうか。それとも過去の誰であろうか、待望の未来のメシア像であろうか、イスラエル共同体の受難の歴史を語っているのであろうか[19]。

ここでその問題については論じないことにしよう。重要なことは苦難についての理解である。特に、それがイスラエルの苦難の歴史と結びつくとき、重要な意味がある。例えある個人の運命を解釈したものであるとしても、その個人の運命がイスラエルの苦難を圧縮したものであると見るとき、意味があるのである。イスラエルが神に選ばれた民族であるとすれば、どうして受難に遭遇しなければならないのか。全ての預言者たちは、イスラエルが神との契約に背いたゆえに受難に遭っているとしてきた。しかしそのような消極的な意味のほかにはないのであろうか。そうだとすれば、神は因果律の神以上ではないのではないだろうか。罰を与える神ではなく、救いの神はどこにいったのであろうか。受難のあるところには救いの神はいないのであろうか。受難の積極的な意味はないのであろうか。一般的に考えれば、受難とは消極的なものである。受難者は常にその時代の敗北者である。それだから、人々は彼を罪人であると決めつけてしまって、目を逸らしてしまうのである。

しかし、この匿名の預言者は、—彼も受難者であるに違いない。それだから匿名ではないだろうか—受難の意味を積極的な側面において啓示している。それは、自身または自身の過ちゆえに直面するのではなく、あなたまたはあなたの罪のゆえに直面する受難であるということである。

われわれは、日常の生活においてこのような受難を見ている。それで犠牲という言葉が厳然と存在しているのである。自然においてもそのようなものを見ている。腐るものがあってこそ咲くものがあり、植える者がいてこそ刈り入れる者がいる。明らかに、植えた通りに刈り入れるということは、植えた者が刈り入れるということではあり得ない。ところが、一民族の歴史やその運命の身代わりとなる歴史をそのように見かつ解釈したのは、この預言者が最初である。

咸錫憲《ハムソッホン》は彼の『意味から見た韓国の歴史』において、韓国史の基調は苦難であると見なし、その解釈を正に上記の立場から展開した。彼は、この世界の下水口の役割をすることがわれわれがなめている苦難の意味であると喝破して、胸につかえた恨〔無念〕に満ちた心を慰めようとしている。

ところが、イエス時代の人々は、イエスの受難を正にこのような角度から解釈している。共観福音書の受難史がそうである。これは驚くべき精神史の継承であり解釈である。

預言者の言葉の性格

これまで預言者たちの考え方と主張について叙述してきた。しかし、預言者たちは一様に、それは自分たちの思想や主張ではなく神の言葉であるという。すなわち、彼らは単に神の言葉の伝達者として自らを任じ、自分たちはその陰に隠れてしまう。それでは、どういう意味において神の言葉なのであろうか。

神は永遠に不変であるという主張がある。ところが、預言者たちの主張は、全く同じ言葉の反復でもなければ、一貫性があるのでもない。ときには審判の神、ときには無条件の恵みの神を語る。ある人は、神との関係をイスラエル全体について語り、ある人は、残りの群れまたはイスラエルの各個人について語る。ある人は、神がイスラエルを審判に渡したといい、また他の人は、神はすでに赦したという。イスラエルの受難を審判であるという人がいるかと思えば、ある人は、他者のための積極的な意味があるという。それでは、神の永遠なる意志はどちらであるかという疑問が生じる。このような疑問について、次のいくつかのことを明らかにしなければならない。

第一に、預言者たちは、思索や神秘のなかで神の言葉を聞いたのではない。彼らは常にイスラエルの歴史の真っ只中で民衆と共に生き、そのなかで神の言葉を聞いた。すなわち、神の言葉は状況の声と遊離していない。したがって、状況によって神の言葉も異なる。例えばここに、一方では父母に仕え幼い弟妹たちの面倒を見ている、成人の長男がいたとしよう。幼い子供たちは父母の気持をよく知らないのに対し、長男は父母の気持を知っている。ところが、その長男が父母に代わって幼い弟妹たちを諭さなければならないことがあるとき、どうするか考えてみよう。彼は具体的な場合ごとに、「こんなことをするとお父さんが怒るよ」、または「こうすればお父さんは喜ばれるよ」というであろう。このような場合、その長男の言葉はすなわち父親の言葉を代わりにいったのである。しかし、彼らはそのような具体的な状況を設定して、その父親の意志を語っているのである。その意味を具体的な状況に従って通用させたのもその息子のなしたことであり、その言葉に従わないとき、叱りもし宥めもしているのは、その長男の言葉である。預言者がイスラエルに神の言葉であるといったのは、このような息子の立場と同じである。

第二に、預言者たちは、神の意志を歴史を通して知った。彼らは神の意志を個人的に経験したであろう。しかし、個人的に経験したことは新しい神の意志ではなく、イスラエルの全歴史を通して伝承された意志である。したがって、彼らはアブラハム、イサク、ヤコブの神であり、エジプトから導き出した神であることを反復する。その神はイスラエルの歴史を通じて活動し、イスラエルを選択して祝福を約束したその神である。この神の意志は変わらないというのである。上記において述べた成人となった長男は、彼の生活を通して、子供に対する父母の意志を経験した。ところが、このように個人として経験したことは、長い間の人間の歴史を通じて明らかになった父母の意志である。このように、預言者が神の言葉であるというものは、個人の体験でありながら歴史の根拠をもった公的なものである。

第三に、したがって、神の言葉を律法の条項のように直接的に受け取ってはならない。それは、常に当面したその具体的な状況において解釈されなければならない。預言者たちの言葉は、神の意志を歴史的な状況において解釈したものである。

第四に、最後に神の〈言葉〉ということに注意しなければならない。神の〈言葉〉とは象徴的な表現である。それを生理的な機関を通じて伝達されるものであると考える。すなわち神を人間化することである。言葉とは、行動とは区別されるものである。われわれが誰かに話すというときは、わたしの意見や判断を伝達しているのである。それは、相手方を盲目的に屈服させるのではなく、彼の理解に訴えることによって彼の応答を要請しているのである。神の言葉というものも、結局一方的に応答を強制するものではないのである。人間の理解を前提にして、人間の自主的な応答、すなわち決断を要求するという意志を象徴するものである。

預言者たちが〈神の言葉〉としてイスラエルに求めているのは、このような意味においてである。

過去・現在・未来

われわれは、主に預言者たちの思想に注目した。なぜならば、彼らがイスラエルの心臓であり、精神であるからである。旧約聖書の諸文書が今日の姿になったのは、全て彼ら以後のことである。

彼らは、イスラエルの過去を神の前に立った者の意識において新しい目で再解釈することによって現在化したのであり、彼らの時代の状況（現在）においてイスラエルの決断を促し、彼らの目を未来に向けるようにした。預言者たちは、過去の伝統とこれからやってくるであろう新しいものの間にあって、イスラエルのなかでイスラエルと向き合った。したがって、彼らがなすべきことは、過去、現在、未来を結びつける緊張のなかで、イスラエルに現在の立つべき場所を備えることであった。

われわれは旧約聖書において、彼ら以前の伝承として創世記、祖先たちの説話、出エジプトの事件、シナイ山の事件、士師の時代、王朝時代のイスラエル民族の足跡を見ている。そのなかで、他民族の神話、民話の類と異なるところのない数多くの資料を見出すようになる。そこには、非倫理的なこと、奇怪な説話が無数にある。これらのものは、民族的な伝承として長い間口から口へと伝えられてきたものである。したがって、人々は旧約聖書を読んでいると唖然とすることもある。そして、いとも簡単にこの一民族の説話がわれわれにどういう意味があるのかと、無視してしまうこともある。しかし、重要なことは、口伝されたその民族の説話自体ではなく、そのような一民族の民話を一つにまとめた精神の足跡である。もう少し注意深く読む読者ならば、雑多な断片的な説話を貫いている痕跡を所々に見出すであろう。それは、その全体を生きたものにした血管のようなものである。その血管は預言者たちを通じてできたのである。

しかし、預言者たちは歴史の叙述者ではないのである。彼らこそは、イスラエルの現実に飛び込んで彼らを目覚めさせるパイロットたちである。しかし、彼らは一般的な意味における民族指導者たちではない。彼らは、ある制度上の立場にあるのでもなければ、なおのこと政治運動家でもない。否、彼らはイスラエルに向けられた神の意志の代弁者たちである。彼らは具体的な状況において特殊な召命意識をもった者たちである。ところが、彼らが今、ここで宣布している神の意志は、彼ら個人の創意からくるものでもなければ、彼らの独占物でもない。否、それはイスラエルの全歴史を通じて啓示されたその神の意志である。彼らが伝える神の意志は、イスラエル自身がすでに受け継いできた、そして知っていなければならない神の意志である。それは正に、イスラエルを召し出し、祝福し、未来を約束した神の意志である。彼らは、アブラハム、イサク、ヤコブの神、イスラエルをエジプトから救い出してカナンの地に導いた神であることを、繰り返し明らかにしている。彼らは、別々に関連なく伝承された民族の民話のなかにおいて、今のイスラエルを導くその神の意志があることを露わに示してくれた。この神はイスラエルと約束した。そしてそれはすでに遥か昔の祖先たちからすでに始められた。否、もっといえば、この歴史が始まった最初から、イスラエルに向けた神の計画を見ることができる。

しかし、反面において、その祖先たち、否、アダムからすでに今日のイスラエルのような無能、卑怯、反逆が現れていた。したがって、アダムの堕落においてカインの説話、祖先たちの不倫と裏切りを見、出エジプト以後の荒野の生活において、またこれに劣らぬ反逆と弱点などをありのままに露わにしている。過去の歴史は、神の真実とイスラエルの裏切りがいつもすれ違っており、その度に審判が伴い、苦難を経験した。楽園からの追放、カインの放浪、ノアの洪水、荒野の試練など打ち続く苦難は限りがない。しかし、その度に、その審判はすぐに新しい始まりの契機のように新しい祝福と結びついた。すなわち、今日のイスラエルの裏切りを過去の伝説において見、イスラエルの過去の歴史において証拠として示すことによって、逆境においてであれ順境においてであれ、その神を信頼せよと促したのが、預言者たちである。そのような結果から形成されたのが彼らの全歴史の記録である。

しかし、イスラエルに過去を記憶させることが預言者の任務ではなかった。否、むしろ過去に定住してしまう場合、彼らは辛辣に批判した。過去を解釈することは現在を新しく出発するためであって、それ以上の意味はなかった。過去を回顧するということは、今日の神に対する信頼を強くし、また裏切っている現在の状態を告発しようとするところにある。

預言者の焦点は、来たりつつある約束の成就にあった。この約束はすでに過去の祖先たちに与えられたものであり、出エジプト当時に、またダビデに与えられたものである。この約束の成就は、正に歴史の完成のときである。預言者たちは、その日に対する確信に燃え、それに対する信頼を放棄することで現在において挫折したイスラエルを叱責し力づけた。その日は必ずやってくる。例えイスラエルが裏切って多くの紆余曲折があっても必ずやってくる。イスラエル全体が裏切れば小さな群れを通じて、それも駄目ならば一人一人を通じてであっても、否、それも駄目ならば新しい契約を通じてであっても必ずやってくる。

しかし、預言者は占い師ではない。それゆえに、いつ、どのようにやってくるのかは分からない。ときには、ある歴史的な現象を見てその日が近いのではないかと推測した痕跡も見える。または、一定の血統や地域とも関連させている。エレミヤは、ダビデの血統からその日を成就する人物が出るだろうと見たし（エレ二三章）、イザヤはアモツの血統から（イザ一章）から、ミカはエフラタ地方のベツレヘムから出るであろうといった（ミカ五章）。しかし、どこで、どのようにその約束が成就されるのかは重大な問題ではない。その約束が成就されるであろうという信念だけは預言者たちに一致している。預言者ゼカリヤは、これからやってくるであろう未来をながめつつ歌う。

「娘シオンよ、大いに踊れ。娘エルサレムよ、歓呼の声をあげよ。見よ、あなたの王が来る。彼は神に従い、勝利を与えられた者、高ぶることなく、ろばに乗って来る、雌ろばの子であるろばに乗って。わたしはエフライムから戦車を、エルサレムから軍馬を絶つ。闘いの弓は絶たれ、諸国の民に平和が告げられる。彼の支配は海から海へ、大河から地の果てにまで及ぶ」（ゼカ九・九—一〇）。

このような希望とは異なって、現実は継続していかなる想像も許さず、かえって暗いところへ暗いところへと追い込んでイスラエルを挫折させた。しかし、預言者たちはこの希望を最後まで捉えて、彼らを再び立ち上がらせた。

バビロンの捕囚生活から帰ったイスラエルは、廃墟の上に神殿を建築し、律法を強化することによって新しい出発をした。そのときから預言者の声は終わりを告げ、祭司長の指導下に定着した。しかし、それは暗い影が渦巻く新しい出発であった。祭司長たちは、現在の秩序維持にのみ汲々した。しかし、預言者たちの声は死ぬことなく、民衆のなかにそのまま生き残っていた。それがいわゆる黙示文学の運動として現れ、メシヤの運動として広がっていった。彼らのその日に対する幻想は宇宙的なものであった。彼らは、その日は宇宙的な異変を経て歴史の終末をもたらすであろうと見た。ダニエル書はそのような終末信仰の産物である。ダニエル書に現れたその日に対する思弁は、大して重要ではない。しかし、その成就の日が歴史の終末を意味するということは極めて重要である。

その成就の日が歴史の終末であるということは、その成就がイスラエルに局限されたものではなく、世界人類全体の未来を現したものである。したがって、ここで終末というものは、神の行為の究極性を意味する。匿名の預言者は、神は初めであり終わりであるといった（イザ四四・六）。この歴史の終末に対する信仰は、新約において最も大きなテーマになっている。それがどのようにして可能であるかは、われわれの想像を許さない。

ただ、それは神の歴史のなかにおける目的を意味するということ以上に語ることはできない。このような終末思想は、その時を思弁することを許さない。したがって、われわれには、この歴史のなかにおける現在において、責任を負う存在として生きる道だけが残されている。

第三部　新しい開闢——新約

一　イエスの事件

イエスの時代像

イエスの時代に対する資料としては、まず福音書と使徒言行録がある。その他の重要なものとしてはマカバイ記があり、ヨセフス（Josephus, 三七〜九五年頃）の歴史書、ラビ（Rabbi）の文書、クムラン（Qumran）文書などがある。ヨセフスの文書のうち『ユダヤ戦記』（七五〜七六）は、イエス時代の政治、経済、文化そして宗教が抱えている問題の原因になっているアンティオコス四世（Antiochus, 一名Epihanes, 紀元前一七五〜一六四）の時代から紀元後七三年、すなわちエルサレムとユダヤが焦土化された直後の歴史を叙述したものであるので重要な資料である。しかし著者ヨセフス自身が一時反ローマ闘争に加担していて、後に変節してローマ帝国の側から書かれたものであるため、批判的な眼で参考にしなければならない。

アレクサンドロス大王（Alexander the Great, 紀元前三五六〜三二三）がマケドニア（Macedonia）から遠征軍を起こして、アジア、ヨーロッパ、そしてエジプトまで征服することによって、ギリシア文化と古代中東の思想、特に宗教との出会いを通じて新しい文化現象が起こった。これがヘレニズム文化と称される。ところが彼が突然三〇歳にして夭折することで、彼の現地司令官たちが割拠して権力争いの末、シリア地域を中心としたセレウコス（Seleukus）とエジプト地域を中心としたプトレマイオス（Ptolemäer）に分かれて、それぞれ王国を築いた。

このときから、これら二つの勢力下で、イスラエルは政治においてだけでなく宗教においても新しい挑戦を受けるようになるのであるが、上述したアンティオコス四世（セレウコス王）の時代が絶頂期である。彼はユダヤ教の撲滅を政策化して律法を学ぶことを厳禁し、神殿を侵犯してゼウスの神壇を建て、その地域に軍本部（Akra）を設けた（マカバイ記上一・二〇以下）。このように聖域を汚す一方、ヘレニズム文化の伝播としてディオニソスの祝祭、オリンピックの行事などを導入した。これに耐え切れず起こしたのがマカバイ独立戦争である（紀元前一六二年頃）。その主動勢力はマカバイ家である。それから二〇年間のマカバイ独立戦争で、ついに紀元前一四二年に四四五年間の亡国の悲しみを拭って独立することができた。しかし、新興勢力のローマ帝国に占領され、再び国を失い、ローマの傀儡であるヘロデ家が王権を占めて後（紀元前三七年）からは、ローマーヘロデ勢力の下で苦しめられ、いわゆるユダヤ戦争（紀元後六六～七〇年）を起こし、ついに国家としてのイスラエルの最後を迎える。特にヘロデ家の時代が、正にイエスと初代教会の現場であるが、ユダヤ地方はローマ総督が直接支配することによって、結局イエスがローマ帝国によって処刑される結果がもたらされるのである。

以上の過程において、イスラエルにとって大きな脅威となったのは、主権侵害のほかにも二つのことをあげることができるが、一つは経済的搾取であり、もう一つは文化的なものとして続けてヘレニズムが浸透することで、イスラエルの信仰と伝統社会に大きな打撃を受けたことである。

ローマの侵略…紀元前六三年

ヘロデ大王（Herodes I）の任期…紀元前三七年～紀元前四年

アンティパス（Antipas）
（ガリラヤ、ベレアを統治）
紀元前四年から紀元後三九年。

フィリポ二世（Philippi）
（北部ヨルダン地方を統治）
紀元前四年から紀元後三四年。

アルケラオス（Archelaus）
（ユダヤ、サマリアを統治）
紀元前四年～紀元後六年。
↓
ユダヤ総督の統治

このような過程において、イスラエルの指導層はどのように対応し、民衆たちはどのように対処したのであろうか。大祭司オニアス三世（OniasⅢ）がアンティオコス四世の暴政（紀元前一八七から一七五）に反旗を掲げたが、彼の弟ヤソン（Jason）が裏切って、エルサレムをはじめとしたユダヤをヘレニズム化する先頭に立つことを約束し、莫大な賄賂まで送ることによってオニアスがもっていた大祭司の職を奪ってしまった。このように権力と金に目がくらんだ大祭司の職は非祭司族であるメネラウス（Menelaus紀元前一七一～一六二）がより多くの金でその地位を占有した。こうして祭司階層は腐敗しただけでなく、エルサレムは、御用勢力として反イスラエル的ヘレニズム化の手先の行為をした。この頃エルサレムを離れた老祭司マタディアス（Mattathias）が異邦的な祝祭を準備しているセレウコス政府の官吏を殺し、自身の五人の息子達と山にこもり、同志を糾合した。マカバイ記は、マタディアスの絶叫として、「あー！　悲しいかな…美しく輝かしかったわれらの聖所は今や廃墟となり、異邦人の手によって汚された。ここに及んで、これ以上生きて何になろう」（マカ上二・七—一三）と叙述している。

このときには、すでに一つの信仰グループが形成されていた。彼らは、イスラエルの運命がかくも傾いているのは神の意志に背いたからであると見なし、生活において自ら律法を厳格に実践するだけでなく、その研究に没頭するために、集団的に脱エルサレムして共同生活をした、いわゆる「敬虔なる者」たちである。ダニエル書には、彼らに対する言及がある。

「民の目覚めた人々は多くの者を導くが、ある期間、剣にかかり、火刑に処され、捕らわれ、略奪されて倒される。こうして倒れるこの人々を助ける者は少なく、多くの者は彼らにくみするが、実は不誠実である。これらの指導者の何人かが倒されるのは、終わりの時に備えて練り清められ、純白にされるためである。…」（ダニ一一・三三—三五）。

以上において、「民の目覚めた人々」または単に「指導者」と呼ばれたのが正に彼らである。彼らは孤独に自らを守ろうとはせず、民衆を導き彼らの師表となった。マカバイ書は、アンティオコス四世の迫害を叙述した後、「だがイスラエルの人の多くはそれにも屈せず、断固として不浄のものを口にしなかった。彼らは、食物によって身を汚して聖なる契約に背くよりは、死を選んで死んでいった」（マカ一・一章六二—六三）といわれる。アンティオコス四世の軍は、曠野に出た、かの「敬虔なる群れ」を計画的に安息日に襲った。しかし、彼らは安息日の掟を守るために最後まで抵抗せず死んでいったが、その数は千人余りといわれる（マカ上二・四二）。

彼らをハシーディーム（Chasidim）という。彼らは「勇敢な人々であり、全て敬虔に律法を守る人たちであった」。彼らはマタディアスが決起したとき、自らを清く守るという世捨て人的な姿勢から飛び出して、イスラエル解放のための戦争に加わって中心的な役割を担った。それで、彼らの熱情と民衆たちの戦いにより、またたく間に、失われていたエルサレムを取り戻し、異邦人によって汚されていた政権を回復して、八日間の浄潔礼を献げることができた（紀元前一六四年）。

ところが、権力を掌握したマカバイ家は墜落し始めた。彼らは戦いの目的をなくしてしまったのである。したがって、指揮権を受けたヨナタン（Jonathan）は、異邦の王から大祭司服と金冠を受けたことを光栄に思ったのである（紀元前一五二年）。ハシーディームは、この事件を契機に彼らと決別した。彼らはマカバイ家との決別と同時に、再び脱エルサレムした。

後にエッセネ派（Essener）として知られるグループこそ、彼らの脈絡を継承した後裔である。ハシーディームが、ハシド（Chasid，慈愛、敬虔）という言葉から由来しているように、エッセネもヘブライ語のハシドからきたものである。彼らの生活綱領は、無所有、浄潔、祈り、トーラの研究、そして労働であった。彼らは徹底した原始共産制的共同体として有名であり、厳格な規律を有した一種の秘密共同体であった。彼らの希望は神の主権を実現することであるが、それは外国勢力を排撃することに局限せず、むしろ不義なる者たちの手からエルサレムを奪い返して浄化することを当面の課題とした。

これに対し、ハシーディームに加担した者のなかに現実論者たちがいた。彼らは逃避的な形態を批判し、現場においてイスラエルの精神教育をすべきであると主張して民衆の指導者として登場したが、彼らこそファリサイ派（Pharisäer）である。彼らの思想的な根幹はハシーディームにあった。ところが、彼らは律法の生活化運動のために、律法を規律化して民衆のなかに分け入ろうとした。初期の彼らの運動は純粋であり、特に手工業者以上の階層から歓迎された。彼らの運動は律法の生活化にあったので、自動的に反ヘレニズムの運動になり、執権者を制御する一種の勢力圏を形成した。したがって、マカバイ家とは緊張関係にあり、ヤンネウス王（Jannäus, 紀元前一〇三〜七六）のときは衝突が生じ、六年以上の流血事態まで誘発した。この事態の結果、ヤンネウスは彼らの勢力に降服し、彼の臨終時に王位を彼の妻アレクサンドラ（Alexandra, 紀元前七六〜六七）に移譲して、ファリサイ派との和解と提携を遺言した。こうして彼らは、アレクサンドラ女王のときから、野にある立場から与圏に入ったのである。そのときからファリサイ派の体質は変わった。彼らはそのときから民衆の側に立つのではなく、彼らの政策と法秩序を固守するために、民衆を監視する立場に立ったのである。

彼らによって作られた律法による制度は、当初より反民衆的であった。彼らは律法の制定において、ある水準以下にある不遇なる階層を考慮に入れなかった。全部で六一三項からなる厖大な生活規定法において大きな比重を占めている安息日法は、三九条項にもなる。この規定を全て守ろうとすれば、ある程度の生活水準と職業を有していなければならない。その日暮らしをしている人、それもできなくて暮らしに脅威を覚えている階層は、この規定を守ることはできない。日雇い、羊飼い、船乗り、放浪者、そして娼婦の類がそのような人たちであった。

また、彼らは祭司階層にのみ局限されていた浄潔法までも一般化し、甚しきに至っては、食事をするときに手を洗う法まで規定していたが、これも生存に脅威を覚えつつ生きている階層、何よりも病人たちのなかで、特に不浄な病気と規定された病にかかった人は、正にその病のゆえに律法を犯す者にならなければならなかった。このように律法を犯せば全てが罪人にならなければならなかった。しかし実際罪人とは、まさにファリサイ派が定めた体制から追し出された人々である。したがって、彼らの生活規律は、不遇なる階層にとっては法の網となったのである。

福音書には、ファリサイ派が度々言及されている。彼らがイエスと事あるごとに衝突するのは偶然ではない。彼らはすでに初めの動機をなくしていた。誰よりも、ローマの傀儡でありヘレニストであるヘロデ家を憎悪しなければならないにもかかわらず、彼らがヘロデ党（Herodianer）と野合してイエスを殺そうとしたということが二度も言及されているのを見ると（マコ三・六、一二・一三）、彼らは少なくとも、福音書記者たちの目からは、裏切り者と烙印されたという証拠である。また、福音書記者だけでなく、エッセネ派も、彼らを〈偽善者〉、〈裏切り者〉〈アブサロムの後裔〉であると批判している（ハバクク書の注釈）。

ゼロテ党〔熱心党〕

これについてもう一つの注目すべき民衆運動があった。彼らをゼロテ党（Zeloten）という。ゼーロス（Zelos）とは〈情熱〉という意味である。彼らは反ヘロデーローマ蜂起の先頭に立って、最後の一人に至るまで犠牲になったが、その名の通り、全てを献げて国を取り戻すために戦った集団である。すでにそれ以前から反ローマの運動家と集団があったが、ゼロテ党が正式に出発したのは、ローマ帝国が税の徴収のために戸口調査を始めたときである（紀元後六年、ヨセフス）。

エドキアの子ユダ（Judas）とファリサイ派出身のザドク（Zadok）が率いる民衆は、神の主権を叫んで十字架を担えというスローガンの下に烈火のごとく蜂起して、ガリラヤのセポリス城を占領し、洞窟を兵器庫として利用するほど強力であった。彼らの当面した目標は、皇帝に税を納めることに抵抗することであった。しかし、強力なローマ軍に敗れ、おおよそ二千人が十字架上に処刑される最初の犠牲者たちを生んだ。しかし、彼らの戦いは執拗であり、散発的な長期戦に入ったが、イエスの当時には、ガリラヤ一帯がその拠点であった。彼らの血闘は紀元後六六～七〇年間のユダヤ戦争を誘発し、ついにエルサレムの決戦で一段落した。国権はいうまでもなくイスラエルが完全に追放される過程で、彼らはガリラヤの山岳地帯の到るところに要塞を築いて抵抗したが、紀元一三二～一三五年シメオン・バル・コクバ（Simeon.bar Kokhba, 星の子）率いる部隊が、最後の一人まで戦って花と散った最後の血闘は有名である。それは、あたかも灰のなかで、最後にピカッと光を放って崩れ落ちた火の粉のようであった。

ヨセフスは彼らを強盗（lestai）と呼んだ。これはローマの立場を代弁したものである。しかし、彼はゼロテ党をファリサイ派と比較して、思想的には同じであるが、自由に対する希求と神の主権の唯一性に対する執念においては一層優っていたという。ここで重要な点は、彼らが神の精神の領域にいたということである。エッセネ派、ファリサイ派もその点においては同じであるが、ハシーディームのように民族解放のために武器を持って激戦に参加したという点においては、唯一のハシーディームの再現というべき集団であった。

もう一つ指摘すべきことは、その構成員の社会性である。ヨセフスは彼らを称して、悪を行い、自分たちの安全のために強盗の群れを構成して家族も全員加担させたといい、ガリラヤ地方はそのような者たちで満ちていたといっているが、これで、その社会性の一端を垣間見ることができる。安全を求めて山に逃避した人たちとは、貧困に打ち拉がれた者、逃亡した奴隷、脱走兵、破綻した農夫、そして犯罪者としてそれ以上その体制内において生きていくことのできなかった人たちである（M.Hengel, H.Kreissig）。彼らが最後の段階でエルサレムを占領したとき、先ず官庁の債務帳簿を全て焼却してしまったという記録（ヨセフス）は、このような事実を十分に立証している。

以上の系譜において共通した宗教ないし歴史観としては、黙示文学的な信念が支配していたということである。このような現場に洗礼者ヨハネとイエスが登場したのである。したがって、イエスを理解するにおいては、常にこのような歴史的背景を前提にしなければならないであろう。

歴史と解釈者

どのような解釈であっても、それはその解釈者が置かれている状況と密接な関係がある。例え同じ事件を証言しても、それを証しした者の状況によって、その表現や概念は異なるものであり、強調するところも異なる。新約聖書はなおのことそうである。新約は、史的イエスの事件を証しした四福音書と、イエスに従った群れによって展開された発展史である使徒言行録のほかには、全て長短の手紙である（二七巻）。それは、ある個人や団体が思弁を通してある種の普遍的な真理を推理したものではなく、一つの歴史的事件を証ししたものであり、またそれは、具体的な状況に置かれた読者に与えられた言葉（Anrede）である。そのため、それらを正しく理解するのには、それが書かれるときの状況を知らなければならない。したがって、新約聖書のそれぞれの書を理解するには、どのような時期にそれらの文書が書かれたかということを知ることは重要である。

キリストに従っていた小さな群れは、復活の事件を通じて新しい目をもつと共に、絶望から立ち上がった。彼らには新しい宗教的宗派を構成する考えなどなかった。したがって、初めのうちはユダヤ教内の一つのグループのように動いた。彼らは依然として神殿と会堂に出入りした（使三章）。しかし、彼らの主張はユダヤ教と衝突を起こし、分離するほかなかった。しかし、彼らはすぐにユダヤ教を捨てて出ていったのではなく、追い出されたのである。しかし、僅か一〇年足らずして、彼らは秋の紅葉がアッという間に広がるように、ユダヤ教という石垣を越えて外に広がった。一世紀になる前に、彼らはローマ帝国の憂慮すべき種として大きくなり、彼らはローマ帝国の版図に乗って、ついにはローマの首都にまで肉迫し、そこに根を下ろした。

二世紀に入ると、彼らはすでに無視することのできない国際的な勢力になり、武器を手にしない最も大きな勢力としてローマにとって大きな脅威になった。初めのうちは、ローマ帝国は彼らを傍観していたが、彼らがローマ皇帝の崇拝を拒否したことで迫害の挙に出た。しかし、迫害者ローマは、結局彼らの前に降服してしまった。三世紀に入ると、キリスト教は、ローマを形態はそのままにして飲み込んでしまうことによって、〈ローマ〉という名はあってもすでにローマ帝国ではなく、キリスト教国になってしまったのである。そして、世界史の方向は決定されてしまった。

このような結果として、一世紀に至るまでの短期間のキリスト者たちの信仰と思想に、すでにその定礎が置かれたのである。イエスが死んだときは、ローマの皇帝ティベリウスの時代である。その後約一世代、すなわちおおよそ三〇年の間に、外にあってはキリスト教はローマの版図のうち小アジア一帯を全て席巻し、今日のイタリアにまで進出した。このときは、ユダヤ教徒たちの迫害があっただけで、ローマの妨害はこれといって受けなかった。ユダヤ教の迫害は、主に律法を破壊しているという理由のためであった。そのため、彼らの中でも律法否定論者だけが迫害を受け、律法をそのまま擁護する人たちはエルサレムにそのまま留まることができた。

このような期間に書かれたのが、ほとんどのパウロの手紙である。最初の手紙であるテサロニケの信徒への手紙一がおおよそ五〇年に書かれ、最後の手紙であるフィリピの信徒への手紙、フィレモンへの手紙なども六〇年以前に書かれたのであるから、五〇～六〇年の間の約一〇年間である。

ところで、重要なこととして、二つのことを必ず記憶しなければならないことがある。一つは、彼がローマ帝国の迫害のなかで書いたということであり、他の一つはヘレニズム領域において、特に都市の人々を意識して書いたということである。パウロの手紙は、瞑想の文書でもなければ、講壇上の説教のようなものでもない。それは、世界に伸びていくキリスト教の一線指揮者の文書である。したがって、彼の手紙には前線の指揮者の戦誌のような面がある。したがって、彼の手紙は、正にこの時代のキリスト解釈を代表している。使徒言行録は、それよりも遅れて書かれたものであっても、そのときの状況を反映している証拠物である。

六四～六五年の間に、ついにローマの迫害が加速した。その発端は、当時のローマ皇帝ネロ（Nero, 五四～六八）の横暴によるものである。伝説によれば、彼はローマ市に火を放ち、それを見ながら詩を作ったといわれる。彼は新しい都市計画を夢見たのかも知れない。しかし、民衆がこれに反発して騒々しくなった。これに対しネロは、自身に向けられている民衆の矢をキリスト教徒に向けて、彼自らキリスト教の迫害に出て狂暴な虐殺を敢行した。すでに総督ポンテオ・ピラト（Pontius Pilatus, 二六～三六在位）がイエスを処刑しており、アントニウス・フェリクス（Felix, パレスチナの君主、五二～六〇在位）がパウロを逮捕し、ポルキウス・フェストゥス（Porkius Festus, 六〇～六二在位）が彼をローマに押送して（使二三・一二―二六・三二）処刑し、そのような先輩たちの後を継いだフロウス（Florus, 六四～六六在位）が神殿の税金を強奪するなどの無慈悲な迫害を加えたのが原因となって、結局ユダヤ戦争が起こり、イスラエルは無差別虐殺されたのである（六六～七〇年）。マルコによる福音書が書かれたのは、ユダヤ戦争後である。マルコによる福音書はユダヤ民族のほとんどが流浪の道に立ち、イスラエルの地は異邦化され、ローマ帝国の勢力が永遠であるかのように見える頃である八〇～九〇年の間に書かれ、マタイによる福音書とルカによる福音書は、このマルコの伝統に従って叙述された。このときは、小集団であるキリスト者たちが生存の不安を抱いていた時期である。聖書の最後の文書であるヨハネの黙示録も同じ頃（九〇～九五）に書かれたが、それは象徴言語でその時代に辛辣に抵抗した文書である。その時代は、皇帝ドミティアヌス（Domitianus, 八一～九六）が皇帝崇拝を強要したときであり、これに応じないキリスト教徒たちが残忍に迫害されていた時代で、一世紀末から二世紀初めには、彼らの前進が一旦暗礁に乗り上げていた時期である。そのとき彼らに必要であったのは、当面した苦難に打ち勝つための内的な力を育むことであった。この頃に書かれたのが、エフェソの信徒への手紙、ヘブライ人への手紙（九〇―一一〇）、ヤコブの手紙、ペトロの手紙一（一〇〇年前後）、牧会書簡（八〇～一〇〇、テモテへの手紙一、二とテトスへの手紙の三書簡の総称）、ヨハネの手紙（二世紀初め）などであり、ペトロの手紙二はそれより後代の一二〇～一五〇年に書かれた。これらの文書のうちに現れるパウロ、ペトロ、ヨハネの名は、彼らの弟子たちが、そのような名前の後ろに隠れて掲げたのである。それらの文書のなかには、その時代のキリスト者たちの状況と覚悟のほどが反映されている。

「愛する人たち、あなたがたを試みるために身にふりかかる火のような試練を、何か思いがけないことが生じたかのように、驚き怪しんではなりません。むしろ、キリストの苦しみにあずかればあずかるほど喜びなさい。それは、キリストの栄光が現れるときにも、喜びに満ちあふれるためです」（一ペト四・一二—一三）。

以上は迫害が始まっている証拠である。それでは、迫害者に対してどのするのであろうか。「主のために、すべて人間の立てた制度に従いなさい。それが、統治者としての皇帝であろうと…」（一ペト二・一三）。

これはパウロの立場の反復（ロマ一三章）で、ローマとの衝突を避けようというものである。しかし、そのローマは長くは続かないだろうという。それでだから、「万物の終わりが迫っています。だから、思慮深くふるまい、身を慎んで、よく祈りなさい」（一ペト四・七）という。

ヘブライ人への手紙は、キリストの苦難の意味からキリスト者たちが直面している苦難の意味を再解釈している。この期間は、キリスト者たちの自己整備の期間であり、精神武装の背水の陣を敷かなければならないときである。そのためには、イエスに起こった事件を現在化すること以上により良い道はない。そのときまで、彼らはイエスの事件の目撃者たちの生々しい記憶のなかで、彼の事件の証人としての使命に重きを置いた。しかし、時間が流れるにつれて最初の証人たちは次第に消えていった。迫害はこれを一層促進させた。このようなとき、これまで口から口へと伝承されていたイエスの生の記録や言葉を収集して現在化することは、緊要なことであらざるを得ない。

九六年に迫害者ドミティアヌスが暗殺されたのを機に、一応外的な迫害は静まった。表面的に見る限り緊急の事態は過ぎ去った。しかし、迫害の状況を経るなかで、キリスト教会はむしろ以前よりもと強い結束力ができ、揺るぎない基盤を持つようになった。このような状況のなかで、マタイは教会の秩序を確立するために腐心し、ルカはこのときの歴史的な意味を明らかにすると同時に、キリスト教の外にいる指導者層にキリスト教の真の姿を知らせようとした。このような目的から、ルカは福音書と彼の使徒言行録をテオフィロという高級官吏に捧げたのである。したがって、そこには、ローマの迫害が全く誤解からきたものであることを説得しようとする痕跡が見える。

これと似た時期に書かれたもののなかで注目すべきものは、ヨハネによる福音書である。この記者の状況は不透明である。ただ一つ確実なことは、そのときはすでにキリスト解釈が深化していたときであるということである。彼の文体と展開方法、そして彼が引用しているヘレニズム思想の断面を通じて見るとき、この記者は、このようなヘレニズムの世界と思想を熟知していた人に違いない。彼はこのようなヘレニズムの思想を熟知している知識層にキリストの事件を証しする使命を覚えていた人である。したがって、筆者は、彼らの世界観、彼らの概念を駆使して、キリストについての新しい解釈の起源を書いた。

イエスの宣布

神の国への招待

「時は満ち、神の国は近づいた。悔い改めて福音を信じなさい」（マコ一・一五）。

これはイエスの説教の要約である。ところが、これが何を意味しているのか、われわれにはすぐには理解できない。しかし、当時のイスラエルにとっては聞き慣れない言葉ではなかった。彼らは神が世界を完全に支配するときが速くやってくることをひたすら求める祈祷文を、毎日のように諳《そら》んじた。そして、神の国がどのようにしてやってくるのかについては、いろいろと考えられた。それは、ダビデ王朝の奇跡的な再建でもあり得るし、または、世界の終末と共にやってくる宇宙的な事件でもあり得たし、メシア（Messia）か人の子という方がやってくるという意味として受け入れられもした。しかし、明らかなことは、過去の預言者たちによって伝えられた信仰、すなわち神の約束が成就されるときを意味するということには、異論の余地がなかった。したがって、彼をこれほど敵視していたイスラエルの指導者たちも、この言葉に抗議したという記録はない。それだけでなく、イエスの前に出現した洗礼者ヨハネもイスラエルの悔い改めを促してまわった。しかし、彼の叫びの意味は、これまでの誰のものとも異なっていた。

◆神の国

洗礼者ヨハネは、洗礼を受けるためにやってきた群れに対して、「蝮の子らよ、差し迫った神の怒りを免れると、だれが教えたのか」、または、「斧は既に木の根元に置かれている。良い実を結ばない木はみな、切り倒されて火に投げ込まれる」（マタ三・七以下）という。彼にとって、神の国の到来とは、何よりもこの世界の審判を意味した。

イエスは、歴史において不当な血を流した責任は、この世代が負わなければならないという（ルカ一一・五一）。その世代は最後の世代である。彼も、神の国の到来は終末的審判であるといった。それを、ノアのときと同じように、「人々は食べたり飲んだり、めとったり嫁いだり、……買ったり売ったり、植えたり建てたり」しているときに、突然滅亡がやってきたようにくるであろう（ルカ一七・二七以下）。その国の到来はこの地の危機である。続けて「偽善者よ、このように空や地の模様を見分けることは知っているのに、どうして今の時を見分けることを知らないのか」（ルカ一二・五六並行）といった。これは、地平線の彼方を見ようとしない世代に向けた叱責である。これは、性格上、神の意志を推し量ろうとしないイスラエルに対して警告している預言者たちの声にも似ている、しかし、このような叱責は、特にその当時の宗教的指導者に遠回しに語った言葉として、悔い改めを求めるものであって、神の国自体の意味を現したものではない。

彼にとって、神の国は、人間にとって審判である前に新しい可能性であった。それは脅威ではなく祝福である。彼は神の国を、畑に隠された宝を見つけて喜ぶ農夫、高価な真珠を一つ見つけた商人の場合と比較している（マタ一三・四四―四五）。その国は喜びである。また彼はその国の到来を、王がその王子のために婚宴を催したことと比較している。王は家来たちを送り、「食事の用意が整いました。牛や肥えた家畜を屠って、すっかり用意ができています。さあ、婚宴においでください」（マタ二二・四並行）という招待の言葉を伝える。「すっかり用意ができていますす。さあ、婚宴においでください」。この一言に、その国の性格が最も端的に現れている。婚宴の食事を共に分かち合う喜びは、特にイスラエルにとっては最大の幸福を現す象徴であった。それで、イエスは度々その国をこのように表現している。「いつか、東や西から大勢の人が来て、天の国でアブラハム、イサク、ヤコブと共に、宴会の席に着く」（マタ八・一一）。この宴会には、時間と空間の垣根がなく、誰にでも開放されている。

それでは、どのようにしてその国は人間に対してこのような両面をもっているのであろうか。どうしてその国は、新しい可能性、祝福の宴会を意味しながら、それは同時に審判なのであろうか。それは、その国自体の性格からくる結果ではなく、その招待に応ずるか否かによって決定される。その国は全ての人に開放されている。その招待は、「町の大通りに出て、見かけた者はだれでも…善人も悪人も…」皆に該当する。したがって、その招待は同時に審判である。なぜならば、人間が招待を受け入れるか否かの二者択一の決断を要求している現実だからである。

◆悔い改め

したがって、その悔い改めの意味も従来の理解とは異なっている。洗礼者ヨハネは悔い改めを促した。彼は悔い改めの象徴として洗礼を授けた。これは過去の全ての罪を洗うことを意味する。そして、それではどうすればよいかという問いに「徴税人は、規定以上のものは取り立てるな。…兵士も、…だれからも金をゆすり取ったり、だまし取ったりするな。自分の給料で満足せよ」（ルカ三・一〇以下）という。しかし、ここで悔い改めとは、過去のある行為一つ一つの過ちを悔いて、それをきれいに洗い清めよということではない。否、悔い改めとは、正にその国の招待に応ずる行為自体なのである。すなわち倫理的な罪を洗い清めよという意味ではなく、新しい可能性に自己を開放し、受け入れよということである。無論、これは過去を清算することと遊離しない。しかし、悔い改めとは、ある部分的なことを修正せよという意味ではなく、生きること全体の方向転換を意味する。今もっているものに執着し、それで自己の生の保障を見出そうとする人は、未来に対して遮断されている。それは宗教的であれ倫理的であれ同じである。これまでどのように生きたかが問題なのではない。これからどのように生きようとするかが問題である。

そのような意味において、イエスはその時代の宗教人たちに対し、正面切って反駁している。二人の人が祈るために神殿に上った。一人はファリサイ派の人で、もう一人は徴税人である。この二人は、その時代の義人と罪人の象徴である。ファリサイ派の人は、「神様、わたしはほかの人たちのように、奪い取る者、不正な者、姦通を犯す者でなく、また、この徴税人のような者ではないことを感謝します。わたしは週に二度断食し、全収入の十分の一を献げています」という。これは祈りであるというより感謝である。切に求めるのではなく自己顕示である。このような人は、新しいことを待ち望むのではなく、現在までの自己の生き方に満足している。ところが、このファリサイ派の人の祈りは、当時のユダヤ人たちの毎日の祈りの内容そのままである。この祈りを偽善であったと見る必要はない。これまでの宗教や倫理的な角度から見ると、彼は真の義人である。これに対し、疎外された者であり罪人である徴税人は、「神様、罪人のわたしを憐れんでください」（ルカ一八・一三）というだけで、目を天に上げることもできない。彼には自信がない。持てる者ではない。否、今や受け取らなければ生きられない人である。ところが、その次の判定が重要である。「言っておくが、義とされて家に帰ったのは、この人であって、あのファリサイ派の人ではない」（ルカ一八・一〇以下）。これは明らかに爆弾宣言である。この判定は、現在の価値基準においてなしたものではありえない。それゆえに、現在の価値秩序から見ると妄言であろう。しかし、彼は現在にその判断基準を置いたのではない。来たりつつある新しい国の光の下で判断したのである。ところが、ここに悔い改めの意味が明確に現れている。悔い改めとは、現在の秩序から脱線したところに帰れということではなく、今、未来へと向かえということである。

そのような意味においてのみ、「貧しい人々は、幸いである、神の国はあなたがたのものである」（ルカ六・二〇、五・三）という判決が理解されるのである。山上の説教において祝福されたのは、貧しい人々、今飢えている人々、今泣いている人々である（ルカ六・二〇―二三、マタ五・三以下の山上の説教と比較。ルカのものが原形である）。これはいわゆる義なる者の姿ではない。未来に向けての開かれた生き方の姿である。

◆近づいた

その国が近づいたということは、新しい言葉ではない。イスラエルの預言者たちは、いつも差し迫ったその国を宣布した。その上、イエス当時には、特に多くの終末論派が今すぐやってくるであろうその国を宣布し、それを迎え入れる準備を急いだ。洗礼者ヨハネも、そのような人々のうちの一人である。ところで、ここに近づいたと翻訳された〈エンギケン〉（enggiken）という言葉の意味は、イエスの全体的な発言から見ると、その意味を全て包含したものにはならない。〈近づいた〉といえば、未だきていないという意味になる。そうだとすれば、イエス以前の状態と本質上異なるところがない。そうすると、今はただ待っているときとなってしまう。それで、ある学者はこれを〈やってきた〉（has come）を誤って翻訳したものであるという（C.H.Dodd）。これに対してある人々は、〈来たりつつある〉と理解し、ある人々は、その意味を説明して、やってきたのでもなく、やってくるであろうでもなく、その二つの間すなわち神の国と現在との分岐点に立っていることを意味するという。そのように様々な意見があるようになったのには、理由がある。それは、イエスが、ときにはやってきた、またはやってくるであろうという意味の言葉を代わる代わる語ったからである。今やってくるであろうと語った、未来を現した言葉は数多い。主の祈りにおいて、「御国が来ますように」といったことや、最後の晩餐の席において、「神の国で新たに飲むその日まで、ぶどうの実から作ったものを飲むことはもう決してあるまい」（マコ一四・二五並行）などはその具体的な例であるが、最も信憑性のある資料である。反面、その国はすでに現存していると発言した人々もある。古いとき（aeon）は、悪魔が支配するときであるというもので、これはその当時の黙示文学派の信念であった。

イエスもこのような思考をそのまま利用している。「わたしが神の指で悪霊を追い出しているのであれば、神の国はあなたたちのところに来ているのだ」（ルカ一一・二〇並行）といったのがそれである。彼はまた「わたしは、サタンが稲妻のように天から落ちるのを見ていた」（ルカ一〇・一八）という。そうだとすれば、その国はすでに現在的であることを意味する。または、「あなたがたの見ているものを見る目は幸いだ。言っておくが、多くの預言者や王たちは、あなたがたが見ているものを見たかったが、見ることができず、あなたがたが聞いているものを聞きたかったが、聞けなかったのである」（ルカ一〇・二三―二四並行）という。これはすでに過去にはなかった新しい事件が始まったことを意味する。彼は、その国がいつやってくるのかと遠くを見つめて問う者に、「神の国はあなたがたの間にあるのだ」（ルカ一七・二一）という。

それゆえに、その国が〈近くにきた〉ということを、時間的な未来であると断定することはできないし、そうだからといって、すでにやってきたということもできないのである。重要なことは、イエスはその国がいつどのようにやって来るのかを教えようとすることを目的としなかったということである。彼は、このときが人間にとってどのようなときであるか、人間はどのような状況にあるのかを明らかにしている。それゆえに、彼は神の国がいつやって来るのかという問いを拒否し、その国についてのしるしをほしがるのを拒否する（マコ八・一一並行）。彼は未来に対する思弁を許さない。

そうかと思えば、彼は今がどのようなときであるかを見分けないその時代の人々を叱責する。このときを見分けなさいということは、このときを測れという意味ではない。このときにあなたは何をすべきか知りなさいという意味である。

すなわち、イエスの宣布の中心は、切迫した神の国である。しかし、彼はその国がどのようなものであり、いつ、どのようにやってくるのかについては教えようとしなかったために、その国についての現在的発言と未来的な発言を、その国と関連させて理解することは困難である。しかし、それは人間実存の状況をきわめて独特な形で現している。その国を「すでにやって来た…いまだにまだ…」ということによって、人間の状況を現実と可能の緊張のなかにあるようにした。その国は確実に近づきつつある。しかし、それに対するいかなる思弁も許さず、ただ今は決断のときであることを知るようにした。この言葉は、その国の到来が実存論的な意味だけを有するという意味では決してない。現代人は歴史と断絶された実存を仮想しているが、旧約の伝統はそのようなことを全く知らない。また、ハシーディーム以後の後期ユダヤ教においても、そのような可能性はない。イエスの神の国を知ろうとするならば、少なくとも、ハシーディームを基点とした神の主権運動の脈絡において見なければならないであろう。

彼らにとっては、神の主権とはどこまでも政治的なものである。具体的に、イスラエルは神が支配しなければならないという思想であり、彼らの運動は全てそのための運動であった。それは、黙示文学の一部において見ることができる思弁の対象でも、彼岸的なものでもない。これはどこまでもこの歴史の上で成就されるであろう具体的なものである。もう少し具体的にいえば、イスラエルを外国勢力から解放し、貧しい人を解放し、不義なる者を除去することが、彼らの具体的な歴史的事件として起こると信じたのである。そのためには、先ずエルサレムと神殿を不義なる者たちの手から解き放つことが一次的な目標であった。イエスは、神の国へいくといったのではなく、くるといった（主の祈り）。神の国の到来と直結する人の子もくるであろうという（マコ八・三八並行）。イエスは、神の国到来の前兆として、彼を通じて起こっている事件を列挙している。「目の見えない人は見え、足の不自由な人は歩き、重い皮ふ病を患っている人は清くなり、耳の聞こえない人は聞こえ、死者は生き返り、貧しい人は福音を告げ知らされている」（ルカ七・二二）。この事件の内容は、イエスが故郷において読んだというイザヤ書のものと酷似している（ルカ四・一八―一九）。これは解放の事件である。彼は政治的な構造を根源的に見ている。彼はこのアイオーンをサタンが支配していると見ており、このような前提の下に全ての勢力を判断している。したがって、神の国の到来と悪魔の追放は同時的な事件として見るのである。そのような視点から見るときにのみ、彼が、悪霊を追い出しているのであれば、神の国はあなたたちのところにきている（ルカ一一・二〇、Q）という言葉の意味を知ることができる。これは、ハシーディーム以後の様々な系譜において一貫している思想であり信念であった。イエスもその系譜の上に立った。但し、彼はその国の到来とイスラエル中心主義を結びつけはしなかった。彼はすでにその国の到来の宇宙性を見たのである。

それゆえに、それは一民族の運命を変え、社会の改革をもたらす事件に留まるものではない。宇宙的な〈新しい開闢〉をもたらす事件を見たのである。このような意味において、マタイは多くのことを暗示している。それは、すでにイスラエルに局限されるものではなく、数多の人々が東と西から、すなわち全世界からその国に参加するであろうということである。

古い秩序との対決

「昔の人は『殺すな。人を殺した者は裁きを受ける』と命じられている。しかし、わたしは言っておく。兄弟に腹を立てる者はだれでも裁きを受ける。兄弟に『ばか』と言う者は、最高法院に引き渡され、『愚か者』と言う者は、火の地獄に投げ込まれる」（マタ五・二一―二二）。

マタイによる福音書五章には、このような形式で、昔の権威に立ち向かった新しい宣言のように現しているものが、六つに区別されて続いている。

昔の人とは誰であろうか。先ずそのなかにはモーセ五書が含まれる。それは、イスラエルにとっては神の言葉である。イスラエル人は、このモーセの律法を神との契約の言葉として受け入れたので、イスラエル人になされたその言葉には、絶対に服従しなければならない。この律法を離れた他の生活はあり得ず、その権威を無視するということは、イスラエル人として生きることを放棄するも同然であった。ところが、この昔の人の言葉のなかには、この律法を具体的な生活に適用したラビたちの解釈と規制も含まれる。彼らの解釈は、今日の法律における判例法と同じような役割を発揮した。そしてそれは、モーセの律法の権威を背にして、モーセの律法と同じような権威を発揮した。イスラエル人には、この権威のほかに生活を規制する他のいかなる権威もあり得なかった。それは、イスラエルの現在までの宗教倫理全体を語ることと異ならない。このように律法と律法の解釈伝統まで動員して、それを生活の規律にまでした主役はファリサイ派である。それを称してラビのユダヤ教ともいう。彼らは六一三項にもなる厖大な規律を制定した。これはイスラエルの主体性を生かすためのものであった。ところが、それに対して、「わたしは言っておく」という。このわたしとは誰であろうか。われわれはこのような関心は後にして、先ず、昔の人々の教えに対する〈わたし〉の言葉を聞くことにしよう。

彼の言葉は、必ずしも新しい言葉ではない。昔の人が殺すなといったことに対して、隣人を憎んでも殺人と同じであるという。昔の人が姦淫するなといったのに対し、みだらな思いで他人の妻を見る者はだれでも、すでに心のなかでその女を犯しているという。昔の人が、主に誓ったことは、必ず果たせといったのに対して、一切誓いを立ててはならないという。そして誓いを立てたことだけでなく、生活全体に誠実であることを求めている。これらのことは、昔の人の言葉を否定したのではなく、むしろそれを徹底化したのである。彼は人を殺せば〈初めて〉ではなく、人を憎めば〈すでに〉殺人したことであるという。〈初めて〉ではなく〈すでに〉、これは行為と考えを一つにした言葉である。そうすることで、自己逃避やある種のいい訳の道を遮いだのである。

しかし、彼は正面から昔の人の主張を拒否した。昔の人(モーセ)は、「妻を離縁する者は、離縁状を渡せ」といった。しかし、その〈わたし〉は離縁に反対する。彼はこれでモーセの律法を廃棄している(マコ一〇・二―九)。しかし、彼は同時にその時代の人間を全体として批判している。モーセの掟は、その時代の人々の心が頑固なので離縁を許したのだといって、その掟を相対化すると共にその時代の人を批判している。また、妻と離縁しないまま他の女性たちを続けて妻として迎え入れながら、その妻の主人役を続けている人間(男性)たちの横暴を遮断している。昔の人は、「目には目を、歯に歯を」という倫理の大原則を掲げた。しかし、イエスはこの倫理や掟、そして宗教においてまで中枢の役割を果たしているこの普遍的な原則を廃棄する。否、報復はあり得ない。「だれかがあなたの右の頬を打つならば、左の頬を向けなさい」、「だれかがあなたを訴えて下着を取ろうとする者には、上着をも取らせなさい」。「誰かがあなたをして無理に五里を行けというのであれば、一〇里を一緒に行ってあげなさい」という。これは、すでにある秩序と、そこで営まれている生存権に対する脅威でもある。そして何よりも、その当時の群衆にとって衝撃的であるほかない理由は、厳然として旧約に書かれている命令に、正面切って逆らっているからである。

それよりもさらに進んで、昔の人は「隣人を愛し、敵を憎め」と命じたが、「敵を愛し、自分を迫害する者のために祈りなさい」という。ここにまで至ると、生存権の問題ではなく、人間に奇跡を要求することと異なるところがない。敵を愛しなさい！　これが自然人にとって可能であろうか。諦念ではなく、真に心から愛せよというのである。わたしを呪い迫害する者のために祈ることができるであろうか。彼に愛を示せというならまた分からない。そして、一歩進めて神に対して彼のために祈れという。これは、敵と向き合っている現実において、逃避できないようにし、敵となった者に向き合えという言葉である。

彼は、彼の弟子たちと麦畑の間を通っていた。弟子たちは空腹になったので、麦の穂を摘んで食べ始めた。ユダヤの人々がそれを違法であると抗議した。彼らには、安息日には刈り入れてはならないという安息日の法があった。安息日を犯すことは死刑に該当する重罪である。それほど彼らは安息日の法の奴隷状態にあったのである。ところが、その〈わたし〉は、「安息日は、人のために定められた。人が安息日のためにあるのではない」（マコ二・二七並行）と宣言する。これは爆弾宣言である。彼は、彼らのこれまでの安息日に対する宗教的観念の伝統を、この一言で覆したのである。それと共に、安息日法の奴隷となった人間を解放する。これは最も具体的な人権宣言である。

またある日のこと、一人の患者が病気を治してほしいと願った。その日も安息日であった。彼を訴えようと思って見守っていた人々は、彼が彼の願いを聞き入れるかどうかについての関心よりも、安息日の法に抵触するかどうかにもっと関心を抱いていた。安息日法は、病気を治すことを許さない。死にかけていると断定された病人のほかに、このような考え方をしている彼らに対して、「安息日に善を行うことか、悪を行うことか、命を救うことか、殺すことか」（マコ三・四並行）と問うのである。これは教えではなく問いである。ところが、問いは常に答えを決定してなされるものである。その問いに対する答は、誰にも自明である。しかし、その問いはまた反律法的である。この問いは、安息日法との関係を完全に除いてしまったのである。ユダヤの人には、安息日法に背くかどうかがもっと重要な問いであるのに、この問いはそのような問いを封じてしまったのである。この問いは、安息日の特殊性を黙殺してしまった。彼はこの問いで、安息日の宗教的関心を倫理的な問いに変えてしまったのである。しかし、この倫理的な問いは、安息日にのみ該当するものではない。それは月曜日にも火曜日にも該当する。そして、安息日の特殊性が相対化されたのである。

もう一度ユダヤの伝統との衝突があった。それは、イエスの一行が食事の前に手を洗わなかったからであった。その抗議は、衛生観念がないという非難ではない。それは律法とユダヤの伝統を破壊することだったからである。手を洗うということは、ユダヤ教の清浄法の一つである。清浄法は宗教の中枢をなしていた。宗教の全ての儀式は清浄法に直結していた。それゆえに、礼拝に参加するためには事ごとに清浄法に従って準備をしなければならなかった。体を洗うことはいうまでもなく、食べ物にも制限があり、ある物を見て触ること、さらには性生活までも規制された。ところが、イエスはもう一度爆弾宣言をするのである。「外から人の体に入るもので人を汚すことができるものは何もなく、人の中から出て来るものが、人を汚すのである」（マコ七・一五並行）。これは宗教全般の中枢を揺り動かす宣言である。なぜならば、礼拝（cult）において、この清浄法は重要な位置を占めるからである。しかし、これは清浄であること自体を否定したのではない。ただ、清浄とは外的な儀式（意識）だけにおいてなるものではなく、人間の内面から始まるのでなければならないというのである。いわば、内的な浄化が先行しなければならないという意味である。

以上の発言は、当時のイスラエルにとって、極めて衝撃的なものであった。その指導者たちは、このような反律法的な言葉のために、イエスと正面から衝突した。彼らは、イエスをイスラエルの伝統を破壊する異端者と見たのである。しかし、彼には破壊のための破壊をしようとする意図は全く見えない。彼は無条件に律法や伝統を否定する発言をしたことはない。否、彼はむしろ不必要な衝突を避けるために、当時のユダヤ教の伝統的な規則を忠実に守ったものとして伝えられている。彼には、新しい宗教を語り、新しい倫理を打ち立てようとする意図もなければ、新しい神の意志の伝達者として自負するところもない。彼は、イスラエルの祖先が信じているのと全く同じ神、すなわちアブラハムとイサクとヤコブの神を、自明のこととして前提している。それゆえに、彼は神を新しく定義して、自身の言葉を新しく受けた啓示であるともいわないのである。彼の批判の中心は、宗教が生活において、礼拝が隣人を愛することにおいて、行為が考えることから遊離して、別々に平行線を描いている点であった。いわば、彼らは、全体として神の前にあって責任を負う存在になるのではなく、部分的に神と関係していることを問題にしたのである。

旧約の十戒は、イスラエル律法の総集約である。彼らはそれを生きていくことの基幹にしている。この十戒の前半部は神との関係、後半部は隣人との関係においてなすべきこと、してはならないことを規定している。ところが、当時のイスラエルは、前半部と後半部を分けて、その二つに平行線を引き、主に前半部、いわゆる宗教の問題に重きを置いて、隣人との関係を疎かにした。したがって、彼の言葉が、主に彼らの〈宗教生活〉よりは、隣人との関係についてより一層強調したのは偶然ではない。彼は真の生き方を問う人に対し、新しい道を教えるのではなく、十戒の後半部を強調した（マコ一〇・一七以下並行）。それは隣人に対する愛に関連したものである。真の生き方のためには、新しいものは必要ではないという態度である。しかし、その人はそれらのもの（十戒）はすでに幼いときから忠実に守ってきたと自負し、その他の違う生き方をイエスに求めたのである。これは、彼がこの十戒を忠実に守ったと自負しながらも、永遠の生に対する確信をもてなかったことを意味する。これに対してイエスは、「あなたに欠けているものが一つある。行って持っている物を売り払い、貧しい人々に施しなさい」（マコ一〇・二一）という。この話を聞いたその人は挫折した。彼にとって問題は、そのようなことを幼いときから全て守ってきたという、その自明性であった。彼は、隣人を愛することを生活の全体としてなしたのではなく、部分的になしたのである。真の愛を知るならば、愛を全うしたということは不可能である。どのように守ったというのであろうか。持っているものを全て売り払って、貧しい人に施しなさいということは、もう一つの他のことを要求したのではない。それを全て守ったというそのこと自体が、本当に事実であるかということを明らかにする行為を要求したのである。彼はやはり、真の愛が何であるかを知らなかった。彼は、隣人を愛することと真の生き方を切り離して考えたのである。それだから、真の隣人愛も事実上不可能であったことを物語っているのである。

イエスはもう一度似た質問を受けた。その質問は、あらゆる戒めのうちで、どれが第一であるかというものであった。しかし、イエスは二つの戒めを語った。神を愛せよということと隣人を愛せよという戒めがそれである（マコ一二・二八—三一並行）。この答えも新しいものではなく、旧約のなかの二か所にある戒めをそのまま引用したものである。しかし、その答えはその質問自体を修正している。実際どれが第一のものであろうかを尋ねているのは、諸々の戒めをそれぞれ分離することによって、それに特別に力を注ごうという姿勢である。そのときのイスラエルの常識としては、第一の掟が何であるかと尋ねれば、無論神を愛することである。ところが、イエスは、一つを尋ねているのに、二つのことを掲げた。これは、当時のユダヤの宗教が、隣人を愛することを疎かにしていることを明らかにする結果になったことでもあるが、これら二つの戒めを切り離して、平行的に守っている彼らの律法理解を批判したことでもある。神を愛するということは、隣人を愛することと切り離しえないのである。その反対も同様である。これら二つは不可分の関係にあるのである。否、神を愛する道は、隣人を愛するそのなかにあるのであって、他の領域にあるのではないのである。

したがって、イエスは焦点を隣人を愛することに置く。隣人こそがわたしが直面している具体的な現実である。したがって、隣人にどのように対するかということは、わたしの生き方をどのようにするかという問題であり、それは同時に、神とどのような関係にあるかという問題である。このような意味を最も良く現しているのが、かの有名な最後の審判の比喩である（マタ二五・三一以下）。

最後の審判はすでに決定された。裁きを受ける人々は、左右に分けられる。審判者は宣告する。先ず右側にいる人々に、「さあ、私の父に祝福された人たち、天地創造の時からお前たちのために用意されている国を受け継ぎなさい。お前たちは、わたしが飢えているときに食べさせ、のどが渇いているときに飲ませ、旅をしているときに宿を貸し、裸のときに着せ、病気のときに見舞い、牢にいたときに訪ねてくれた」（マタ二五・三二―三五）という。しかし、その裁きの内容は、裁きを受けている彼らには全く憶えのないものであった。彼らはそのようなことをしたことがないという。しかしその審判者は、「わたしの兄弟であるこの最も小さい者の一人にしたのは、わたしにしてくれたことなのである」（マタ二五・四〇）という言葉で、裁きの秘密を知らせるのである。

この比喩は、そのときの宗教人たちにどのように聞こえたであろうか。最後の審判の基準がこのようなものであるとすれば、彼らの宗教において最も重要であると考えられている祭儀的な戒律に何の意味があろうか。この比喩は、このような全ての宗教的なものを死物化するのではないか。一歩進めて、祝福された人々が隣人を助ける行為をするとき、神の戒めを守るためであるという思いをもってしたことであれば、また分からない。ところが、彼らは彼らがなしたことを、特別に律法への服従という意識からしたのでもない。むしろ、ここで律法に対する服従という意識は失踪して、隣人愛だけがその場を満たしている。それでは、なすべきことは隣人を助けることだけであるというのであろうか。ここに及んで、神殿には何の意味があり、決まりごとを守ることなどに何の意味があろうか。この比喩は、それを読み取るキリスト者たちにも、同様の問題を引き起こしたであろう。何よりも信仰によって救われるという最も重要な教理が、何の意味もないものになったのではないか。これは明らかに、宗教観念の世界から見ると衝撃的であるほかなく、大きな変化をもたらすほかない言葉である。

しかし、この比喩の焦点は、裁きの基準を教えようというところにあるのではなく、隣人を愛することが、決定的な服従の行為であるということと、隣人を愛することがどうあらねばならないかを、側面的に現すところにある。彼らは、隣人を助けることを生活それ自体のように自明なものとして受け入れてきた。彼らは隣人を助けること自体に忠実であったし、それを他のあることと結びつけなかった。彼らはその行為が宗教生活の一部であるとは思いもしなかったのである。

したがって、彼らのなした行為の代価の類は全く前提としなかった。もしも、そのような前提から隣人を助けたとすれば、彼らは隣人を〈あなた〉として対したのではなく、自分たちの価値を高めるための手段に転落させてしまったであろう。だからといって、彼らの純粋な愛の行い自体に、永遠の意味があるとか、未来の保障があるのではない。それはそれで終わるのである。重要なことは、このような行為を神に対して行った行為として認めたところにある。これは、その行為から出てくる必然ではなく、その認定自体が、このような行為に永遠の意味を与えたのであった。

これに関連したもう一つの有名な比喩がある。それは善きサマリア人の比喩である(ルカ一〇・二五—三七)。

ある人が路上で、おいはぎに襲われて倒れた。たまたまイスラエル宗教の象徴のような祭司長、そしてレビ人がそこを通るようになった。しかし、彼らは彼を救わずに通り過ぎてしまった。その次に、自らイスラエルの主流であるというユダヤ人たちから疎外されているサマリア人が、そばにくると馬から下り、その人を見て憐れに思い、近寄って傷に油とぶどう酒を注ぎ、包帯をして、自分のろばに乗せ、宿屋に連れていって介抱しただけでなく、その費用まで払い、費用がもっとかかったら、帰りがけに払うといって旅を続けた。この比喩はこれで終わっている。ところが、ここで先ず指摘しなければならないことは、宗教的な代表である祭司長とレビ人をサマリア人と対比していることと、またこのサマリア人の行いが何の宗教的な色合いを現すことなく、単にその受難者の必要に応じるという、飾り気のない行いだけを語っている点である。これは、〈隣人とは誰であるか〉に対する比喩である。隣人とは、正に受難者の必要に応じた人である。ところが、サマリア人を主人公にしていることや、彼を祭司長の家系と対比したことは、イスラエルの人々にとって大きな衝撃にならざるを得ない。その比喩が、たとい隣人を説明していることであるとしても、これを助ける者には、宗教的に蔑視されているこのサマリア人の愛の行いの前にあっては、祭司長の家系は色をなさなかったに違いない。これには、宗教的な義務と隣人を愛することを分離する、当時のユダヤ教全般に対する批判が色濃く含まれている。

隣人との関係を無視した宗教行為などあり得ない。したがって、神殿に供え物を献げようとしていて（神になす行為）、兄弟との関係において解決されていないことがあれば、先ずそれから解決してから供え物を献げよといい（マタ五・二四）、祈っていても、隣人に対して何か恨みに思うことがあれば、それから解決せよ（マコ一一・二五）といっているが、この場合には、そうした後に、きて祈れという言葉がない。このように、隣人を愛することを、祭司長、祈り、供え物を献げる行為など継続的に関連させていることは、決して偶然ではないのである。礼拝も祈りも、神への直通路にはなり得ない。礼拝も祈りも、わたしが向かい合っている隣人との関係においてのみ可能である。

以上から見ると、イエスは徹底したヒューマニストに見える。彼は、いわゆる宗教問題に対する関心よりも、倫理の問題に集中しているようである。隣人との問題に人々の視線を集中させようとしたことや、人間を問題にしているという点から見ると、そうである。しかし、留意すべきことがある。イエスは、人間または人間間の秩序自体を、自己充足的なものとしては見なかった。彼は、愛を語るときも、決して人間の尊厳性やそのなかにあるある種の能力を強調せず、隣人との関係を語るときも、倫理のプログラムを成就するための社会秩序を確立するために、前面に出すことはしていない。彼においては、人間はどこまでも神の前にある存在である。彼の関心は、その当時の社会秩序から疎外された群れに注がれている。したがって、貧しい人々、蔑視されている人々、苦難を受けている人々、罪人などの友となることを要求している。しかし、彼はそのようなことを、社会の分析、すなわち階級的な側面から見た正義論を展開したのではない。イエスが報復行為を禁じ、かえって敵を愛せよというときは、世界平和の原理として語っているのではない。否、それは神の意志だからである。人間は、社会問題の前における責任的存在である前に、神の前に立つ責任的存在である。

敵を愛せよ！　どうして。父は悪人にも善人にも太陽を昇らせ、…雨を降らせる（マタ五・四五）から。憐れみ深い者となれ！　なぜ。神は情け深い（ルカ六・三六）から。人を罪人だと決めるな！　なぜ。神が罪人たちを愛しているから。このような大前提を有しているゆえに、彼の教えは直接的に社会倫理のプログラムにはなり得ない。しかし、神の直接的な意思を語っている彼の言葉において現れた、人間と社会批判の声に耳を塞いではならない。神が全ての人々に太陽と雨を満遍なく与えていることを強調しているのは、その社会が人々を同等に待遇していないことを暴露するものである。このような意味を現しているのが、かの有名な見失ったものに対する比喩である（ルカ一五・一—三二）。

一人の羊飼いが、百匹の羊のうち一匹を見失ってしまった。その羊飼いは九十九匹を残して、見失った一匹の羊を見つける。彼はその羊を見つけて嬉しくて宴を催す。このような罪人を愛するということは、神が喜ばれるためであると見ている。これは、社会問題という側面から見ると、納得できないことである。物量的な価値観から見ると、九九対一において、九九を残して一つを見つけようとして出かけるという結論は、絶対にあり得ない。ところが、ここで注目すべきことは、〈見失った〉という言葉である。それは静的な社会分析からきた行動の規範ではなく、事件が起こった現場における決断的行為をいう。今、〈喪失〉しているという事件、〈疎外〉という事件が起こった。この事件の犠牲者にこそ全体を注げという言葉である。

ある父親に二人の息子がいた。弟の方が自分の財産の分け前を事前に受け取り、父親の下を離れて放蕩のあげく財産の全てを無駄使いし、何もかも使い果たして再び父親のもとに帰ってくる。父親は彼の過ちを問うことなく迎え入れ、息子の名分を返すだけでなく、大きな祝宴を開いた。このとき、畑にいて帰ってきた兄が父親に抗議する。「このとおり、わたしは何年もお父さんに仕えています。言いつけに背いたことは一度もありません。それなのに、わたしが友達と宴会するために、子山羊一匹すらくれなかったではありませんか。ところが、あなたの息子が、娼婦どもと一緒にあなたの身上を食いつぶして帰って来ると、肥えた子牛を屠っておやりになる」（ルカ一五・二九—三〇）。これは、義務と権利の均等、分配の類をその根幹とする、いわゆる社会秩序の樹立という立場から見ると正当な抗議であり、それを無視すると、社会を維持することはできない。しかしイエスにとっては、父親が喜んでいること、すなわち神が望んでいること、それが全てのものの基準である。

人間は神の前における責任的存在である。ところがその神は無時間的な規範や法則のようなものではない。その神の意志は歴史的に現れる。その神は、昨日の神でありながらも、また昨日に留まっている神ではない。旧約の神はイスラエルと契約した神である。したがって、その神の意志は、その枠内で自身を現わす。したがって、イスラエルがこの契約に背くときは、容赦なく懲らしめる神であった。ところが、イエスは無条件に容赦する神を説き、この赦しの神の意志が、人間の倫理的行為のモチーフになる。

ある王の家来が、その王の財産を蕩尽した。王は彼に、自分も妻も子も、また持ち物も全部売ってでも返済せよという厳しい要求をする。しかし、王はその家来の願いを聞き入れて、突然彼を無条件に赦すのである。ところが、その後王はその家来を再び捕らえて、その借金を返すまで牢に入れよと命令した（マタ一八・二三—三四）。なぜ。この赦された家来は、その次に、自分に借金した家来に会って、自分が王にしていたような家来の頼みにも応ぜず、彼を牢に入れたからである。「不届きな家来だ。お前が頼んだから、借金を全部帳消しにしてやったのだ。わたしがお前を憐れんでやったように、お前も自分の仲間を憐れんでやるべきではなかったか」。これが、王の彼を投獄した理由である。その理由は、最初の逮捕のそれと非常に違っている。初めは、借金をしたために、すなわち、義務と権利の秩序から逮捕した。しかし、その次は、新しい事件が起こった後だからである。それは、その王が無条件で彼を赦したことである。この赦しの事件の前にあって、この家来は、新しい意味の責任的な存在になったのである。それは正に、その王の前に立ったものとしての隣人に対する責任である。ここで、その〈隣人〉は、正に借金をした隣人として〈彼らを赦せ〉という命令には、〈神が赦す〉ということが大前提になっている。

過去を問うことなく無条件に赦す神、このような信仰が、彼の徹底した愛の命令の後ろ盾になっている。これは、彼の神の国の性格と直接関連している。今新しい事件が起こっている。新しい世界が迫ってきた。その新しい世界は、古いものの無条件の終末を意味する。彼はこのような終末的な神の国の現実を前に引き寄せて、その光の下でそのように徹底した愛の命令をくだしたのである。この無条件の神の赦しと愛は、隣人に対する責任を全うできるように開かれた状況、すなわち隣人を愛することができる自由が与えられたことを意味する。

イエスの振る舞い

何の権威で？

イエスはエルサレムに上り、神殿周辺の商人を追い払った。祭司長と律法学者たちが、「何の権威で、このようなことをしているのか」（マコ一一・二八並行）と質した。ファリサイ派の人々がきて、イエスに天からのしるしを求める（マコ八・一一並行）。このような要求は、彼の振る舞いが彼らの公認している立場とは全く符合しなかったために、それのできる特殊なカリスマがあれば、証拠を見せてほしいというものである。それができない場合、彼は偽行者として糾弾されるようになる。しかし、彼はそのような要求をきっぱりと拒否してしまった。

彼はモーセの法を正面切って、破棄することをためらわなかった（マコ二・二参照）。何の権威で？　彼は彼の弟子になろうとする者が、先ず自分の父親を葬りに行かせてほしいということを許さなかったし、また出家の前に家族にいとまごいに行かせてほしいということも許さなかった（ルカ九・五九―六二）。これは、彼に従うことがいかなる倫理的な義務よりも重要であるという立場、否、彼に従うことにはいかなることも並行させることはできないという立場である。したがって、「もし、だれかがわたしのもとに来るとしても、父、母、妻、子供、兄弟、姉妹を、更に自分の命であろうとも、これを憎まないなら、私の弟子ではありえない」（ルカ一四・二六）という。彼が何の権威でそうできるのであろうか。彼が遂行しなければならない課題が、そのような〈絶対〉を要求しているからであろうか。しかし、彼は彼の課題として語っているのではなく、彼自身を認めないことが人間の運命の鍵のように語る。

「だれでも人々の前で自分をわたしの仲間であると言い表す者は、人の子も神の天使たちの前で、その人を自分の仲間であると言い表す。しかし、人々の前でわたしを知らないと言う者は、神の天使たちの前で知らないと言われる」（ルカ一二・八―九、Q）。

そして一歩進めて、彼は彼の言葉自体に対して、重大な意味を与えている。彼の言葉を聞いて行う者は永久に生きることができるが、そうでない者は、砂の上に家を建てた愚かな人に似ていて、雨が降り、川があふれ、風が吹いてその家に襲いかかる運命のようになるであろうという（マタ七・二四以下）。

彼は神の直接的な意志を代弁し、人間の行為を最後の審判のように、現在において判定してしまう。帰ってきた放蕩息子を無条件で迎え入れる父親の心において神の心を直接見ているように語り（ルカ一五・一一以下）、最後の審判の比喩（マタ二五・三一～四六）において、審判の基準として、飢えていたときに食べさせ、のどが渇いていたときに飲ませ、旅をしていたときに宿を貸し、裸のときに着せ、病気のときに見舞い、牢にいたとき訪ねてくれた行為を強調することによって、伝統的な宗教の価値観を打ち壊してしまって、あたかも自身が審判者であるかのように、現在の生き方を前に引き寄せて判断してしまう。またファリサイ派の人と徴税人の祈りを比較して、徴税人がその職業を止めたという前提もなく、彼の祈りが義とされたと判決している（ルカ一八・九）。それよりももっと決定的な宣言がある。自身が悪霊を追い出している行為を、サタンの頭を縛る行為と比べて（マコ三・二〇並行）、彼自身が神の力に助けられて悪霊を天から追い出していることを前提にしている（ルカ一一・二〇、Q）そうだとすれば、このように語っている彼は誰であろうか。

弟子たちは彼を〈ラビ〉と呼ぶことが度々ある。しかし、彼の教えや振る舞いはラビ的ではない。一方、世の人々は、彼を預言者の一人であるといった（マコ八・二八）。彼をイスラエル史において現れる人物の類型からすると、預言者の系列に入れるほかない。未来に起こるであろう事件を引き寄せて現在を審判しているところから見ると、そうである。

しかし、預言者たちは、〈神の言葉〉の背後に自身を隠し、いかに神の言葉であるといっても、モーセの律法の垣根を越えないのに対し、彼はモーセの法が妨げになるときには、いつでもそれを破棄し、神の言葉の代わりに、〈わたし〉と〈わたしの言葉〉を正面切って主張したりもする。この点から見ると、すでに預言者の域を超えている。

ペトロは彼を〈キリスト〉であると告白した。しかし、〈キリスト〉という概念は一定したものではなかった。キリストとは、〈メシア〉すなわち油を注いだという言葉のギリシア語訳である。ところが、〈メシア〉という概念のなかには、様々な意味の像がある。メシアは新しいアイオーン〈時〉に現れる救済者である。しかし、彼がどのような姿で、どのような過程を経て、世界の終末とともに救いをもたらすかについては、多くの見解があった。

その終末のときに現れる存在として、〈人の子〉という概念がある、最初のキリスト者たちは、彼をメシアであるといい、人の子であるともいった。それは、イエスによって新しい時代が始められたという告白である。しかし、このような告白には、問題があった。それは、イエスの生涯が伝統的なメシア像にも合致せず、また人の子の像にも符合しなかったからである。

福音書に現れたメシアまたは人の子に対する、その時代の表象だけでもいろいろある。何よりも、彼は大いなる力と栄光を帯びて雲に乗ってくるであろう（マコ一三・二六）、彼は、ガリラヤやナザレのようなところで生まれないで、エルサレムで生まれるであろう（ヨハ七・四一、ヨハ一・四六）、彼はどこからくるのか、誰も知らないようにくる（ヨハ七・二七）、彼はベツレヘムに生まれるであろう（マタ二・六以下参照）、または、彼はダビデの子孫としてくるであろうという注目すべき主張などである。しかし、イエスの生涯はこのような像には合わない。イエスはガラリヤで生まれた（マコ一・九）。彼が一人称で人の子という言葉を使う場合は、エゼキエル的な用法で単に〈人間〉という意味で使っている。もしも、彼が〈人の子〉としてダニエル的なメシアを意味したとすれば、弟子たちは彼をそのように呼んだであろうが、そのようなことは全くない。彼をダビデの子孫として括ろうとする努力に反して（マコ、ルカの全歴史）、彼はダビデの子孫ではないと言明したイエスの発言がある（マコ一二・三五—三七並行）。そして何よりも、イエスは力と栄光を伴って雲に乗ってきたのではない。彼の生涯は受難の道である。栄光と力のメシア像とイエスのこの受難の道はあまりにもかけ離れた姿である。

このような問題は、ペトロのキリスト告白と、その次のイエスがペトロを叱責したところによく現れている。「神からのメシアです」といったペトロは、イエスが受難し殺されるであろうという予告を聞き、それを防ごうとして、「サタンよ、退け」という厳しい叱責を聞いた。これは、ペトロが考えたキリスト像が、イエスの道とは異なっていたことを物語る。すなわち、キリストが受難に直面するであろうということには、全く思い至っていないことを意味する。実際彼の弟子たちは、彼の十字架の死とともに、彼に対する全ての期待を放棄したのである。

それでは、彼は誰であり、何の権威でそのように大胆であったのだろうか。この問いをそのままもって異なる側面から見ることにしよう。

イエスと民衆

イエスの活動舞台はガラリヤ地方である。彼の公生涯の出発時から、人々は彼に押し寄せる。最初に書かれたマルコによる福音書は、この人々を重要視している。その叙述においても、その人々がどのような人々であるかに注目するように誘導する接近法を用いている。〈人々〉、〈皆〉、〈多くの人〉などで好奇心を盛り上げ、二章四節において彼らの正体を初めて明らかにしようとするかのように、彼らが正にオクロス（ochlos）であるという。そのときから指示代名詞を抜いて、おおよそ三六回もこの概念が使われている。韓国で〈ムリ〉〔群れ〕と翻訳されているのがそれである。

ギリシア語においては、オクロスはラオス（laos）と区別される。ラオスは、民族のような集団の一員をいうもので、〈国民〉または〈民〉という意味があり、オクロスは、特定の集団に所属しない〈群れ〉である。それを便宜上国民または民族と区別して、〈民衆〉と翻訳することができるであろう。旧約のギリシア語訳である七十人訳は、ラオスという単語を〈神の民〉という意味で圧倒的に多く使っている。ところが、マルコは、パウロなどがたったの一度も使ったことのないオクロスによって、イエスに従っている民衆を表している。彼はラオスを引用文に一度（マコ七・六）そして律法学者が語った言葉（マコ一四・二）のほかには、事実上使用したことがないということから見て、この単語を意図的に採択したということができる。マルコを台本にしたマタイやルカの場合は少し異なる。マタイにはオクロスが約五一回であり、ラオスはやっと一三回であるのに、ルカには、オクロスが四十余回、ラオスが三五回程度になる。この二人の編者が福音書を書くときは、すでにキリスト教会の意識が強くなり、キリスト者たちを、オクロスよりはラオスと表示することによって、民衆を新しい国（教会）に所属させようとする意図が垣間見えるが、オクロスの意味においては大きな差異はなく、マルコに従っている。したがって、マタイやルカの用語に捕らわれる必要はない。内容上で見るときにはこの二つの概念のどの一つも使用しなかったが、民衆を現しているのは無数にある。

先ず、マルコによる福音書を基準にしてオクロスと称される階層の形態を検討し、彼らに対するイエスの振舞を見ると、次のいくつかの顕著な特徴を指摘することができる。

イエスの現場にオクロスがおり、オクロスの現場がイエスの現場である。イエスがゆくところどころに多くの民衆が集まってきて（二・四、二・一三、三・九、三・二〇、四・一、八・一、一〇・一）、彼の周りに座って（三・三二、五・二四、五・三一）、イエスの言葉に感嘆する（一一・一八）。三日も空腹のままイエスに従った四千人もオクロスであり（八・一以下）、人里離れたところで、空腹のままイエスに従っていた飼い主のいない羊のような五千人も、オクロスである（六・三四以下）。イエスは彼らと共に生き、彼らを教え（二・一三、四・一以下、七・四、一〇・一、一一・一八）、彼らこそが真の家族であると宣言する。

イエスが彼に無条件に従う人たちを、羊飼いのいない羊のように深く憐れみ、食べ物を与えたとあるが（六・三四以下）、イエスのところに集まってきた彼らは、徴税人、卑しい職業、病人、そして貧しい階層であった（マルコにのみ貧しい人一五回言及）。彼らはその社会において疎外された人たちで、〈罪人と〉烙印された人々がほとんどであるのは、このオクロスと称した具体的な例として、マルコによる福音書二章一三―一七節をあげることができる。その内容に注目すると、イエスに従っていた彼らがオクロスであるが、彼らこそが〈罪人〉と〈徴税人〉である（一五節）。そして徴税人と罪人が疎外者の象徴のように使用されているが、それはマルコだけではなく、Q資料（マタ一一・一九）とルカの固有資料（ルカ一五・一）においても見ることができる。一方マタイは「徴税人と娼婦」（二一・三二）と語っているが、娼婦を罪人の象徴としたようである。

一方、イエスは、「来るべき方は、あなたでしょうか」（ルカ七・二〇）という洗礼者ヨハネが尋ねたことに対して、「行って、見聞きしたことをヨハネに伝えなさい。目の見えない人が見え、足の不自由な人は歩き、重い皮ふ病を患っている人は清くなり、耳の聞こえない人は聞こえ、死者は生き返り、貧しい人は福音を告げ知らされている」（ルカ七・二二、Q）と答えている。この答において、彼がどのような部類の人々と関係していたかを垣間見ることができる。一言でいえば、この社会から押し出された人々である。彼らは、病人と貧しい人々に集約することができる。ただ、死んだ者だけには様々な可能性がある。病気で死んだ者でもあり得るし、飢えて死んだ者でもあり得るし、暴力によって夭折した者でもあり得る。ところが、もしも後期ユダヤ教の復活思想が、ハシーディームの集団的被殺において発端になったということが事実であるとすれば、イエス当時の聴衆は、死んだ者を生き返らせるというとき、最後の場合と結びつけて理解したであろう。その上、投獄されて死を待つ洗礼者ヨハネに結びつける場合、そのように理解する可能性はもっと高くなる。

また、ルカによる福音書において、イエスがこの世にきた目的を、イザヤ書の引用で現したことを見ることができるが、「貧しい人々に福音を」、「捕らわれている人に解放を」、「目の見えない人に視力の回復を」、「圧迫されている人を自由に」するためであるという（ルカ四・一八）。内容の上では上記のものとほとんど同じであるが、ここでは政治的な迫害者について特に強調したことを見ることができる。以上において、イエスの民衆は経済的に貧しい人、権力社会における弱者、そして病人に集約される。

イエスは民衆を教えるとき、民衆の言語を使った。彼の言語の独特なものとして「たとえ話」をあげることができるが、それは具象語である民衆の言語である。ところで、このような「たとえ話」において注目されることは、人間を階層的に対立させている場合が多いということである。

祭司階層とサマリア人（ルカ一〇・二五以下）、失われた息子と家にいた息子（ルカ一五・一以下）、金持ちと貧しい人（ルカ一六・一五以下）、恨に満ちたやもめと悪徳裁判官（ルカ一八・一以下）、ファリサイ派の人と徴税人（ルカ一八・九以下）、そして既得権者たちと道端の放浪者たち（ルカ一四・一五以下、Q）などがそうである。

これを見ると、イエスは意図的に強者と弱者、富める者と貧しい者、または既得権者と疎外された者などを対立させていることが分かる。サマリア人はユダヤ地方の人から見ると疎外された者であり、放蕩息子は表面的には模範生である長子の立場から見ると排除されるべき対象であり、その他のものは自然な対立関係である。ところが、イエスは無条件に、弱者と貧しい者、疎外された者の側に立って判決を下すのである。彼らこそが民衆なのである。

大宴会招待のたとえは、その招きに応じた人たちと、それを拒否した既得権者たちを対立させることによって、その民衆性をよく現している。既得権者たちとは、持てる者である（土地、牛、妻）。したがって、彼らはその招きを拒否した。それに対し、招きに無条件で応じた人たちは、道端で徘徊している貧しい者、体の不自由な者、目の見えない者、足の不自由な者たちであるといった。やはり、これまで見たように、彼らは民衆の象徴である。このように彼らは既得権者と対比されることによって、無所有者として性格化される。ところが、このたとえは、正に〈神の国〉のたとえという点においてその意味は大きい。このたとえは、神の国が現実的に民衆のものであることを宣言したわけである。これとの関連において、イエスの祝福は重要である。

「貧しい人々は幸いである、神の国はあなたがたのものである。今飢えている人々は、幸いである。あなたがたは満たされる。今泣いている人々は、幸いである。あなたがたは笑うようになる」（ルカ六・二〇—二一）。

このように祝福の対象は、正に経済的に窮乏している人々と権力によって抑圧されている人々である。

〈貧しい者〉（ptochos）という概念が共観福音書に度々出てくるのは偶然ではない。特にルカによる福音書においては、〈貧しい者〉が頻繁に言及されて、大きな重みを有している。[20] 貧しい者は、イエスが最も関心を寄せている層である。それはマタイにおいて解釈されたように（五・三）、精神的な貧困の類として解釈されうるものではなく、経済的な貧困なのである。そのような意味において、ルカは〈富んでいる者〉と対比させたのである。ともあれ、イエスにつき従う人々は貧しい民衆であった。この点において、イエスにつき従った四千人が三日間も食べられなかったという指摘は、看過することのできないことである。イエスは何を食べようか、何を着ようかを思い煩うなといって、空の鳥も野の花も食べさせ着飾らせる神を信ぜよという意味の言葉（マタイ六・二五以下／Q）を発しているが、これには論難の余地があろうが、ここで指摘すべきことは、この言葉が貧しい者を聴衆にしているということである。それだけでなく、〈主の祈り〉において、日用の糧を与えてほしいという言葉は、その日その日の糧のために苦労している極貧者を眼中においているという明確な証拠であり、彼につき従う民衆の側面を示しているものである。

しかし、その民衆はプロレタリアのように狭義の概念ではない。「今泣いている人々」は単に貧しさのためであると見ることはできないのであって、政治・社会的に強者に蹂躪された、無念の境遇にある階層を反映している。すでにルカは、イエスの召命が、貧しい者とともに「抑圧されている者」と「捕らわれている者」のためであるということを明らかにしたし、マタイは最後の審判の比喩において、貧しい者とともに「獄につながれている者」について言及することによって、イエスに従う民衆が、権力の弾圧の前にあって恐怖に捕らえられていたことを現している。

「友人であるあなたがたに言っておく。体を殺しても、その後、それ以上何もできない者どもを恐れてはならない。…恐れるな。あなたがたは、たくさんの雀よりもはるかにまさっている」（ルカ一二・四―七、Q）

これは、その内容や形態において、貧しさを前にして生きることを恐れる人々になされた言葉と全く同じであるが、政治や社会の権力の弾圧を前にして恐れている民衆を反映したものである。ガリラヤ地方は政治的反体制地帯として有名であったし、ゼーロータイ党の本拠地であった。したがって、イエスに従った民衆の成分は、このような地域性と深い関係があったに違いない。ただ、徴税人は、政治的対立関係から派生した階層であるが、政治的な被害者であると見ることはできない。しかし、それは社会（民族）的に見ると、疎外者であることには間違いない。彼らもイエスの民衆のなかに含まれているということは特記すべきことである。

最後に、イエスの民衆においては、病人が大きな比重を占めている。マルコによる福音書は、初めから病人たちが雲集したことを繰り返し報じており、イエスが彼らを癒したことを強調している。このような病人は、経済的な貧困と政治的な弱さとは違った理由で疎外された人たちである。イエスは彼らを癒す行為を、病魔から解放させることと見なした。（ルカ一〇・一六）。彼は悪霊を追い払う人（Exorzist）として浮き彫りにされているが、それは、この古い世代を支配している悪魔との闘争の一環として行動したことを示している。

このように貧しい者、弱者、病人―彼らはそのときの民衆を象徴している。その原因は様々であり得る。しかし、イエスはその原因を問う前に、彼らを無条件に受け入れ、彼らと共に生き、彼らの側に立ったのである。彼は彼らと共に生きて、彼らを愛することを妨げるものは例え神の権威ででき上がった律法であっても許さなかったし、その社会において倫理的であれ宗教的であれ、批判を受け共犯者として攻撃されることを避けようとはしなかった。彼がいわゆるかの〈罪人〉たちと食卓を共にしたということは、イエスと彼らの間に何の隔たりもないということを、行動で宣言しているのである。そのような彼の振る舞いは、人々をして、「見ろ、大食漢で大酒飲みだ。徴税人や罪人の仲間だ」（マタ一一・一八―一九、Q）と非難されるようになったが、これは彼の歴史的な姿の一端を示す重要な伝承資料である。

十字架の処刑

エルサレムに入城したイエスは、結局ローマ帝国に逮捕され、植民地の政治犯に加えられる最も残酷な処刑法である十字架にかけられて殺される死刑に処された。ところが、それを叙述した福音書の記録は、かなり模糊としており、多くの疑問をもたらしている。

多くの人々はマルコによる福音書の一四章からが受難史と見なして、すでにマルコの編者がこの福音書を書く頃には、おおよそ、今日見ることができるような形に構成されたであろうと考えている（それが口伝であれ文書化であれ）。しかし、それが事実であるとしても、マルコの編集者的な立場がなかったということではない。

受難史が成立する過程を追跡した学者は多い。ブルトマンなどは、この受難史の原初的な姿を見つけ出そうと苦労している（『共観福音書伝承史』三一九頁以下）。無論、マルコもその伝承資料をそのまま使ったとは見難い。一方、マルコによる福音書の原形は一三章で終わり、一四章以降は他の人々の手によって添加されたと見る仮説（E. Trocmé）もある。しかし、マルコの編者は、イエスの生を追求するにおいて、初めから彼の死を前提にしており、（三・六）、三度にわたる（八・三一、九・三一、一〇・三三―三四）受難・死の予告がある。また、ぶどう園の農夫の比喩（一二・一―九）において、農夫の愛する一人の息子を殺す説話は、明らかにイエスの受難史を反映したものである。

他の福音書も、たとえその他の資料を多く導入しているとしても、マルコによる福音の受難史を台本にしていることは間違いない。

ここでは、マルコによる福音書を基準にした受難に焦点を合わせて、問いを提起しようと思う。それは核心的な問いと答えになるであろう。そもそも、イエスはどうしてエルサレムに入城したかという問題である。マルコの編者は、イエスのエルサレム行の転機的な言葉において、彼の決意が明確であったことをいい表わしている。

「一行がエルサレムへ上って行く途中、イエスは先頭に立って進んで行かれた。それを見て、弟子たちは驚き、従う者たちは恐れた」（一〇・三二）。

〈驚き、恐れる〉という表現は、神的啓示のような顕現の前における心情を描写するのによく用いられている（九・六、一六・七）。これは、エルサレムへ行くイエスの荘厳なる決意を表明しようとするものである。それゆえに、単に過越祭を守るための巡礼の道では決してなかったことを現している。イエスは、三度の受難予告のうち二度を、長老、大祭司長または律法学者たちと関連づけているが、彼らこそがエルサレムの御用勢力だったからである。

エルサレムに入城したとき、民衆の歓迎はむしろ彼の身辺の危険を物語っている。マルコは沈黙しているが、ルカはこれにファリサイ派の人が抗議したと記録しているが（一九・三九）、これは全的に可能なことである。イエスはエルサレムに入るとすぐに神殿を粛清した。彼は神殿を「強盗の巣にしてしまった」（一一・一七）と叱責した。これは重要な宣言である。すでに上記において言及したように、脱エルサレム派の人々が怒った一次的な対象こそは、彼らであった。彼らは外国勢力に依存して神殿を占有しただけでなく、神まで〈軟禁〉して独占し、それを餌に、異邦からやってきたユダヤ人たちの外国の金を、不浄であるといって換金させて搾取し、神殿の献げ物として納める獣は清くなければならないという口実で、その実自分たちの所有を専売して莫大な利得を手に入れ、神殿のためにユダヤ人全体に、全ての所得の十分の一税を強要しただけでなく、神殿の長という職責がすなわちその民族を代表するだけでなく、御用の統治権もあったことから、その職位を欲する売官買職が横行し、それを守るためには、いかなるものも捨てられる状態にあった。したがって、イエスのこの叱責は、正にエッセネ派やゼロテ党の怒りを在りのままに代弁したようなものである。そしてマルコは、イエスが逮捕される直接の理由は、正にこの事件であるように報じている（一一・一八）。それは前述したように、マルコによる福音書一二章のぶどう園の農夫の比喩にも反映されている。神殿を粛清したイエスは、昼間は公然と城内で教えかつ宣布し、夜になると城外（ベタニア）に出たのである。そしてイエスのエルサレム滞在中最も注目すべきことは、〈ダビデの聖都〉エルサレムの城内で、メシアはダビデの子だというダビデ王朝以来の伝統的なドグマを破棄したことである（一二・三五—三七）。これは、間接的にはダビデ王朝の伝統への挑戦であり、直接的にはエルサレムの御用支配者が立っている礎石を破壊することであり、そのような意味において正面からの挑戦でもある。そしてついに、彼はエルサレム神殿の破壊を宣言するのである（一三・一）。この宣言を預言と見るか、または既になった現場を叙述しているものであるかについては、見解を異にしうる。もしも後者が正しいとすれば、これはイエスの言葉ではなく、エルサレムが陥落した辛い経験をイエスの預言として用いた言葉である。わたしはこの立場である。だからといって、イエスがそのような宣告をしなかったであろうと断言する理由はない。ともかく、マルコの編者は、イエスが神殿の破壊までも予告しているとして、イエスの対エルサレム挑戦の極致を表したわけである。

それでは、イエスはエルサレムを攻撃するために入城したのであろうか。そうだとすれば、ゼロテ党と異ならない。また単独でしたはずはなく、一党（弟子）を率いて入ってきて、暴力をもって粛清していて逮捕されたという推測もできよう。実際ライマールス（H.S.Reimarus）から始まってブランドン（S.G.Brandon）に至るまで、イエスは暴力でエルサレムを攻撃したという解釈が試図されたこともあった。しかし、マルコにおいては、少なくともそのような推測をなしうる資料はない。人々はときとして、イエスの弟子たちが剣をもっていたという記録（マタ・ルカ）、そして特にルカにおいて、イエスが弟子たちに、「剣のない者は、服を売ってそれを買いなさい」（二二・三六）という言葉などをその根拠にしようとしているが、しかし、マルコには針一本ももっていたという陳述はない。それでは何が目的なのであろうか。

神殿を粛清している彼の姿は、計画性もなく、怒りの棍棒をもって襲いかかる無謀な民衆の一面を見るようである。ゲッセマネの最後の夜、裏切られ、逮捕され、サンヘドリンの前に引っ張っていかれて、兵士たちが唾を吐きかけ、目隠しをしてこぶしで殴りつけるなかで、「言い当ててみろ」（マコ一四・六五）とからかわれる彼の姿を想像しても見よ。その堂々としたローマの総督と蒙昧な群衆の前に立つ憔悴した姿、王でもないのに茨の冠をかぶせられ、紫の服を着せられたまま、「ユダヤ人の王、万歳」と弄ばれ侮辱されながらも、身動き一つできず最後まで沈黙していたその姿、途方もない裁判過程を経て十字架に処刑されるまで、そのどこに神がおられたのであろうか。彼がかくも信じていた神は、徹底して無となり、ただ、殴れば殴られ、突き刺せば血が流れ、絞れば死ぬ、そういう現実こそが、正に無能な民衆が経験する現場ではなかったか。「わが神、わが神、なぜわたしをお見捨てになったのですか」（一五・三四）という悲劇的な絶叫の後に、全ての恨を抱いていて一気に吐き出すように一度大きな声を張り上げて絶命するときまで、いかなる超自然的なことも起こらない、そのような状態こそが正に無能な民衆の現場を集約したものではないだろうか。

どうして、いわゆる〈メシア伝〉という宗教書を書いているこの編者が、こうまで神不在の現実だけで、イエスの受難を編んだのだろうか。人々はこのような姿を見かねて、イエスは悲鳴をあげたのではなく詩編を詠ったとか、マルコにおいてはそのうちの一部だけを紹介し、「成し遂げられた」（ヨハ一九・三〇）、または、「父よ、わたしの霊を御手にゆだねます」（ルカ二三・四六）というように一人の英雄の死にしているが、マルコはそのような根拠のない苦労はしていない。否、マルコによれば、イエスは徹底して敗北者として死んだのである。ある名もなき民衆たちがハエの命に及ばぬごとく死んでいくように…。

マルコには、続けて彼が殴りつけられ、唾を吐きかけられ、棒で頭をたたかれ、嘲弄の対象になっていることを記録し、十字架上で苦しんでいる瞬間まで嘲弄されたことを叙述している。おそらく、彼はこのようなことを意識的に強調して、イザヤ書五三章の苦難の僕を思い出していたのかもしれない。

「わたしたちの聞いたことを、誰が信じえようか。…見るべき面影はなく、輝かしい風格も、好ましい容姿もない。彼は軽蔑され、人々に見捨てられ、多くの痛みを負い、病を知っている。彼はわたしたちに顔を隠し、わたしたちは彼を軽蔑し、無視していた。……苦役を課せられて、かがみこみ、彼は口を開かなかった。…捕らえられ、裁きを受けて、彼は命を取られた。彼の時代の誰が思い巡らしたであろうか、わたしの民の背きのゆえに、彼が神の手にかかり、命ある者の地から断たれたことを」（イザ五三・一—八）

これこそが、イエスが直面した受難の姿である。ところが、それは歴史上名もなき民衆が直面する正にそのような様《ざま》である。それゆえに、この〈苦難の僕〉は集団の概念である。すなわち、受難のイスラエルの民衆（民）たちである。そうだとすれば、マルコはイエスの死において民衆の無念さを訴えることで終わるのであろうか。

否、マルコはここで悲劇を詠っているのではない。むしろ彼は、このよう凄惨な受難の意味を探し求めたのである。それは、その受難が自らのためではなく、〈あなた〉のためのものであるという事実である。そしてそれは、最後の晩餐の席の話において簡単明瞭に現れたのである（一四・二二―二五)。彼は民衆(民)の鞭を受けたのである。否、民衆(民)として死んだのである。それだから身動きできなかったのであろうか。彼は彼のこの無力さにおいて、正に〈苦難の僕〉において語られている苦難の意味を発見したのかも知れない。

「彼が担ったのはわたしたちの病、彼が負ったのはわたしたちの痛みであったのに、わたしたちは思っていた、神の手にかかり、打たれたから、彼は苦しんでいるのだ、と。……彼の受けた懲らしめによって、わたしたちに平和が与えられ、彼の受けた傷によって、わたしたちはいやされた」(イザ五三・四―五)。

もしもこのような推測が事実であるとすれば、イエスがエルサレムに上った理由の説明がつく。彼はエルサレムに死ぬべく上ったのである。どうして選りに選ってエルサレムを死に場所として選んだのであろうか。それは極めて簡単である。民衆の死を死ぬために! 真の民衆の死とは、権力者の手にかかって死ぬことである。どうして民衆の死を? それは無抵抗の典型なのであろうか。否。それは最も勇気のある人の抵抗である。それは民衆の恨を負った死でありつつ、同時に強者が弱者をそのように殺す行為を、または、弱者が何らかの方法で逆の立場に立つことによって、また同じ方法で復讐するような悪循環を断つために(徐南同の立場)、エルサレムを彼の死に場所に選ぶほかなかった。そのようなときにのみ、真の復活が可能だからである。

ガリラヤで会おう──復活事件

マルコによる福音書において、核心的な言葉として注目すべきものがある。それは一章一四節である。

「ヨハネが捕えられた後、イエスはガリラヤへ行き、福の福音を宣べ伝えて…」。

この編集句には多くの事実が含まれている。「ヨハネが捕えられた後」とは、政治的な情勢である。洗礼者ヨハネを逮捕した者は、ガリラヤの封建領主ヘロデ・アンティパスである。そして結局洗礼者ヨハネは彼によって処刑されるのであるが、マルコは単純にヨハネが彼の不倫を叱責したからであるとしているが、ヨセフスはそれよりもっと複雑な背景を伝えている。それは、洗礼者ヨハネが民衆を扇動した騒擾罪のために捕らえられたというものである。

ともあれ、このような君主が支配している正にその地域を、イエスが彼の活動の場にしたということは、多くのことを暗示している。ガリラヤはイエスの故郷である。マタイとルカはガリラヤを避けて、イエスの故郷をダビデの故郷であるベツレヘムであるといおうとしているが、マルコにはそのような痕跡が全くない。マルコにおいては、ガリラヤが正に彼の状況であり、洗礼者ヨハネが捕らえられたとき、彼は帰郷を決定したのである。

ガリラヤは、〈異邦の地〉であるといわれるほど、ユダヤ地方から見ると、疎外された辺境の地として蔑視の対象であった。これはマタイによる福音書（四・一二─一六）と、ヨハネによる福音書（一・四六）にも伝えられている。したがってガリラヤは、イエス当時にすでに反体制地域として知られていた。したがって、ガリラヤの人といえば、すぐに抵抗者か不穏分子として烙印された。それで、ペトロもイエスのようにガリラヤの人であるからイエスの追従者であろうという（マコ一四・六七）。ガリラヤ地方は、少なくとも六〇余年を異邦の人々に占領されて、分断の悲劇と悲哀をなめた地域である。それに加え、エルサレムからは蔑視され、経済的には、ガリラヤの大部分を占めている農村がほとんど搾取されて、貧困に苦しんでいた。その地は、歴史的に見ても経済的に見ても、何よりもそのような結果として集まったゼーロータイ党の盤踞地域であることを勘案すると、そこは正に民衆の地域である。

この点をマルコはよく知っていた。しかし彼は一貫してガリラヤの人という編集句で、イエスと彼の運動の性格を暗示している。それは自分の故郷に住んでいる人が感じる安定感に似ている。ガリラヤは無条件にイエスを歓迎している。それは蜜月の関係である。ただ混然一体となって互いに信じ依り頼んでいる。イエスとガリラヤの民衆との間は、蜜月の関係でそれはほとんど例外なくエルサレムに根を下している階層である。ときどきイエスに反抗する人がいるが、からきたファリサイ派の人々、またはただ律法学者とファリサイという（マコ七・一、八・三、八・二二など）。これはすでに、ガリラヤの民衆とエルサレムを占有した階層との根本的な対立を暗示して余りある。このような前提をもって、次のことに注目する必要がある。復活したイエスが女性たちにこのように語っている。

「さあ、行って、弟子たちとペトロに告げなさい。『あの方は、あなたがたより先にガリラヤへ行かれる。かねて言われたとおり、そこでお目にかかれる』と」（マコ一六・七）。

これはすでにマルコによる福音書一四章二八節に予告されたことの再確認である。ところが、ここで大いに関心を寄せなければならないことは、彼がエルサレムで死に、そしてその地に葬られたということである。彼が復活したとすれば、正にその地で復活しなければならなかったであろう。実際マルコは、空の墓の説話でそれを前提にしている。しかし、ルカによる福音書は一貫して、エルサレムにおいて死んだ彼がその地で復活しただけでなく、またその地において顕現することを前提して、マルコの伝承を少し変えて、「あの方は、ここにはおられない。復活なさったのだ。まだガリラヤにおられたころ、お話しになったことを思い出しなさい」（ルカ二四・六―七）ということによって、異なる話をしている。エルサレムにおいて復活したイエスの顕現を当然のこととして見ているのではなく、そうでなければならないというルカの前提は、マルコのそれとは対照的である。

それでは、なぜマルコはガリラヤを新しい生命として出会う場所として指定したのであろうか。明らかにエルサレムの顕現の伝承があったのに、である（ルカの資料、ルカによる福音書、使徒言行録）。この問いに対しては様々な解釈がある。すでにその地にキリスト教の中心が移されたため（W.Marxen）だとか、著者の生活の場がその地であるからなどなど。そうだとすれば、もう一つの仮説が可能である。それは正にその地が、彼が初めて出会った民衆の場であるから、と。

イエスが出会った民衆、否、民衆としてのイエスの本拠地はガリラヤである。エルサレムは彼を、だから民衆を殺した場である。もしもマルコがイエス運動が復讐運動であると見たとすれば、正にその死んだ場所で、彼を殺した者たちに顕現して、彼らを卒倒させそうなものである。しかし、彼の十字架の受難が復讐の悪循環を断つ行為であると見ると、そして復活が新しい生命の出発であると見ると、世界への四大門〔ソウルにある四つの城門〕が開かれたガリラヤ、民衆の場であるガリラヤを新しい出会いの場としたことは、一段階高い解釈である。

ガリラヤで会おう！　ガリラヤの民衆イエス！　しかしガリラヤの民衆たち、彼らはイエスの十字架処刑後、恐怖のあまり逃走することによって無惨にも彼らの弱点を露呈した。それが彼らの真相である。そのような彼らに、彼が（彼らが）復活したとすれば、それが夢ではなかったということを確認するためにも、その地で会わなければならないであろう。しかし、マルコはそれには留まらなかった。彼はガリラヤで会おうというメッセージだけを伝達すると、彼の叙述の筆を置いてしまったということである。[21]　しかし、それは確実に意図的である。それはすでに四〇年が過ぎた過去を語ろうとしているのではなく、今受難の真っ只中にある民衆の、すぐにも来るであろう未来、死において勝利したイエスと共に、新しい姿で出会うことによって繰り広げられるであろう未来のこと、すなわち、希望を提示しようとする意図であると見るのが最も適切な解釈であろう（W.Marxen）。

二　イエス運動の前進（使徒言行録）

エルサレムにおけるイエスの民衆運動

マルコによれば、イエスの民衆は、ガリラヤで復活を経験したことを前提にしている（一四・二八、一六・七）。ところが、ルカだけはエルサレムを復活経験の場所として前提にしている。ガリラヤにおける再起は、内容上妥当性がある。しかし、われわれにはガリラヤの民衆運動期についての直接的な記録はない。これに対して、エルサレムにおいていち早く教会が建てられたのは、何よりもパウロの手紙において確認することができる（ガラ一・一七―一八）。そうすると、使徒たちを中心としたイエスの民衆たちが、イエスの十字架処刑と同時に、いったんガリラヤに行って復活を経験することで（マタイやヨハネの福音書のように）再起し、エルサレムにきてイエス運動を展開した可能性はある。しかし、その関係を明確に判断する資料はない。

エルサレムを復活の場と見たルカは、エルサレムにおけるイエスの民衆のことだけをわれわれに伝えている。しかし、そうだからといって、その運動を年代的で体系的に伝えたのではないのであり、またその内容も、史実よりもその性格の意義を明らかにするのにより一層力を傾けている。したがって、彼の解釈と立場から純粋な歴史的経過を把握することは困難である。

その叙述方法は、文学的にそのときの〈実践（Praxis）伝記〉のジャンルに属している。

使徒言行録一二章まではペトロを中心としたイエスの民衆運動、使徒言行録一三章から最後まではパウロを中心とした世界宣教活動を集中的に叙述しながらも、歴史的事実と神学的解釈を配列していく。しかし、この著者は少なくとも二つ以上の資料をもっていたことは明らかである。

この著者はルカによる福音書を書いた著者であるが、彼はルカによる福音の冒頭に、自身の福音書が〈テオフィロ〉という人に送った〈報告〉であることを明らかにし、すでに彼がその報告を書く前に、目撃者たちによる伝承があったが、自身はそれを基盤にしてその資料を〈詳しく調べて〉〈順序正しく〉書いていると述べているように（ルカ一・一―三）、その福音の続編として書いたこの報告（使徒言行録）も、同じ人に送ったものであることを明らかにしており、同時にここでも、それ以前の資料を検討して順序づけたものであると見ることができる。例えば一六章一〇節―一七章四〇節、二〇章五―一五節、二一章一―一八節、二七章一節、二八章一六節などには、〈われわれの報告〉の性格を現すことで、この著者もそこに含まれているような立場を現しているが、その他は個々人、集団または〈わたし〉という表現を用いているのは、その資料が異なっていたであろうという証拠である。

彼は初めの言葉として、すでにルカによる福音書に記録したものを簡便に要約し、復活したイエスがエルサレムに留まっているようにといったことは、「聖霊によって洗礼が授けられるからである」という言葉を添付している。

そして、弟子たちにエルサレム、ユダ、サマリアそして全世界（地の果て）に広がって、イエス事件の証人になるようにと述べている。そしてその言葉通り使徒言行録の内容が展開されるのである。

一—五章まではエルサレム、六—一二章まではユダ地方とサマリア、一三〜二八章までは、パウロを通じての世界宣教の順序と叙述されている。その内容の前半部はペトロなどが中心となった宣教活動であり、後半部は、パウロの執拗な世界宣教の報告のように書かれているので、その活動範囲、地域、様々な宗教と思想、社会風潮の断片が散在し、様々な事件として点綴されている。ところが、その事件というのは終わりのない迫害である。ステファノ、ヤコブなどの殉教の事実が叙述され、ペトロやパウロも連続して逮捕・投獄され、最後には、パウロが自ら願い出て総督から直接ローマのカイザルの法廷に立つために、ローマに到着することで終わっている。そうだとすれば、結局ペトロもパウロも、ローマで殉教したという伝説が正しいであろう。ところが、これら二人は、英雄であるというより、当時のイエスの継承者たちのモデルにすぎない。彼らを中心とした事件が、正しく多くのキリスト教徒たちに起こったのである。

ここで一つ驚くべきことは、使徒言行録に現れた地域に、すでにキリスト教徒の共同体が多かったということである。実際に敵対者たちがいうように（使二四・五）、彼らは疫病のように広がっていったのである。全ての道はローマに通じるといわれるほど、ローマは道路工事に力を注いでいたが、それは侵略のための軍用道路であった。ところが、イエスの民衆はその道を逆に歩いて、彼らが殺したイエスを伝えながら、西ローマにまで進入したのである。したがって、初期のキリスト教は、言葉よりも行動、実践の宗教であるほかなかった。

その具体的な事実を、二つの側面から見ると、先ず、彼の活動範囲と最初の宣教旅行の報告は、使徒言行録一三―一四章にある。シリア（Syria）のアンティオキア（Antioch）から出発して、シリアのセレウキア（Seleucia）にゆき、船に乗ってキプロス（Cyprus）島に到着し、その島を遍《あまね》く歩いて宣教し、再び船に乗って、パンフィリア（Pamphylia）地方のペルゲ（Perga）に到着し、ピシディア（Pisidia）州のアンティオキアまでいった。そこから周辺のリカオニア（Lycaonia）州のリストラ（Lystra）とデルベ（Derbe）にいき、海辺のアタリア（Attalia）にいって船に乗って、シリアのアンティオキアに帰った。第二回の巡礼は（使一五・四〇～一八・二二）、最初とは異なって、エルサレム使徒会議を経た、公認された異邦説教者としてエルサレムを出発し、シリアのアンティオキア、彼の居住地キリキア（Cilicia）州のタルソス（Tarsus）、今のトルコのガラテヤ（Galatia）地方を通り、ミシヤ（Mysia）を経てトロアス（Troas）にいき、船に乗って、ヨーロッパ地域であるローマの版図マケドニア（Macedonia）州のネアポリス（Neapolis）を通って、フィリピ（Philippi）という大都市に行った。そこを出てベレア（Beroea）、テサロニケ（Thessalonica）にいき、ギリシアのアテネ（Athens）へ船に乗っていき、アカイア（Achaia）州の島コリント（Corinth）を経てまた船に乗り、エフェソ（Ephesus）に相当期間滞在して宣教し、再び船に乗って地中海を横断してエルサレムに到着した。第三次旅行（使一八・二三～二一・一七）においては、二回目の巡回宣教の道を再び歩いて、そのとき自身が設立して出会ったイエスの共同体を確かめることを主な目的にして、シリアのアンティオキアから出発して、ガラテヤ、フリギア（Phrygia）州を経てエフェソからトロアス、フィリピ、テサロニケ、コリントを二度も回り、ミレトス（Miletus）を経て、全ての人たちと悲しい別れをして、エルサレムに向かって再び遠い船旅に就いた。

このように長たらしく地名を羅列してまで彼の足跡を辿ったのは、初期のイエスの民衆活動が、実際に〈足でなされたもの〉であって、〈口でなされたもの〉ではないことを認識するためである。パウロにはいつも同行者がいた。彼は個人ではないのである。

その長い旅程で起こった事件を全て述べることはできない。ここでは、典型的な場合として、エフェソに留まっている間に、どういう事件が起こったかを見て、彼の生涯を推測することにする。

イスラエル民衆運動の目標と思想

使徒言行録の著者は、無論神学作業を忘れなかった。使徒言行録は、ほとんどがペトロとパウロの口を借りた演説内容を盛り込んでいる。

〈一〉ペトロの演説は、ユダヤ人を相手にしているので旧約の引用が多い。

〈二〉パウロの説教は異邦人に向けたものである。そのなかで、アテネのアレオパゴスの法廷における演説（使一七・二二―三一）は典型的に異邦宣教的ではあるが、パウロの手紙の内容とは符合していない。また、パウロの手紙のなかには、自らを弁護する長い演説も度々出てくる。また、最初の殉教者であるステファノの最後の長い演説（使七・一―五三）も、使徒言行録においては固有の位置を占めているもので、なぜ彼らが殉教しなければならないかを十分に現しながらも、同時に初代におけるイエスの民衆の宣教共同体がどういう状況であったか示している。しかし、何よりもペトロとパウロの口を借りた説教の断片のなかにおいて、初代イエスの民衆宣教の原型を見出すことができる。[22]

まず、ペトロの説教は、使徒言行録二―四章に四編出てくる。それらの共通点は、〈1〉預言の成就であり、〈2〉それは、イエスが殺されたことと復活して現れ、〈3〉復活でイエスがイスラエルの真のメシヤになったのであり、〈4〉教会に現れた聖霊はキリストの勝利を現した印であり、〈5〉メシヤの時代は、再臨時代の準備期間であるというものである。

一方、パウロの場合は若干異なっている。ペトロを中心としたエルサレムのケリュグマ（Kerygma）と異なる点は、〈1〉イエスを〈神の子〉であると断言したこと、〈2〉イエスがわれわれの罪のために十字架に架けられたということ、〈3〉キリストがわれわれのために切に求めているということである。このパウロの説教が、パウロが語ったケリュグマの骨格であり、パウロの手紙の神学的な内容と符合している。

民衆事実

ルカの関心は、エルサレムから始まってユダ地方、サマリアそして世界へと発展していく〈救済史〉にある。ところが、ここで注目されることは、その創始的な継承者たちがガリラヤの民衆であることを明らかにしている。

「ガリラヤの人たち、なぜ天を見上げて立っているのか。あなたがたから離れて天に上げられたイエスは、天に行かれるのをあなたがたが見たのと同じ有様で、またおいでになる」（使一・一一）

使徒言行録においては、五旬祭の聖霊（気）降臨の日を教会誕生の日としている。ところが、その事件はエルサレムの真ん中で起こっているのであるが、その事件の主役を直接に指し示さないで、「話をしているこの人たちは、皆ガリラヤの人ではないか！」（使二・七）という、雲集した人々の驚嘆の言葉として現している。

ガリラヤの人たちである最初の弟子たちの核心は、皆イエスを裏切って逃亡した。そのように卑怯であった彼らが、滔々とエルサレムに〈潜入〉して、エルサレムの住民ではなく、全世界から集まった異邦で暮らしているユダヤ人たち（Diaspora）が雲集した真っ只中に突き進んでいったのである。その場で聖霊の事件が起こった。突然、激しい〈風〉が吹いたかと思うと、家中（oikos）に響いたという（使二・二）。これを東洋的に表現すれば、気が満ち溢れたという言葉と同じである。彼らは、霊（プネウマ）に満たされ、伝説にでも出てきそうな言葉（異言。ここでは外国語）を話した（使二・四）。それで、自分たちの母国語は忘れたまま、世界に散らされて生きていたディアスポラのユダヤ人たちは、彼らが霊に満ちて伝える言葉を聞き取ることができたし、その上自分たちが外国語を知らない無知な人間であるということを知ったとき、再びあっけにとられてしまって、こういったのである。

「今話をしているこの人たちは、皆ガリラヤの人ではないか。どうしてわたしたちは、めいめいが生まれた故郷の言葉を聞くのだろうか」（使二・七―八）。

初めの〈家〉という言葉は、最近関心が寄せられている〈生態学〉（Ökologie）という言葉になっている、正にその単語である。それだから、それは四方が壁に囲まれている家ではなく、正に壁のない世界なのである。五旬祭の聖霊降臨の日に世界的な事件が起こった。そしてそれは、正に聖霊（気）を通じてなし遂げられ、この気（聖霊）によって、言語のために閉ざされていた壁が崩されたということである。これは世界が一つになる第一の鍵である。この事件がガリラヤの民衆によってなし遂げられたというのである。かくも無能であったその民衆が、である。

このように新しく生まれた民衆の代表であるペトロは、集まった彼らに一場の演説をするのである。

「このイエスを神は、お定めになった計画により、あらかじめご存じのうえで、あなたがたに引き渡されたのですが、あなたがたは律法を知らない者たちの手を借りて、十字架につけて殺してしまったのです。しかし、神はこのイエスを死の苦しみから解放して、復活させられました。イエスが死に支配されたままでおられるなどということは、ありえなかったからです」（使二・二三―二四）。

〈律法を知らない者たち〉とは、〈無法な者たち〉と同じ意味である。そうすると、イエスを殺した勢力は強盗と同じであるという意味になる。無法のようであるが、この世で死の苦しみに直面している階層とは誰のことか。それは権力者や上流層ではないであろう。

正しくそのように殺されたイエスを、神が死の〈苦しみ〉から解放したという。〈復活させられた〉という言葉の本来の意味は、〈立ち上がらせた〉ということである。こうして、イエスを殺した勢力をありのままに露呈させると同時に告発し、彼らの暴力による苦しみから解放した方が神であるというのである。このように殺されたイエスを、神は〈キリスト〉になるようにした（使二・三六）。勝者ではなく敗者を、強者ではなく弱者を世界の救済者にしたというのである。これは民衆に対する期待と全く同じである。

一人の平信徒であるフィリポは、エチオピアの女王の高官で宦官の一人に宣教した。ところが、この場合のテキストは、〈受難の僕〉を詠うイザヤ書五三章であった。これはあまりにも民衆的受難者を叙述した文章である。正にその蔑視の対象である受難者こそがメシアであったというのである（使八・二六以下）。

最初の殉教者であるステファノの最後の演説は、イスラエルの歴史を陳述することで一括している。彼は、〈ナザレのイエス〉が、モーセの法と神殿を崩すであろうと力説したという理由で、ユダヤ人の議会の前に立ったのである。しかし、イスラエルの歴史を見る彼の目は偏向的である。彼は、イスラエルが〈奴隷生活〉をしていた説話とそこから解放される説話を一括して、今のユダヤ教は、これを裏切った反逆者の系列であることを痛烈に反駁している。これは民衆的な命脈を継承してきた歴史に焦点を置いている（使七・二以下）。

後半部のパウロを中心とした説話は、傾向が多少異なる。パウロは都市から都市へ、ローマからそのときの〈地の果て〉と考えられていたスペインにまで宣教することにのみ関心を集中させており、民衆とは殊更関連させていない。しかし、彼の最初の伝道説教（使一三章）において、やはりイスラエルの歴史のなかで、〈エジプトにおいて寄留者であったとき〉と、それから解放された事実から始まって、イエスの事件に集中している。そして、彼の人生の告別説教にも似た、エフェソの長老たちになされた言葉として、彼が一生を労働して生きてきたこと（「わたしはこの手で、わたし自身の生活のためにも、共にいた人々のためにも働いたのです」）を述べ、「このように働いて弱い者を助けるようにすることがわれわれの義務」（使二〇・三四―三五）であると力説した。

パウロの宣教巡礼の報告においても、至るところにすでにキリスト共同体が組織されているのを見出すことができる。そのなかには、パウロが設立したものもあるが、誰が、どのようにして設立したか分からないものがもっと多い。ダマスコ、アンティオキアそしてローマにまで、誰が共同体を組織したのであろうか！　それは知る由もない。当然のように、ガリラヤの民衆が四方に散ってなしたことでもあり得ようし、エルサレムでヘレニズム系のキリスト者たちが迫害されるようになって、四方に散らされた結果でもあろう。ともあれ、名もなき無数のイエスの民衆たちが、ローマの領域の至るところに広がっていったことは間違いないことである。

三　パウロの生き方と証言

彼の生涯

パウロの位置

もしもパウロという人物がキリスト教の形成過程に参加していなかったならば、キリスト教の姿は相当違っていたであろう。それだけ彼は決定的な役割をしたのである。ところが、彼により一層関心をもたざるを得ないのは、彼がイエス時代の人間でありながら、イエスの直接の弟子でもなく、生存のイエスに会ったこともなかったようであり、その上、元来彼は熱烈なユダヤ主義者としてキリスト教迫害の先頭に立っていた人であったにもかかわらず、急転換して、全生涯をそして命までも偏に彼のために献げたということによる。そもそも彼はどのような人であり、どのようにしてキリスト者になったのであろうか。

パウロを知りうる資料は比較的多い。何よりも、彼の名で書かれている手紙が最も直接的な資料である。新約に彼の名による手紙は、実に一三種もあり、パウロの手紙によれば、紛失した手紙もいくつかあるようであるが、はっきりしているのは、コリントの教会に送った二つの手紙（一コリ五・九、二コリ二・四）と、ラオディキア教会を経てコロサイの教会に送った手紙（コロ四・一七）がそれらである。そのほかにも、コリントの教会に送ったもう一通の手紙と、ローマの哲学者セネカ（Seneca, 紀元前四？～紀元後六五）と交換した八通の手紙というものがあるというのが部分的に伝えられているが、それらは信ずることのできないものである。それだけでなく、パウロの名で聖書に収録された手紙のなかにも、概念、文章、思想と、その時代から見てパウロの手紙ではないと断定されるものもあるが、それらを、人は〈第二パウロ書簡〉であると命名し、パウロの弟子たちが師の名を盗用したものと考えられている。それはテモテの手紙一、二、テトスへの手紙などである。また、パウロのものであるのか否か未だに学者間で正論に達していないものとして、コロサイの信徒への手紙、エフェソの信徒への手紙、そしてテサロニケの信徒への手紙二などがある。このように見ると、全く疑いなくパウロの手紙として確実なものは、七通だけが残る。しかし、第二パウロ書簡なども、パウロの思想系譜に属しているので、パウロを知るには多くの助けとなる。

その次の資料は信徒言行録である。これはルカによる福音書と同じ著者のもので、その八章～二八章がパウロの宣教記を扱っていて、パウロの手紙を知る上で大きな指針になる。しかし、それはいうまでもなく副次的な資料である。そのためもしもこのパウロの手紙と内容の上で違いが生ずる場合、パウロの手紙に優先権を与えるべきであることはいうまでもない。

われわれが手にしているパウロの手紙は、五〇〜六〇年に書かれたものである。それゆえ、福音書よりも遥か前に書かれたものである。これに対し使徒言行録は、早くとも九〇年以後のものであるから、その時間的な差は三〇年にもなる。

彼は、転向前には、その名を〈サウロ〉と称した。これは伝統的なユダヤの名である。それでは〈サウロ〉時代の彼の経歴を見ることにしよう。これはパウロの手紙のなかに現れた、パウロの伝記的な自己告白を通じて知ることができる。

「わたしは生まれて八日目に割礼を受け、イスラエルの民に属し、ベニヤミン族の出身で、ヘブライ人の中のヘブライ人です。律法に関してはファリサイ派の一員、熱心さの点では教会の迫害者、律法の義についていては非のうちどころのない者でした（フィリ三・五―六、ロマ一一・一、ガラ一・一三―一四、二コリ一一・二二参照）。

彼はイスラエル民族のなかでもベニヤミン族であり、ヘブライ人と称された。それは血統上も言語上も、純粋なイスラエル民族の一員であることを強調している言葉である。八日にして割礼を受けたということは、イスラエルの伝統に忠実に成長したことを現し、律法において先ずその当時のユダヤ教を支配していたファリサイのグループに属していたということは、徹底した律法の遵守者であり実行者として、少なくとも律法において非のうちどころのないほど徹底した律法主義者であったということである。この点はガラテヤの信徒への手紙（一・一三―一四）において、一層強調されている。彼がキリスト教を迫害するのに先頭に立ったことを、正にそのような証拠として上げている。このほかに〈サウロ〉についての報道はさらに二つある。

使徒言行録によると、彼はローマのキリキア地方の首都であるタルソスで生まれ、また生まれながらにしてローマの市民権を所持していた（使一六・三七、二一・三九、二二・二五―二九）。これは、その家庭が中流以上の生活水準にあったことを意味する。しかし、彼はユダヤ敬虔主義者たちの伝統を厳守したからか、早くから天幕作りの技術を学んで、労働で生きられる生活の手段を身につけた。

使徒言行録によれば彼は当代の大学者でありファリサイ派の領袖級であったガマリエルの門下にあったという（使二二・三）。しかし、ユダヤ人に向かって、自分は徹底したユダヤの教育を受けたという否定的な自慢をするとき、たったの一度もそのような話をしなかったというのは理解に苦しむ。ともあれ、彼は徹底したユダヤ主義者であった。

その当時、ユダヤ教には大きく分けて二つの傾向があった。一つは、ユダヤ教の伝統（律法）を文字通り固執する保守的な系列と、他の一つは、ユダヤ教を新しく解釈しようとする改革派である。保守派は、主にエルサレムを中心としたいわゆる本土の人々の立場であり、他の一つは、いわゆるディアスポラのユダヤ人、すなわち外国に住んでいるユダヤ人たちの立場であった。

彼の故郷はローマの版図に入っていた。ローマは軍事的にはその版図を拡大していったが、その文化はヘレニズムであった。しかし、ローマ帝国の植民政策は、宗教的強制はなかった。できるだけ占領地の宗教との衝突を避けるために、宗教には比較的寛大であった。それは他方から見ると、彼らの関心がその他のことにあったことになる。それは軍事的な関心と経済的な関心である。そうだからといって、彼らに文化政策がなかったということではない。彼らはヘレニズムをローマ帝国のイデオロギーにしたのである。したがって、彼らが行くところはどこでも、ヘレニズムが拡散した。ヘレニズムは、ギリシア文化と中東の古代文化（宗教）が衝突してできた、第三の文化現象である。それゆえ、それは多分に混合主義的であった。それで、ギリシア語も、古典的な文学用語の代わりに、そのとき一般の人々の通用語であるいわゆる〈コイネ〉（koine）を押し立てて言語の統一を図った。その間に、このローマの版図であるヘレニズムの領域には、遠くは小アジアの女神であるクィベレ（Kybele）、エジプトのイシス（Isis）、ペルシアのミトラス（Mithras）、トト（Thot）など数多くの神々が再解釈され崇拝の対象になっていた。

このような現状において、ユダヤ教も東方の一宗教として、ヘレニズムの世界にその立つ位置を容易に掴むことができたのである。ユダヤ教はすでにバビロン捕囚当時に大きなディアスポラの領域を確立していたが、それはその後地中海一帯、小アジア、ギリシア、イタリア、ついにはスペインの諸都市にまで分布された。外国に散らされた彼らが、国を失って散らされて生きながらも民族として消えてしまうことがなかった重要な理由は、このディアスポラユダヤ人たちの運動のためである。彼らは、ユダヤ本土の人々よりは遥かに広い世界に住み、また商業に従事することによって経済力を身につけただけでなく、幅広い世界文化との接触を通じて、他者を理解することができ、また自分たちの信仰を他者に理解させる条件をもつことができた。

いわゆる「セプトゥアギンタ」(Septuagínta, 七十人訳)というのは、彼らの手で旧約をコイネのギリシア語に翻訳したものである。これは、本土の言葉であるヘブライ語に熟達していないユダヤ人だけでなく、ユダヤ人でない人々にも読めるように翻訳したものである。これで、ユダヤ人でない人々にもユダヤ教を信奉する道を開いたのである。彼らを称して、使徒言行録においては、「神を畏れる人たち」(一三、一六、二六章)という。彼らは洗礼を受け、割礼を受けたし、安息日をはじめ律法を守り、会堂にも出入りした。

パウロはこのような風土において成長した。彼はディアスポラのユダヤ教に根を下ろし、ヘレニズムの領域において〈セプトゥアギンタ〉の聖書を読んだ。このような諸々の条件は、彼がキリスト教を世界的に伝播するのに大きな助けになった。しかし、彼は彼が育った地域の風潮に無条件に従ったのではなかった。彼がファリサイ派の人であったということは、彼がユダヤ教に対して保守的であったことを端的に物語る。彼は徹底した伝統的なユダヤ教徒であるべく努力したに違いない。それゆえに、キリスト教迫害の先駆けとなったのである。そうだとすれば、どうして彼はキリスト教にこれほど憤ったのであろうか。その理由は、二つに要約することができる。

ユダヤ教は律法の宗教である。ところが、ファリサイ派の手で、この律法が一つの体制を支える理念(イデオロギー)になった。律法とは元来〈トーラー〉(Tohra)としてモーセの五書に限るものであったが、ファリサイ派はその領域を拡大して、預言書はいうまでもなく有名な律法学者（ラビ）たちの解釈まで動員して、一種の生活規範を作り上げたのである。良く見ると、それは律法の生活化である。しかし、それに強権が発動されると、一般の律法と同じように人間を拘束するだけでなく、それを守ることのできる人と守ることのできない人を分ける役割をする。〈義人〉と〈罪人〉という概念は、正にこの規律を基準にして生まれた判断である。したがってこのようになると、ユダヤ教は功労の宗教になる。こうして、ユダヤ教においては、人間が律法に従ってどれほど功労を立てたかということが、救いを測定するバロメーターになった。彼らの救いは彼らの業績が保障するのである。そのようなことに対して、キリスト教はイエス・キリストを通じた恩恵を信ずることによって救われると主張した。こうなると、律法によって義とされるという主張を正面から否定することになる。これはファリサイ派の人であるパウロの怒りを買うほかなかった。

次は転向した〈パウロ〉である。このように激怒したパウロが、キリスト教迫害の途上において急転換し、キリスト教に転向しただけでなくその使徒として、キリスト教伝播の最も強力な闘士として先頭に立った。何が彼にこのような急転換をもたらしたのであろうか。

パウロは、イエスに会ったことがあるのだろうか。そして、初めのうちは彼と彼の弟子たちを迫害したが、彼に会っていた映像が心のなかで次第に強く動いて、ついに彼に屈服してしまったのであろうか。このように主張する人たちは、次の二つのパウロの言葉を証拠としてあげている。

「わたしは…使徒ではないか。わたしたちの主イエスを見たではないか」(一コリ、九・一)。「わたしたちは、今後だれをも肉に従って知ろうとはしません。肉に従ってキリストを知っていたとしても、今はもうそのように知ろうとはしません」(二コリ五・一六)。

しかし、以上の二つの言葉は、本当に史的イエスに対面したという自慢ではない。彼がこのように語ったのは、彼の使徒としての権威を無視する者たちにした言葉である。ところが、もしもこの言葉が史的イエスに会ったことを証明しようということであるならば、彼はもう少し具体的に語ったであろうし、少なくとも、その数多くある手紙のなかで、彼に会った回想がたったの一度であっても言及されたであろう。ともかく、彼がイエスに直接会うことができなかったということは、ほとんど疑う余地がない。また、例え彼が史的イエスと知り合いであったとしても、それが彼の使徒たることと結びつけて考えるとき大きな意味はなく、彼自身もそのようなことによって、自分の使徒権を主張しようとはしなかった。

それでは、彼はキリスト者たちに伝道されたことがあったのだろうか。そして、内的に苦しんでいて、ついにあることが契機になってそれを全的に受け入れるようになったのであろうか。彼がキリスト者たちを迫害したのは、彼がキリスト者たちの主張を知っていたからであったことは間違いない。しかし、彼が彼らからキリスト教について直接学んだという痕跡は全くない。むしろ彼は、彼がキリスト者になり、使徒になったことについて、「人々からでもなく、人を通してでもなく…」(ガラ一・一)と明確に断言している。否、彼は直接、「イエス・キリストと、キリストを死者の中から復活させた父である神によって使徒とされた…」（同上）という。それではどのようにして…。

使徒言行録の九章と二二章そして二六章に、彼の回心の場面が記述されている。ところが、三つとも少しずつ違っている。例えば、九章には、同行していた人たちは声は聞こえてもだれの姿も見えなかったといっているのに対し（七節）、二二章においては、一緒にいた人々はその光は見たが話しかけた方の声は聞かなかったという（九節）。そして二六章には、復活したイエスの長い指示がある。そのなかで、九章の記録が原形であるというのが学者たちの定説である。それによれば、パウロはダマスコ途上においてキリストに出会ったのである。「サウル、サウル、なぜ、わたしを迫害するのか」（使九・四）、「主よ、あなたはどなたですか」、「わたしは、あなたが迫害しているイエスである」（使九・五）。このような瞬間的な事件が彼を屈服させたのである。端的にいえば、彼は復活したキリストに出会ったのである。この復活したキリストに会うことによって、彼はキリスト者になったのであり、彼から直接使徒の使命を受けたのである。彼はこの経験を、直接復活経験をした最初の使徒たちとイエスにつき従う人たちのそれと同じものであると主張する（一コリ、一五・五—八）。

彼は何を見たのであろうか。使徒言行録には、彼がある光を見て目が見えなくなったといわれる。しかし、パウロ自身は、目で見たということを重要視していない。重要なことは、その事件を理解することである。それゆえに、パウロは、「御子をわたしに示して…」（ガラ一・一六）といい、「『闇から光が輝き出よ』と命じられた神は、わたしたちの心の内に輝いて、イエス・キリストの御顔に輝く神の栄光を悟る光を与えてくださいました」（二コリ、四・六）という。だから、その事件がどのような現象で現れたかということは、そう大して重要ではない。要は、彼の内に革命が起こったということである。彼はこの日まで、自分にとって有利と思ったこれら全ての業績を「損失と見なす」ようになり、「今では他の一切を損失」と見るようになった。それは、彼が迫害していたそのキリストを知る知識が何よりも尊いからであった（フィリ三・七以下）。彼の過去の生き方は死に新しく生まれたのである。彼は「新しく創造された者」になった。それで「古いものは過ぎ去り、新しいものが生じた」（二コリ、五・一七）と凱歌を奏げるようになったのである。これは何を物語っているのであろうか。

人々は、パウロのこの経験を〈回心〉という。しかし、それは決してある内的な苦悶や、または罪責感からの回心のように考えてはならない。彼は決して過去の生き方を単純に誤っていたといったり、過去の自分の生き方が恥しいとはいわない。彼はむしろ「律法の義」については非のうちどころのない者であったと自負している（フィリ三・六）。否、彼の回心とは一つの決断の事件である。すなわち、律法の行為で救われるか、それとも、恩恵を信じることで救いを得ることができるかという異なった信念において、律法のほかにも救いをえることができるということを承認するほかなかったのが彼の転換である。これは、ファリサイ体制からの脱出であると同時に、新しい世界（自由）への参与を意味する。

このような転換は、つぎのいくつかの事実に分けることができる。第一は、律法の立場から見るとき、敬虔であるとはいえないキリスト者たちにメシアが臨んだという主張を承認することによって、彼らが信じているキリストを真のメシアとして承認することであり、第二は、その反面として、律法の外にある人々にも救いが開かれているということを承認することである。このような承認は、仕方なく律法の立場から疎外者として規定された人々や、そして異邦の人々にも救いの道が開かれているということを承服することである。それゆえに、パウロの回心は、単に彼の生き方の転換に留まったのではなく、その転換と同時に、彼はこのことの証人として乗り出したのであり、何よりも自らを異邦の人々のための使徒として自覚した（ロマ一一・一三）。

ところが、このような事実の承認は、そのようなことよりもっと根本的な事実の承認と関連する。それこそが、イエスが十字架上で処刑されたことが、すなわち神の救いの事件であると承認することである。イエスが十字架に架けられたということは、ユダヤ教の立場から見れば、一つの呪いである。彼が十字架上で処刑されたのは、法的に罪人であったからである。それは、ユダヤ的な見地からすると決してメシア的な最後ではあり得ないし、彼が罪人ではなかったということを保障する何の証拠もなかった。ところが、この十字架の事件を神の救いの行為であると主張しているキリスト者たちの主張を承認したことが、パウロの回心の核心である。この十字架の事実を救いの事件として承認することは、ギリシア的な思考においても説明できないものであり、ユダヤ人の立場においてはむしろ一つの躓きである。そのような意味において、彼は、「十字架の言葉は、滅んでいく者にとっては愚かなものですが、わたしたち救われる者には神の力です」といい、それを知的に究明しようとする全ての知恵を一蹴して、「神は、宣教という愚かな手段によって信じる者を救おうと、お考えになったのです」といい、「ユダヤ人はしるしを求め、ギリシア人は知恵を探しますが、わたしたちは、十字架につけられたキリストを宣べ伝えています。すなわち、ユダヤ人にはつまずかせるもの、異邦人には愚かなものですが、ユダヤ人であろうがギリシア人であろうが、召された者には、神の力、神の知恵であるキリストを宣べ伝えているのです」（一コリ、一・一八—二五）と叫ぶのである。

したがって、パウロの回心を、単純に彼の心理的な葛藤において理解しようとするのは誤りである。彼は実に具体的な事実の前にあって圧倒され、それを承認しなければならなかったのである。

しかし、パウロが受けたこのような画期的な啓示を、彼が立っている状況と切り離して、単なる超自然的事件として理解することはできない。神の啓示は、常に具体的な歴史的状況を通じて現れる。われわれは、なぜ選りに選ってディアスポラユダヤ人であるパウロに、異邦の人々のために使徒の召命意識が生じたか考えてみる必要がある。どうして、イエスの直接の弟子である使徒たちは異邦人伝道にかくも優柔不断であり、遥か後にキリスト者になったパウロに異邦人宣教の情熱が生じたのであろうか。

すでに見たように、彼は異邦人の世界において、数多くの神々を祭る風土において、異邦人た

ち と交わって生きたユダヤ人である。しかし、律法による敬虔だけが唯一の義人の道であり救いの道であると固執している限り、その間にある障壁を越える方法がない。そうだとすれば、隣人として交わっている彼らは、永遠に神の救いから疎外されなければならないというのであろうか。彼らは神の被造物ではないのだろうか。闇の中にある彼らの救いを求める渇望は度外視してもよいのであろうか。神は世界の神、全人類の神ではないのであろうか。それでは、彼らの救いの道を妨げているものは何か。それはユダヤの律法主義である。この律法主義を固守している限り、異邦人との関係は永遠に断絶されていなければならない。われわれは、パウロが生きていたこの状況と、パウロが受けた啓示を切り離すことはできないであろう。彼はこの異邦人たちの呻吟の声から世界の救いのための神の声を聞いたのであり、そしてその前にあって、彼の決断を通じて――すなわち自身のこれまでの宗教的信念を放棄することによって――真の福音を受けたのであり、同時に彼らのための使徒的な召命を受けたと見るほかない。

パウロは、〈回心〉と共に異邦の人々のための伝道者になった。その後より、彼は生涯を血の滲むような苦闘で一貫させた。彼は手ずから天幕を作る仕事で生計を維持しながら、地中海一帯を何度も徒歩で回り、ついには当時の世界の首都であるローマに突入し、彼の最後の目標を、当時の地の果てと考えられていたスペインにまでと定めたのである。彼は彼の伝道者としての生き方がいかに困難であったかを、次のように語っている。

「苦労したことはずっと多く、投獄されたこともずっと多く、鞭打たれたことは比較できないほど多く、死ぬような目に遭ったことも度々でした。ユダヤ人から四十に一つ足りない鞭を受けたことが五度、鞭で打たれたことが三度、石を投げつけられたことが一度、難船したことが三度、一昼夜海上に漂ったこともありました。しばしば旅をし、川の難、盗賊の難、同胞からの難、異邦人からの難、町での難、荒れ野での難、海上の難、偽の兄弟たちからの難に遭い、苦労し、骨折って、しばしば眠らずに過ごし、飢え渇き、しばしば食べずにおり、寒さに凍え、裸でいたこともありました」(二コリ一一・二三—二七)。

彼の伝道者としての生き方は、実に超人的であった。彼はエルサレムの使徒たちやユダヤ人たちから、助けどころかいつも白眼視され、越権行為をしていると非難された。したがって、彼はほとんど単身でローマの版図を縫うように歩いて、キリストに狂ったようになって伝道した。彼は、あたかも自身が迫害していたキリストに、自らの死をもって懺悔しようとしているかのように、その道を間断なく歩き続けた。したがって、自らの単身を肉弾にして、闇のなかを突き進むことによって、歴史の方向を転換させるのに決定的な役割を果たした。彼は自らを〈キリストの僕〉であるといった。僕として、彼は人間の歴史上最も偉大な生を送ったのである。

以上は、一般的に知られている彼の生き方であり、聖書の表現にのみ依存したものである。しかしわれわれは、彼の転向を異なった角度から問わなければならない。

民衆事件に降服したサウロ

われわれは彼の伝記的な告白から、彼が誇る条件を見た。そして、使徒言行録が伝えている通りであるとすれば、ローマの市民権をもってヘレニズムの領域に住んでいる富裕層であるか、少なくとも認められている家柄で生まれたと見なければならない。ところが、彼はこのような誇らしい条件を、今では塵芥のように考えてしまったという。なぜか。そしてそれは社会的側面において何を意味するのであろうか。

パウロが誇る内容とは、一言でいえば、彼が知的であれ、ユダヤ教の価値観から見ても、ヘレニズム社会から見ても、信念に満ちた中間層以上のエリートであるということである。ユダヤふうにいえば、彼は救いを保障されており、義人の扱いを受ける位置にあるのである。律法から見て、一点の曇りもないと自負すれば、彼は〈義人〉であるということである。それでは、このような彼がイエスに転向したということは何を意味するのであろうか。このような問いに対し、われわれは再び彼がどうしてキリスト教迫害の前線に出たかを、異なる視点で問い直さなければならないであろう。

彼は、エルサレム教会の指導者たちに学んだものはないといった。しかし、彼の言葉通り、聞きもしないでどうして彼らを判断できるのであろうか。彼は明らかにキリスト教徒たちの主張と行動について聞いていたし、また彼らの主張内容を聞いて知っていたゆえに迫害に出たのであろう。彼は異邦教会の主張にはすでに接していた。そのような証拠は、彼の手紙のなかに度々出ている。イエスの復活（一コリ一五・三―七）、イエスの最後の晩餐に対する説話（一コリ一一・二三―二六）、そしてイエスの受難の意味についての告白（フィリ二・六―一一）などがそのような例である。彼はそのような知識を伝え聞いたという。それは無論教会を通じて伝承されたということである。ところが、彼がキリスト教迫害の先頭に立ったということは、このイエスの事件に対する、イエスの民衆に対する証言を、これ以上許せないということを示している。

先ずサウロ（回心以前のパウロの名）は、彼らが伝えているイエスがメシヤであるという主張に怒りを覚えるほかなかった。ユダヤ主義のエリートである彼において、名もなきそのガリラヤのイエスがメシアであるということは、ユダヤ伝統のメシア思想に対する冒涜に聞こえたであろう。そもそも受難のメシアなどユダヤ思考のなかにはないのである。

その上、イエスはローマ帝国によって処刑された。〈木に架けられて死んだ者は呪われた者〉というユダヤの因習的な考え方から見るとき、彼の死は、一人の呪われた罪人であることを意味するにすぎない。ところが彼がメシアとは！　このことを主張している階層こそは、ユダヤ（エルサレム）の視線から見ると許し難い群れである。

先ず、彼らがガリラヤの無知な民衆であるということが、彼を怒らせた。ガリラヤから善き人が生まれることはありえないという通念だけでなく、そもそも、律法的に見て卑しい奴らである彼らが、彼らの首魁をメシアとし主張しているのを容認すれば、先ずユダヤ教の伝統が崩れ、第二に、彼のエリートとしての位相が壊れるのである。それは、彼が一生をかけた努力と、それによって得た自負心の放棄を意味する。すでに、それ以前にも、主にガリラヤを拠点にして〈偽メシヤ〉運動が起こっていた。しかし、その首魁が処刑されると、皆が霧散したのであった。しかし、イエスの民衆は、それでも屈服せず再起して疫病のように広がるのである。したがって、もしもこれを承認すれば、それは結局革命に発展することは自明である。

このようなエリート的な怒りが、彼をしてキリスト教徒迫害の前線に立たせたと見るほかない。このような前提があれば、彼の転向の意味は価値観の転換であるほかない。彼が誇りとして掲げていたものは、正に上流層の最高の理想であった。ところが、それらのものを塵芥のように捨て去ったとすれば、正しくユダヤ上流層の価値観、彼らの優越感と義人意識を塵芥のようにするということである。それこそが、〈キリスト〉に降服したことである。それは同時に、イエスの民衆に対する証言や主張に取り込まれ降服したということである。これこそが、代表的なユダヤ主義で武装したエリートが、ガリラヤの民衆に降服したという宣言である。

このような視点から見るとき、次の彼の言葉は、違った意味として浮き彫りにされるのである。「わたしたちはキリストのために愚か者となっているが、あなたがたはキリストを信じて賢い者となっています。わたしたちは弱いが、あなたがたは強い。あなたがたは尊敬されているが、わたしたちは侮辱されています。今の今までわたしたちは、飢え、渇き、着る物がなく、虐待され、身を寄せる所もなく、苦労して自分の手で稼いでいます。侮辱されては祝福し、迫害されては耐え忍び、ののしられては優しい言葉を返しています。今に至るまで、わたしたちは世の屑、

すべてのものの滓とされています」（一コリ四・一〇―一三）

以上の叙述には、コリント教会内の特殊層になしている嘲笑的な告発の性格があるが、その叙述内容は、彼が蔑視したイエスの民衆の真相をあまりにも巧みに叙述しており、それこそが歴史的イエス像でもあった。彼はこのようなイエスに出会ったのではないだろうか！　この世の廃物、人間の滓として疎外された民衆！　そして、正にパウロ自身が蔑視し迫害していた人々のそのような境遇に、自らを包含させているのである。

「その兄弟のためにもキリストが死んでくださったのです」（一コリ八・一一）

これは、キリスト教を独占するときは強者たちにした言葉であるゆえに〈……も〉という言葉を付けただけで、イエスの民衆的な振る舞いをそのまま代弁しているのである。それだけでなく、彼はエリート意識が芽生えているコリント教会の共同体を体に比較した後、「それどころか、体の中でほかよりも弱く見える部分が、かえって必要なのです」（一コリ一二・二二）と述べている。これは、民衆の事件に転向したパウロの新しい判断であるともいえよう。

このように見ると、パウロを正しく理解するためには、これまでわれわれが知っていたパウロの保守性を超えた、彼の民衆性を前提にした理解が必要であろう。

パウロの年代記

以上において、パウロの生き方の重要な要素を明らかにした。そのような生き方の転換を劇的にした人は、歴史においてそう多くはない。半生を丸ごと捨てて、新しく生まれ変わった人として、彼は残りの人生を偏に一つの目的のために突っ走った。それにもかかわらず、彼の生きる姿勢を、彼は次のように述べている。

「兄弟たち、わたし自身は既に捕らえたとは思っていません。なすべきことはただ一つ、後ろのものを忘れ、前のものに全身を向けつつ……目標を目指してひたすら走ることです……」（フィリ三・一二以下）

彼は走る人、「これだけすれば」を知らない人、本当にイエスに夢中になっている人である。だから、彼の年代記を書いたり、彼の業績を碑文のように羅列して彼の生き様を浮き彫りにしたりすることはできない。にもかかわらず、彼を知るための道しるべとして、彼の人生において最も重要な年代だけでも記録することにしよう。

使徒言行録一八章一二節に、ガリオン（L.J.Gallio）がアカイア（Achaia）州の地方総督であったとき、ユダヤ人たちが彼をガリオンの裁判に回したという説話がある。ところが、一九〇五年にデルフィ（Delphi）というところで、ガリオンが五一年か五二年にアカイアの総督でいたという記録が発見されてからは、それがパウロの年代を定める拠りどころとなった。ところが、パウロがガリオンの前に立つ以前に、すでにコリントに少なくとも一年半ほどいたのであるが（使一八・一一）、そうだとすれば、おおよそ四九年の末頃からである。したがって、パウロがガリオンの前に立つようになったときは、おおよそ五一年頃ということになる。これを基点に推算された彼の年代は次の通りである。

イエスの処刑——およそ三〇年
パウロの生年——不詳
彼の転換——約三一～三三年
エルサレム最初の訪問——約三四～三五年
シリアとキリキア滞在——三五～四八年
使徒会議——四八年
第一回小アジアとギリシア訪問——四八～五一、二（?）年
第二回小アジアとギリシア訪問——五一～五五年
エルサレム入城、逮捕——五六～五七年（二年間ほどカイサリアに投獄）
ローマに押送——五八年
ネロによる処刑——六〇年（I Klem 五・七、六・一）

以上のように、彼は約三〇年間も偏にキリストのために、その当時の世界帝国の首都ローマにまで〈進撃〉して福音を伝え、彼がその当時の地の果てであると認識されていたスペインには行けずに処刑されたことになる。

その間に、地中海を中心にキリスト教の根を植えつけ、われわれが手にしている最初の手紙として、テサロニケの信徒への手紙一を五〇年頃に書いたが、その後一〇年間何通もの手紙を書き、数多くの説教と論争をなして、キリストの証人の最も代表的な生涯を終えた。

パウロの証言

人間、世界、審判

◆ローマ帝国

世界帝国の首都ローマにいるキリスト信徒たちに送った手紙（ローマの信徒への手紙）は、パウロの思想を総集約したものとして高く評価されている。ところが、この荘厳なるキリスト証言書の冒頭に、パウロは仮借なく人間世界の審判を宣言している。彼の人間に対する審判は、次の通りである。

「正しい者はいない。一人もいない。悟る者もなく、神を探し求める者もいない。皆迷い、だれもかれも役に立たない者となった。善を行う者はいない。ただの一人もいない。彼らののどは開いた墓のようであり、彼らは舌で人を欺き、その唇には蝮の毒がある。口は、呪いと苦味で満ち、足は血を流すのに速く、その道には破壊と悲惨がある。彼らは平和の道を知らない。彼らの

目には神への畏れがない」（三・一〇―一八）

以上は、旧約の詩編を始め、いろいろなところにある言葉を編んで引用したものであるが、おそらく、人間をこのように徹底して審判した文章は、その類例がないであろう。これこそは、パウロが見た人間の世界であり、それに対する怒りは、審判を宣布していた預言者たちを連想させる。しかし、この怒りから人々は同時に焚火《たきび》のように燃え上がる人間愛を感じるであろう。このような熱い愛がなければ、そのような怒りが突き上がるはずがないからである。

これは抽象的な人間の罪性を糾弾しているのではなく、具体的な事実を眼中に置いてなされている罵倒である。先ず彼は、ローマ帝国を席巻している快楽主義、特に上流社会に拡散していく変態的性欲追求の行為に対して怒りをぶちまけるのである。当時ギリシア・ローマの上流社会は、同性間の性行為が盛んに行われていたが、これは快楽主義が飽和状態において生まれた変態的放縦である。

このような上流層の快楽主義は、世界帝国として他者のものを奪い取ってなされた豊饒の上に繁殖したものである。彼らは、若者たちを武装させて世界に送り出し、彼らが血を流した対価で富強になった。この富強さを独占した上流層は自足自満の状態に陥って、それ以上の何物も眼中になかったのであるから、神の類を探し求めるはずもなかった。したがって、善の類も意味がなく、あるのはより快楽を享有し得る富が持続されることだけであった。それで、彼らの足は血を流すことに素早く、血を見た彼らは次第に暴悪になる反面、行く先々で平和を破壊し、破滅と悲惨だけを残した。そして、彼らののどは開いた墓のように、何でも飲み込んで腐らせてしまった。これこそが世界の帝国を率いる上層部の状態である。

また一方において、パウロは、律法を独占した神の選民であることを自負し、他者にはそれを神の意志であるとして教えながらも、自分たちはそれを全く無視してしまっている、知っていることと生き方が全く違うユダヤ人たちを眼中に置いている。彼らは他者に盗んではならないといいながら盗み、姦淫してはならないといいながら自らは姦淫に陥り、偶像を憎悪しながら、神殿にある偶像の品物がほしくて盗み出し、律法、律法といいながら、自分たちは律法を守らない（ロマ二・二一―二三）。このように見ると、人間全体が全て絶望状態なのである。したがって、パウロは、この世に義人はただの一人もいないと宣言するのである。これは正に、人類は全て呪われるほかないという宣告であり、それが正しく世界審判の宣告なのである。したがって、この短い文章において、かくも頻繁に「審判」という単語が反復されるのは偶然ではない。

人々は、ローマ帝国に対するパウロの姿勢を批判する。なぜならば、パウロはユダヤ人として、ローマ帝国に対して直接的な批判や挑戦をしなかったというのである。権力としてのローマ帝国に対する彼の立場が不透明であるということは、理由が何であれ是認しなければならないであろう。しかし、神の前にあって誰であれ受けなければならないパウロがいう審判から、ローマが除外されたのではない。その当時のローマ帝国の傲慢性とヘレニズム領域における「ローマの平和」(Pax Romana) に対する彼らの信念がどれほど強かったかを知るならば、ローマ帝国を含めた人間世界の全体に対するパウロの呪詛がもつ全面的な対決性を、絶対に看過することはできない。

当時の皇帝たちは自身を神格化して皇帝崇拝することを強要した。その当時のローマの貨幣には、カイザル・ティベリウス（Caesares, Tiberius, 一四〜三七）の肖像が描かれており、表面には、〈崇拝されるに相応しい神的なアウグストゥス（Augustus, 紀元前三四〜紀元後一四）の子カイザル・ティベリウス〉と書かれていた。そしてカイザルの母リビア（Livia）が神的な玉座に座り、その右にはオリンピックの牌と左にはオリーヴの枝を描き入れることによって、神的な平和を具現していることを表現している。このような状況において、義人はただの一人もいないといった言葉は、いうまでもなく〈カイザルだけを除外して〉という意味ではない。すなわち、この世界を呪詛すれば、ローマ帝国の権威を拒否していることになる。何よりもパウロは、自分たちが意識的に継続して神を拒否しながら、神を承認するほかない条件下にありながらもそれを黙殺していることを攻撃しているが、それこそがローマ帝国の体質なのである。これと共に、選民であることを自負しているユダヤ人も例外とせず、そのなかにおいてすら、ただ一人の義人もいないという宣言をして憚らない。

彼が世界をこのように審判している根拠は、二つの面において説明することができる。一つは、人間世界の構造的観点においてであり、他の一つは、人間内面の従属状態に対する観点である。パウロは度々世の中（kosmos）というギリシア語を使うが、ほとんどの場合、それは〈人間の世〉という意味で使っている（ロマ三・一九、一一・一二、二コリ五・一九）。ところが、この世は悪魔の支配下にあるというのである（二コリ四・四）。悪魔とは正に〈この世代の神〉なのである。

彼は世界を単純に自然法則的な宇宙と見るのではなく、ある種の悪の意志に捕らえられて、悪くなっていると見る（ロマ八章）。この世を支配する神は人間を罪へと引き込む。したがって、〈罪〉とは単純に倫理的な一つ一つの過ちではなく、悪魔に隷属する従属状態それ自体である。したがって、〈罪〉という言葉は、ときとして〈罪の権勢〉となる（ロマ六・七）。これは、罪が一つの権力構造から派生するということである。またこれは、イエスがこの世を悪魔（サタン）が支配していると見て、悪魔を一つの集団（Reich, 構造）と見たことと相通ずる。

このような意味において、パウロは人類が皆罪の領域のなかに入っていったともいっているが、それは〈アダム＝人間〉が罪を犯すと同時に、人類の歴史のなかに罪が侵入してくることによってそのようになったというのである（ロマ五・一二―一四）。いわば、人間は罪を犯すと同時に〈罪の権勢〉の下に置かれるようになったという意味である。そのときから、人間は〈この世を形成していく諸々の要素〉（韓国の新しい翻訳においては原始宗教といっている）の奴隷になってしまったという。

その罪の力は、罪を犯した人にとっては実在と同じである。しかし、この世そしてその権勢は、結局虚無なるもの、過ぎ去ってしまうもの、いわば無常なものである。したがって、それは、認めれば存在するものであるが、無視する者にはないものであり、あっても無力なものである。このように説明すると、仏教でいう色即空に通ずる。しかし、それは思弁することによって、または知覚によってありもし、ないこともあるものではなく、戦うことによってのみ克服することのできるものである。それが〈思考〉であるとすれば、〈戦う思考〉であろう。ところが、その戦いは、独り苦行の類をなすことによって、煩悩の要因になる思念のようなものを克服すればなるものではなく、命を懸けて戦わなければならないものである。なぜならば、絶対のように見える権勢自体は虚像であるが、それを恐れ、それを絶対的なものと信じる正にその蒙昧なその信じていることを利用して、その何でもないものが、具体的な力として具現されるからである。

パウロは、この世の統治者たちは、「この世の滅びゆく支配者たち」（一コリ二・六）であるという。この短い表現のなかには、様々な意味が複合されている。パウロはこの世の統治者を、「この世の支配者たち」（一コリ二・八）ともいっている。彼らは権勢をもって人間に君臨する。そのようにできるのは、ある種の〈絶対〉と見える権勢を背後の力として偽装しているからであり、それは、統治される者がそのように認めるゆえに可能なのである。ところがパウロは、その権勢はなくなるものであるという。ここで、その〈この世の権力〉が政治権力として遁甲《とんこう》することができることを現している。したがって、目を閉じて考え方を変えればなくなるようなものではない。その権力はそれと共にそのような虚像を背後の力にした、構造化された物理的な力と対決してこそなくせるものなのである。

◆律法

罪の勢力と関連させて、パウロはまた異なる側面から語っているのが律法である。「わたしは、かつては律法とかかわりなく生きていました。しかし、掟が登場したとき、罪が生き返って、わたしは死にました」（ロマ七・九）。換言すれば、「罪は掟によって機会を得、わたしを欺き、そして、掟によってわたしを殺してしまったのです」（ロマ七・一一）。この言葉は、すぐには納得できない。この言葉通り受け取るとすれば、第一に律法はもともとないもの、第二に罪もなく、したがって死もなかったもの、第三に、戒めが与えられることによって罪を誘発し、結局戒めは罪を生かし人間を殺す役割をするということである。パウロがいわんとするものは何であろうか。

パウロは、今例にあげた前後の文脈において、律法自体は悪ではなく善なるものであること、その上聖なるものである（ロマ一二・一三）とまでいう。ところが、結果的にそれが人間を殺す役割をしているというのである。それは、律法が本来モーセを通じて人間に与えられた言葉であるが、それが体系化され、その既存体制のためのイデオロギーになるとき、人間を奴隷にしてしまうというのである。

ガラテヤの信徒への手紙は、パウロの手紙のなかでもいわゆる律法主義に対する未練を捨てられなかっただけでなく、それに固執することによって彼が新しく受けた福音の意味を抹殺する人々に対して辛辣に批判したものである。それは一言でいえば、「律法か信仰か」という問題を扱った闘争的な論文である。そのなかには、彼の律法観がよく反映されている。ガラテヤの信徒への手紙にも、彼は、律法自体が悪いものではないことを語りながらも、その役割は人間を監視し監禁するものであるという（ガラ三・二三）。

監視し監禁するのは、人間を未成年、危険人物、または罪人であると規定してのみ可能なのである。あたかも強力な法秩序を制定するために人間の性悪説が必要であるように、律法の存在根拠は人間の悪を前提にすることによってはじめて可能なのである。このことは、律法が持続されるためには、〈罪〉が継続して実在しているか、ないとすれば、少なくともあると主張しているときにのみ可能であるということになる。そのような意味において、「律法の書に書かれているすべての事を絶えず守らない者は皆、呪われている」（ガラ三・一〇）ということができる。それは、あたかも精神病院に監禁されて生きる人の場合に比べられよう。ある人が精神病院に抑留されて生きるとすれば、自らを精神病患者として生きることになるゆえに、呪いの下にあるのである。

ところが、この律法が一つの体制として人間を構造的に監禁し奴隷化することによって、新しい可能性——それこそが人間の本来性であるにもかかわらず——から人間を遮断してしまう。そのために、パウロはこの律法、厳密にいえば体制化された法秩序に正面から対決するのである。ところが、これも人間の〈弱点〉を利用して形成された非本来的なものである。彼は、アブラハムになされた神の約束を本来的なものと見ている（ガラ三・一六）。その約束は、人間にある法的な条文に照らしてある種の功を立てたのでその対価として与えたのではなく、徹底して神の一方的な愛の贈り物である。それは、神と人間との関係の法以前の状態をいう。

ところが、シナイ山において、モーセを通じて律法（トーラー）が与えられた。これは、パウロの計算でいえば、アブラハムに与えられた〈約束〉より四三〇年後に与えられたものである（ガラ三・一七）。その法が与えられたのは、法が必要でない関係が壊されたからである。それが正に〈罪〉である。そうだとすれば、法は罪を治めるために与えられたものであって、真の生き方ができるようにするために与えられたものではない。したがってパウロは、法は「…違反を明らかにするために」（三・一九）「付け加えられたもの」（Prosetethi）であるという。これは、その法には消極的な意味しかないということである。そのような意味において、法は「養育係」（paidagogos）ガラ三・二四、「後見人」（ガラ四・二）であるともいい、律法は罪を規制するために与えられたものであるが、結果的には、罪を意識するようにすることで、犯罪の刺激を与える結果までもたらしたという（ロマ七・七—一三）。

法は、本来ないもの、あってはならないものである。しかし、病気になった人が病室に閉じ込められなければならないように、原状が回復されるまでは消極的な役割をなさねばならない。彼は、その原状になる約束がすでにアブラハムに与えられたという。したがって、その役割は、その約束が成就されるときまでだけであるというのである。したがって、それはある必要のなかったものが付け加えられたのであるが、結局は今にもなくなるであろう暫定的な意味しかないものなのである。

彼はまた違った角度から法の真相を説明している。アブラハムには二人の妻がいた。本妻の〈サラ〉と、付け加えられてえた〈ハガル〉という妾がいた。ところが、神はアブラハムに、サラとの間に息子が生まれるであろうことを約束した。その息子には人類の未来が約束されていた。それに反し、ハガルとの間に生まれた息子は、〈約束〉とは関係なく生まれた〈庶子〉である。いわば、相続権もなければ人類の未来とも関係がない。

パウロは、このハガルを、モーセの法が与えられたシナイ山と比較している。ハガルは僕になる者を生むように、シナイ山は人間を奴隷にする法を生んだというのである。これで、法は自由と対立するものであることを明らかにし、一つは本来的なものであり、他の一つは非本来的なものであることを明確にする（ガラ四・二一—二六）。

ところで、このようにアレゴリカルな解釈に加えて、エルサレムこそがその〈アラビアのシナイ山〉であるといったのは注目すべき発言である。それがあまりにも儀礼的な表現であるためか、写本ごとに異なっていて解釈を困難にしているが、明らかなのは、その当時のエルサレムを、人間を奴隷にする法の象徴であるシナイ山のようなものとして解釈した点である。彼は明確に、「エルサレムは、その子供たちと共に奴隷になっている」（ガラ四・二五）からであるという。

エルサレムはその当時のユダヤ教の中心であり、象徴である。しかし、そこは過去や現在的意味だけがあるのではなく、未来の希望の象徴でもあった。当時のユダヤ教のなかには、将来においてメシヤ王国は正にこのエルサレムを王都として成就されるであろうという、ダビデ史家たちの歴史解釈の伝統が深く根を下ろしていたのである（イザ五四・一〇、六〇以下、トビト記一三・九以下、二〇—二一など）。そのようなエルサレムを、ハガルまたは人間を奴隷にする、今では異邦の地にあるシナイ山に比べることは、律法を主軸とするユダヤ教の支石を抜き取ることと同じである。ともかく、パウロは、すでに律法のときは明らかに去ったといわれているにもかかわらず、人々が依然としてその法に捕らわれて、救いの可能性を探し求めている行為自体が、ないもの、過ぎ去ったものを実在する力にすることであることを繰り返し強調し、それは、成人になっていながら再び未成年になって、後見人を自ら招くような行為であり（ガラ四・一—七）、神の子の権利を放棄して、「無力で頼りにならない支配する諸霊の下に逆戻りし、もう一度改めて奴隷として仕えようとしている」（ガラ四・九）ような行為と見なし、そのような行為を糾弾している。

以上において、パウロはこの世界の支配権の真相を暴露すると共に、その虚像を露わにしているが、それは人間の内的な姿勢と直接の関係があるものである。このように、パウロは人間の内的な問題を、旧約の伝統、ギリシアの人間学の概念を動員して説明している。

人間になることの条件

救われなければならない人間、自然の状態にある人間を支配している勢力は、実存的に見ると三つである。肉、罪、死がそれである。

人間は肉体を有している。これは、神ではない人間として有限の存在たらしめる力であり、実在である。肉体は制限されている。腹が空けば食べ物を必要とし、喉が渇けば水が必要である。もしもそのようなものが供給されなければ、その機能は麻痺する。ところが、それ自体は善でもなければ悪でもない。

しかし、パウロは、この肉体が罪と密接な関係があると見ている。それはどうしてだろうか。常識的に考えてみよう。

肉体は自己充足的ではない。それは常に供給を必要とする。十日飢えて盗みをしない人はいないという言葉がある。それは、肉体が必要としているものが十分に供給されないときは、それを充足させるためには何でもし得る可能性を孕んでいるということである。このように、肉体の様々な欲求は、倫理的な限界を越えさせるのである。それで殺人、強盗、戦争の類がいつも発生するのである。

ところが、それはそこで終わらない。肉体は、ついには人間に対し絶対的なものとして君臨し得る。空腹の人にとっては、食べる物が容易に絶対化される。エサウが空腹がるその瞬間を捉えて、弟ヤコブがその機会を狙って提供したレンズ豆の煮物一杯で長子の権利を売り渡したという旧約の説話は、その昔の一つの偶発事ではなく、いつでも可能なことである。長子の名分だけでなく、必要であれば自己を売り、生命までもかけることができるのである。ところが、このような肉体の欲求から、人間は容易に肉体を絶対化させることによって、それに依り頼み、それを自分の生の最後の保障であると信じて、それに生命をかけるようになる。

権力、名誉、金に対する欲、そしてそれで全てのことを解決できると考えるのは、結局この肉体に屈服した行為である。パウロは、このような姿勢を〈罪〉であるという。このような生活観の人は、被造物の奴隷になる。彼は手にしていることに捕らえられているために、新しい可能性に対する自由がない。新しいことに対して閉鎖的である状態！　それこそが〈罪人〉の状態なのである。

罪の必然的な結果は死である。人間の死が罪と直結していると見るのはパウロ思想の特色である。そうだとすると、肉体は罪と死が留まっている場所である。パウロはこの三つの関係を次のように語っている。「…わたしは肉の人であり、罪に売り渡されています。わたしは、自分のしていることが分かりません。自分が望むことは実行せず、かえって憎んでいることをするからです。もし、望まないことを行っているとすれば、律法を善いものとして認めているわけになります。そして、そういうことを行っているのは、もはやわたしではなく、わたしの中に住んでいる罪なのです」（ロマ七・一四以下）。すなわち、パウロは肉体を有している人間として、内的な分裂、葛藤があることを語っている。これこそが、死に至る病である。それで彼は、「わたしはなんと惨めな人間なのでしょう。死に定められたこの体から、だれがわたしを救ってくれるでしょうか」（ロマ七・二四）と叫ぶのである。このパウロの悲鳴は、彼個人の内的な経験だけでなく、世界内の人間全体の悲鳴でもある。人間はかねてよりこのような自己分裂のなかで苦しんでいるのである。

しかし、反面このように苦しむのは、正に人間であることを立証することでもある。獣類にはこのような苦しみはあり得ない。獣類にも苦痛はある。しかし、その苦痛は、肉体のある種の欠陥からくる。したがって、それはそのようなものを充足させれば解消される。しかし、人間は肉体だけをもっているのではないからである。それは何であろうか。人々は、人間の特徴は良心がある点だという。それで良心を高く評価する。ユダヤ人は良心の代わりに律法を掲げた。パウロもユダヤ教に留まっているときにはそのように考えた。彼は、律法が保障になると考えた。しかし、キリストに出会った彼は、そのような信念を完全に引っ繰り返した。

「律法によってはだれも神の前で義とされないことは、明らかです」（ガラ三・一一、ロマ三・二〇参照）

これは、良心をもってしては、義とされる人が一人もいないということでもある。どうしてそうなのだろうか。パウロのこの宣言は、良心のままに生きようと努めたことのある人には、自明のこととして受け入れられうるであろう。その反面、良心のままに生きることをすでに放棄した人には、無意味に聞こえるであろう。われわれは、パウロのこの宣言を理解するために、われわれの実生活において良心がどのような役割をしているのかを考えて見よう。

◆良心（ロマ二・一五）

人間には不安というものがある。不安の特徴は、その理由が明確でないという点である。何の具体的な過ちもないのに、わけもなくいたたまれなくなる。何かの危機にぶつかったわけでもないのに焦燥に駆られる。それで、人は享楽を追い求め、賭博をし、狩りをする。また独りでいることを避けて、絶えず人を訪れては、無意味な騒動のなかに埋もれてしまうことを望む。なぜか。これは属性のようにこり固まっている不安から逃避するためである。しかし、不安から逃避することもできなければ、逃避しても消えない。不安！　それは人間だけが抱くことのできる現象である。

それでは、不安に人間は何を語っているのであろうか。われわれは、次のいくつかのことをあげることができよう。

第一に、不安であるということは、人間の生き方が、獣類とは異なり、自然の法則の確率に乗せられて回っていくようなものではないことを意味する。人間の生活が、脱線する恐れのない列車に座っているようなものであれば不安にはならないであろう。しかし、人間の生活は、すでに確定されたものの進行ではなく、いつでも失ってしまうこともあり得るし、手に入れることもできる可能性であるゆえに不安である。

第二に、しかしこの不安は、人間の生き方が進むべき目標があることを暗示している。目的がなければ退屈かも知れないが、不安ではないであろう。もしも進むべき方向がどこであるかが確実であれば、不安ではないであろう。しかし、目標がありながらそれが確実でないときは、不安になるほかないのである。なぜならば、今の自分の生き方が正しい道を歩んでいるのかどうかを確認できないからである。

第三に、それよりもさらに重要なこととして、人間が不安であるということは、人間が単独で立っている存在ではなく、関係のなかの存在であることを物語っている。例えば、ここに一人の息子がいるとしよう。息子は父親との関係にある存在である。父親との関係にある息子は、常に不安であり得る。その不安は、必ずしも自分が父親の意志に背いたことが確かであるからではなく、いつでも父親の意志に背き得る自分であるから、不安である。彼が父親を愛し、彼の意志通りに生きることを望めば望むほど、その不安はもっと大きくなる。このように考えると、不安は人間であるゆえに抱くものであり、また人間を人間ではない生き方に留まらせない役割を果たす。ところが、このような不安から人間を逃避させるものがある。それは律法または良心というものである。

パウロは一時、律法の条項を徹底して守ることによって、自分のなすべきことを全てなしたように思った。彼は律法に照らすと非のうちどころがなかった（フィリ三・五六、使二二・三）。しかし、彼はある契機を通じて、自らが自分を欺いていることに気づいた。それで彼は、人間は律法によってはだれも神の御前で義とされないと宣言する（ガラ三・一一）。それだけではない。彼は一歩進めて、律法の下にあるということは、呪いの下にあることであるともいっている（ガラ三・一〇)。

どうしてだろうか。愛する人との間に、義務と権利の条項が詳細に規定されているとすれば、それはすでに悲劇であるほかない。なぜならば、その二人の間は人格と人格、愛と信頼で結びついていているのではなく、その中間に第三のものによって操縦されているからである。律法でこう規定されているのだからわたしはそれを守らなければならないと考えるとすれば、それは悲惨なことであり、その生きた関係は事実上すでに終わったことと異なるものではないのである。ましてや、愛する関係において、「わたしが律法的に何が間違っているのか」と反問して自己主張するとすれば、その律法は愛を完成しているのではなく、かえってそれを直接に破壊する役割をしているのである。「律法で是非を問いましょう」というところまでくると、彼との人格的関係はすでに壊れたものであり、このとき律法はただ壊れた関係を整理する役割を果たすほかない。

良心も同様である。「わたしは良心的に恥じるところがない」という場合でも、その言葉が本当であるかどうかはさておき、このことをいった後には、すでに二人の関係は壊れて、結局自分に戻ってきて、孤立していることを物語る。

このように、律法や良心を掲げた関係は、すでに主人と下僕の関係、債務者と債権者の関係ではない。ましてや、律法や良心を掲げて、自分の功労を権利の代価として主張するようになると、彼はそれらの奴隷になっているのである。良心が自己を孤立させるとき、それはすでに良心ではないのである。

良心とは事実上関係の概念である。ギリシア語において〈良心〉という言葉は、〈共に知る〉という言葉の複合名詞である。英語のcon-scienceやドイツ語のGe-wissenがこのような意味を表している。良心は、他者との関係を開放するとき初めて生きて動くのである。それゆえに、良心は常に相対的なものでもある。例えば、われわれが一人でいるときは、〈わたしには過ちはない〉、〈わたしは公正である〉。しかし、ある立派な人格に出会ったりある高貴な愛を経験したりすると、わたしはみすぼらしく、また恥ずかしくなるのを経験する。そのような場合、公正であったはずの良心は立つ瀬がなくなってしまう。または、いかにわたし一人で自分が行ったことが公正であるとしても、わが愛する人がそれを認めないならば、その良心は動揺を引き起こす。

しかし反面、そのような場合、わたしに良心が蘇ることができるのである。これは、良心とは決して自ら存在するある実在ではないことを物語っている。

これは人間の自己理解においても同様である。わたしは自分を最もよく知っているようであるが、わたしの真の姿は、外部から照らされるとき、すなわち正しい関係に立つとき初めて露わになるのである。それゆえに、人格的な関係は、律法によって全て包括することはできない。人間関係においては、「これで十分だ」という安堵の瞬間は許されていない。否、むしろなせばなすほど、なし得ない自身を見出し、次第に負い目の自分を発見する。

パウロは人間を孤立した存在として見ない。彼は人間を、常に〈神の前に立った存在〉(Sein vor Gott)、すなわち神との関係において見る。それは同時に、人間を〈隣人の前に立った存在〉、すなわち隣人との関係において見るという言葉に通じる。それゆえに、自分独りで良心の保障を受けたことで問題は解決されないのである。否、彼は関係的存在であるゆえに、彼が向き合っている対象が何を望んでいるかにおいて、自分の義務が何であるかを探し求める。その対象は生きている対象である。したがって、彼がわたしに向けた要求や意志は、その時々の状況によって異なるほかない。また、わたしがどんなに努力するとしても、それがすぐに相手の意志と一致するという保障はない。それゆえにいつも不安である。

ところが、この不安は恐怖とは異なる。不安は、ある具体的な罪を犯したことから生まれるものではない。すなわち、その不安の理由は具体的ではない。しかし、恐怖は、彼が過ちを犯したかも知れないということを知るとき生じるのである。すなわち、何に背いたか、どのような過ちを犯したかが分かるとき恐れるようになるのである。例えば、一人の息子が、その父親との愛の関係にあるときは、その愛の前にあって不安である。しかし、彼が具体的に父親の命令に背いたとき、この不安は恐怖に変わるのである。彼の恐怖は、彼の過ちのために、彼の父親から罰を受けるのか、または彼との関係が断たれるかも知れないという具体的な危険の前に直面したところからくるものである。このような恐怖は、その父親の具体的な命令、すなわち、「…してはならない」、「…せよ」ということが明らかになったがために、またわたしの良心がそれを明らかにするときに生まれるのである。このような場合、父親の命令は律法の役割を果たす。

そして、わたしの良心はわたしの過ちを是認する。したがって、良心は結局わたしに、〈わたしは罪人である〉という意識を抱かせる。そのような意味において、パウロは「…律法によらなければ、わたしは罪を知らなかったでしょう。たとえば、律法が『むさぼるな』と言わなかったら、わたしはむさぼりを知らなかったでしょう」（ロマ七・七）という。ところで、このような意識が、わたしを罪を犯す前の状態に回復させてくれるであろうか。否、良心にはそのような力はない。それはかえってわたしに挫折感を与え、その父親の前に出てゆく勇気を妨げる役割しか果たさない。なぜならば、その良心は、わが身に突き刺さった矢や破片のように、わたしが何らかの行為をする度に、わたしが犯したことを刺激するだけである。そうして、わたしをその拘束された状態から救い出すことができないまま、次第に暗い世界に追い込むという、消極的な役割だけを果たす。それだけではない。パウロはもう一つの重要な経験を語っている。

「ところが、罪は掟（Sollen）によって機会を得、あらゆる種類のむさぼりをわたしの内に起こしました。律法がなければ罪は死んでいるのです。わたしは、かつては律法とかかわりなく生きていました。しかし、掟が登場したとき、罪が生き返って、わたしは死にました」（ロマ七・八―一〇）

このようなパウロの言葉を、われわれは先ず心理学的に納得することはできない。〈してはならない〉ということを知らないときは、それをしても、それが過ちであることを知らない。それだから、そのなしたことに対する恐怖に捕らわれることはない。このような場合を幼児において見ることができる。〈してはならない〉ということを知るときは、不思議なことにも、同時にそれに対する好奇心が起こる。いわば、〈してはならない〉は、したいと思う衝動を誘発する。〈してはならない〉を知らなかったときは、そのようなことをすることができるということを思いもしない。しかし、それを知るとかえって、〈それができる〉という可能性を垣間見る。それで好奇心が誘発されるのである。これは生きることのアイロニーである。

それでは、律法や良心の類は全く無意味なものなのであろうか。それは、人間を死へ導く役割しかできないのであろうか。このような良心や律法は、なくしてしまうか、無視しなければならないものであろうか。

パウロは「否！」という。彼は、このような消極的な役割において積極的な面を見るのである。良心や律法は、是非を分かるようにはするが、人間がすでに犯したことを是正してくれることはできないといった。したがって、人間をかえって挫折させるといった。良心は、わたしが歩むべき道ではないということを常に告発することによって、自らを罪の惰性に委ねてそれに安住することができないようにする。

ある人が殺人を犯した。彼はそれが暴露されるのが怖かった。彼は、自分の犯罪を永遠に消し去るために、それを目撃した人を処置してしまった。しかし、もう一人の証人がいた。それは自分のなかの良心であった。この良心は殺しようがなかった。その声をなくそうとするならば、結局自殺するほかに道はないようになった。それで、彼は殺人者であることを隠したまま安住することはできないことを発見した。もしも彼に良心がなかったならば、永遠の罪人として生きて死んだかも知れない。しかし、その良心が罪の状態に留まっている彼を立ち上がらせて、新しい可能性を見つめることができるように刺激した。

このように、良心は、人間が肉体に安住してしまうことによって死に至る道を遮って、「否！」という。そして良心は、〈あなたは肉体の奴隷であってはならない。あなたは肉体だけをもっている存在ではない〉ということを知らせてくれる。良心がわたしに分裂をもたらしたり、苦悶を起こさせたりするものではなく、それは、わたしのなかにすでに分裂、矛盾があるにもかかわらず、ないかのように無視し安住しようとするわたしを目覚めさせ、他の道を探し求めるように導く、間接的な道案内の役割を果たすのである。

パウロは、ユダヤの人々には律法に、非ユダヤの人々には良心に訴える。彼は非ユダヤの人々には、「世界が造られたときから、目に見えない神の性質、つまり神の永遠の力と神性は被造物に現れており、これを通して神を知ることができます。従って、彼らには弁解の余地がありません」（ロマ一・二〇）という。もしも人間に良心がなければ、いかなる訴えも不可能であろう。パウロが律法や良心に訴えるのは、そうすることによって、新しい可能性に転向させるためである。それは何であろうか。

死からの脱出

◆飛躍

「わたしはなんと惨めな人間なのでしょう。死に定められたこの体から、だれがわたしを救ってくれるでしょうか」（ロマ七・二四）。これは、この世の中に存在している、良心をもつ人間の悲鳴を代わってなした声である。良心は彼に絶望をもたらしたのである。歩んでいた道をそれ以上歩くことができないように、良心がその道を堅く遮断してしまったのである。しかし、その悲鳴の後に、「わたしたちの主イエス・キリストを通して神に感謝いたします」（ロマ七・二五）という歓呼の声をあげる。これは大きな飛躍である。われわれは、この悲鳴とその後に続く歓呼の間に、一つの墓があることを見なければならないであろう。この悲鳴において、古いわたしは死んで葬られ、新しい生命が誕生したのである。

われわれはこの急激な変動において、自首する一人の殺人者、父親に背いて家を出て帰ってきた放蕩息子などを連想することができる。人を殺し、法の網を巧妙に避けて殺人者であることを最後まで隠すことで自分の生命を維持できると考え、それだけが唯一の生きる道であると考えている者が、良心の告発に耐え切れず、自分は殺人者であるといって高い建物の上から身を投げた。しかし、その瞬間、殺人者は死に本来の自分を取り戻したのである。

父母に背いた息子が、最後まで自分の力で生きることを命のように思い生きていて、良心の鞭に打ち勝てず、父親のもとに帰ってきて彼の処分を待っている場合、〈わたしはわたしとして生きるのだ〉という彼は死に、今やその父親によって与えられるであろう新しいわたしとして生きるようになる。

パウロが律法（良心）からキリストに転向したのが、正にこのような死と生の事件である。このような意味において、彼は律法がキリストに導く案内者の役割を果たしたと見たのである。

◆十字架

イエスの生涯においてパウロの心を捕らえたのは、正に彼の死の事件であった。彼の死、彼の十字架上の死は、ユダヤ人には理解できない事件であった。それは、パウロの表現通りにいえば、一つの「つまずかせるもの」（一コリ一・二三）であった。なぜならば、十字架に処刑されたということは、法を犯した者であるという実証だからである。それゆえ、イエスがローマ帝国の手にかかって処刑されたということは、ローマの版図において彼をメシヤとして宣告するのに大きな躓きとなった。なぜならば、十字架の処刑は、反ローマ的な最悪の犯罪者に課す極刑だからである。ユダヤの観念からすると、それは神に見捨てられたことになる。見捨てられたということだけでなく、〈呪い〉を受けたのである。ユダヤの社会においては、「木にかけられた者は皆呪われている」という観念が支配的だったからである（ガラ三・一三）。ところが、パウロは、この十字架の処刑こそが人間に向けた神の救いの表現であり、彼の意志を達成した救いの事件であるといった。

　イエスは死ぬためにこの世に送られた。そして彼は十字架の死を通じて神のこの救いの意志を実現した。ここに、全人類の運命の鍵がある。したがって、パウロはキリスト教の教えをたったの一言、「十字架の言葉」（一コリ一・一八）であるといった。彼はこの十字架の言葉のほかには何も伝えようとはしなかった。それでは、その十字架はどういう意味において救いの事件なのであろうか。

　パウロはこの事件が救いの事件であることを説明するために、その当時一般の人々が知っている通俗的な表象と絵画でそれを説明した。彼は、出エジプト記において現れた過越祭に生け贄として献げられる羊の説話でイエスの死の意味を説明した。彼は、イエスの死は人間の死の身代わりとなったものであると見たのである（一コリ五・七）。または、律法や祭祀の儀式における償いの供物の思想でキリストの死を説明した（ロマ三・二五）。すなわち、人間の罪に伴う罰を身代わりとなって受けたという意味である（一コリ六・二〇）。そのなかには、古代の奴隷制度が反映されてもいる。古代には、奴隷を解放するために、神殿において一定の宗教儀式を経ることがあった。しかし、このような表現自体は大して重要なのではなく、彼がキリストの十字架事件において体験したことが重要である。次のいくつかの思想において、その本来の意味が現れている。

　第一は、和解の思想である（二コリ五・一一、ロマ五章、八章）。パウロは、人間を神との関係において捉え、人間を神の前に立った存在と考えた。しかし、人間はこの関係を断つことによって死に至る存在となった。人間の救いは、正にこの壊れた関係が回復されることである。ところが、キリストの死は神と人間との関係を和解させる事件であった。したがって、キリストを通じて、人間と神との間に遮られていた壁が崩れ、正常な交流が可能になったというのである。ところで、この思想において重要なことは、イエスが人間の側から人間のために生け贄となることで、神の怒りを解いたということではない。パウロにおいては、そのような思想をそのどこにも見出すことはできない。このことは、人間の側から、さらにはイエスの死自体によってなされたものではない。否、それは神の一方的な行為、偏に神の賜物として、神自身がキリストを通じて人類と和解したのだという。

第二として、この事件は人間を全てのものから自由にしたということである。ここで〈自由〉というとき、それは当時のギリシア、ローマの市民の自由と対照をなす奴隷制度と関連がある。ギリシアにおける自由とは、漠然とした概念ではなく、ポリス（Polis）と関連がある。ポリスに属している市民は、ポリスにおける義務を遂行したときにのみ全ての権利を享有することができた。一人の人間がポリスの市民である限り、彼の自律性を侵害することはできない。ポリスには、いうまでもなく自由を拘束できる秩序がある。しかし、市民となった者は、その秩序の決定に参加することのできる権利があるのである。したがって、自分の生き方は自分が決定する。このようなモデルが西欧にはあった。

封建社会においては、封建領主の家族のほかの全ての労働者は封建領主に隷属し、人生と労働を封建領主のために献げなければならなかった。ところが、商業が発達して自主的に生計を維持しうる層が市を形成した。その市において市民権がえられるほど経済力を身につけた者は、封建領主の隷属から脱して市に入ると同時に自由人になるのである。このような自由人に対して奴隷がある。生殺与奪の権利が主人の手中にある奴隷！　彼の手と心を縛りつけている鉄鎖は一人の人間としての彼の死を意味し、それから解放されて自由人であるとして宣言されるということは、人間が考えうる最も恍惚とした救いの表象になり得た。パウロはキリストを通して、人間を縛りつけている全てのもの、彼を罪人として告発する告訴状の類が完全に焼かれることによって、過去の一切のことから自由になったという（ガラ五・一—一五）。彼は何よりも、〈せよ、してはならない〉でできている律法からの自由、そしてそれによって規定された、罪からの自由を考えた。

第三に、パウロは一歩進めて、この事件を神の子にならしめる事件であるという（ガラ四章、ロマ八章）。ところが、神の子になったのは、子になり得る資格があるからではなく、子として認め、子として縁組みされたというのである。そうだとしても、子は子であって僕ではない。彼は相続される権利のある子である。ここでパウロは、十字架の意味は消極的な意味だけでなく、積極的な面、すなわち過去から解放されたことに止まらず、新しい生き方の道が開かれるであろうことを語っている。キリストを通じて、人間に新しい生き方、新しい可能性、新しい世界が開かれた。これは自由に対する具体的な内容である。僕は永遠に僕である。僕は与えられた義務を忠実に果たしても、何の権利も主張することはできない。しかし、子になるということを通じて自由だけを受け取ったのではなく、ついには神の業に参加するようになるのである。

第四に、この事件は、人間を義ならしめた。義であるということは、ユダヤ教においては神との関係において最も重要な鍵である。〈義である〉ということは、人間の側からすると神が喜ぶに相応しい資格を整えることであり、神の側から見るとその完全無欠性の貫徹を意味する。ユダヤ人は、律法を守る功績によって義となることが救いの道であると考え、その道だけが神との関係を持続しうることだと信じた。ところが、パウロは、義となるということは、人間にある種の功績があったり、それに相応しい資格があるという意味で語りはしない。否、人間は依然として罪人である。彼は神の前に堂々と「わたしである！」といい得る存在ではない。それにもかかわらず、神が義であると認めたというのである。すなわち、罪人になったのではなく、義人と見なされたというのである。ここでも、パウロはイエスの死が人間の質を高めたのではないことを語っている。否、十字架は神の義の徹底した貫徹である。すなわち神の義が、十字架を通じて人間の不義を無に帰してしまったというのである。

何の功績もなく、否、罪の状態にある人間に、神が自らを人間に委ねることで新しい創造物としたこの事件！　これこそがキリストの事件であるというのである。このような証言と関連して注目すべきことは、かの有名なアダム――キリスト子型論である（ロマ五・一二～二一）。パウロは、一人の人（アダム）の犯罪（不従順）のために罪と死が世に入ることによって、人間は全ての罪の領域に入ったのであるが、一人の人の義、すなわち従順（十字架の処刑）によって全ての人に救いの道が開かれたというのである。アダムが個人の名のようでありながらもそれが人間という集団の概念であるように、したがって、彼の犯罪が全人類という集団に連鎖的な運命をもたらしたのであるならば、キリストは一人であるが、それも集団性があるゆえに、全人類に連鎖的に新しい道を開くことができたということになる。これをそのまま承認して〈その通りです〉といって受け入れるということは、律法主義にどっぷり漬かったパウロには、あまりにも大きな衝撃であるほかない。それゆえに、彼はこのようなキリスト者たちの主張を荒唐無稽なことと見なして、その迫害に出たのであろう。しかし、彼は結局その事実を全幅的に認めるほかなかった。

◆復活

パウロに決定的な転換をもたらしたのは、復活したイエスを経験した事件である。パウロは自らイエス復活の目撃者として自負している（一コリ一五・八）。そうだとすれば、いつ、どこで、どのように体験したのであろうか。それについて、人々は使徒言行録に三度も（九・一―九、二二・四―一一、二六・九―一八）叙述されていることを知っており、それを自明のこととして受け入れている。それを総合すれば、パウロがエルサレムにおいてキリスト教徒迫害の先鋒に立ち、ステファノ殉教の現場におり、それに止まらず、彼らを撲滅するために、大祭司の公文を携えて、ダマスコに集結したキリスト教徒たちを逮捕すべく一行を率いてゆく途中、「サウル、サウル、なぜ、わたしを迫害するのか」と呼びかける声を聞き、「…あなたはどなたですか」というと、「わたしは、あなたが迫害しているイエスである」という声を聞いたというのである。

ところが、三度の叙述には矛盾も違いもある。九章には、同行していた人たちは、声は聞こえてもだれの姿も見えなかった（七節）といっているが、二二章においては、一緒にいた人々はその光は見たが、話しかけた方の声は聞かなかった（九節）という。二六章に現れた復活したイエスの指示は、他のところでは見ることのできない長いものである。ところが、何よりも問題になるのは、パウロ自身が復活したイエスについてさほど詳細に語っていないということである。

復活の経験と関連した回心の記録として、学者たちはフィリピの信徒への手紙三章四〜九節と、ガラテヤの信徒への手紙一章一一―一八節を指摘している。これらの二か所は、彼がキリストの使徒になった経緯を強調するものであるので、復活の経験と回心の動機については、特に力を入れて明らかにしそうなものであるにもかかわらず、そのなかではダマスコ途上の話がない。ガラテヤの信徒への手紙に、「アラビアに退いて、そこから再びダマスコに戻った」ということから、彼がダマスコにいっていたという前提があり、そして「熱心さの点では教会の迫害者」（フィリ三・六）であったという叙述があるが、エルサレムでステファノの殉教現場にいたということもなければ、そもそもその前にエルサレムに行った様子もない（ガラ一・二二）。この二つの個所でイエスの復活経験を現している言葉としては、「御子をわたしに示して、その福音を異邦人に告げ知らせるようにされた…」（ガラ一・一六）と、「わたしは、キリストとその復活の力とを知り…」

（フィリ三・一〇）程度である。ここから、啓示したとか、復活の力を知ったということがどういうものであったかは知る由もない。ただ一つ明らかなことは、その経験が、パウロの半生を完全に捨てさせ、新しい生き方を始めさせた途方もない事件として、言葉では形容し難い経験であったことは間違いない。

　ここで注目すべきことは、「わたしは、キリストとその復活の力を知り」といったのに続く「その苦しみにあずかって、その死の姿にあやかりながら、何とかして死者の中からの復活に達したいのです」（フィリ三・一〇）という言葉である。ここでパウロは復活を彼の死と結びつけている。これは、復活は十字架の事件と遊離したものではなく一つの事件の両面であることを現している。換言すれば、復活の経験は、イエス自身の出来事として、死の意味を啓示した事件であるということである。したがって、パウロは十字架と復活を一緒に語る場合も多いが、キリストの十字架だけを語ることで復活の事件まで含めることが多い（一コリ一・二三、二・二、ガラ三・一）。彼は単純に「十字架の言葉」（logos）（韓国語改訳聖書では「十字架の道」）という言葉でキリストの真理を総括する。そしてあるとき彼は躊躇なく、「イエス・キリストと、それも十字架につけられたキリスト以外、何も知るまいと心に決めていた」（一コリ二・二）という。復活経験が彼の転換の決定的な事件であるとすれば、復活を除いた十字架だけを語るといい得ようか。それこそが、その復活経験の内容が、正に十字架の意味が啓示されたので、十字架だけを知ればよいというそのことは、実際は復活の経験を語っているのだと理解しなければならない。

パウロにとっては、キリストの苦難（十字架）が、それほど重要なものであった。彼は復活の経験において死の克服を経験した。したがって、キリストの復活に参加するということこそが、その死に参加するということであり、それが確実であるとき、彼はこのように語るのである。「死よ、お前の勝利はどこにあるのか。死よ、お前のとげはどこにあるのか。死のとげは罪であり、罪の力は律法です。わたしたちの主イエス・キリストによってわたしたちに勝利を賜る神に、感謝しよう」（一コリ一五・五五―五七）

死は罪と律法に関係がある。しかし、イエスの十字架はこの罪と律法の終わりをもたらした。それゆえに、死それ自体はすでに過去のものであり、これからは生きる道だけが開かれている。このような信仰が、パウロをして、死に向かってあたかも敗残兵に号令するようになさしめたのである。

しかし、パウロはグノーシス主義者（Gnostic）ではない。すなわち、イエスの死がわたしの死であったことを知る（覚）瞬間、すでに死を壊した（破）と見るのではない。否、彼は生きて参加するときにのみ自分の現実になるのである。それゆえに、彼はイエスの復活に参加するために、彼の苦難に参加していることを繰り返し明らかにしている（フィリ三・一〇―一一、二コリ四・一〇―一一）。彼はキリストが死んだように死ぬことを望んだ。彼はそのような道を歩んだのである。彼は、「これからは、だれもわたしを煩わさないでほしい。わたしは、イエスの焼き印を身に受けているのです」（ガラ六・一七）というのであるが、そのイエスの烙印は、多分迫害で肉体に残ったある傷跡のようなものであったのだろう(「キリストの烙印」、『現存』誌四九号)。それで、ルカが彼の最後の道を、ほとんどイエスの場合と似せて叙述したのは偶然ではない。

キリストと歴史

長い間、人々はパウロの救済思想を誤解した。したがって、聖書でいう救いの意味も誤って理解された。われわれは、ジョン・バニヤン（J.Bunyan）の『天路歴程』という信仰的な文学に親しんできた。したがって、そのなかにある救いを探し求める姿勢こそが聖書の救済観のように考えてきた。

『天路歴程』のキリスト者は、この世界が今にも滅ぶという考えから、この世から速く脱出することが信仰の道であり、救いの道であると考えている。それで、自分の故郷の妻子を皆振り切って、〈救い、救い〉と声を張り上げながら飛び出していく。彼の前には多くの障害と誘惑があった。しかし、彼は最後まで全てのことに打ち勝って、結局天国に入城する。

そのなかには無論多くの真理が含まれている。しかし、もう少しよく考えると、その主人公は徹底した利己主義者である。自分個人の救いだけのために近くの人を全て捨てて、自分だけが生きようとして駆けていくその人が、果たして本当に見習うに足る人であろうか。自分だけが救われ、この世にいる自分の妻子を始め他の人々は滅んでもよいというのであろうか。また、彼の行為は本当に信仰者の行為なのだろうか。彼は、実はこの世からの逃避、いわば逃亡している卑怯な人ではないか。われわれは、救いといえばよく旧約にあるノアの洪水説話を連想する。洪水で、この世は全て滅んでしまう直前に置かれていた。ノアは、彼と彼の家族の救いのために箱舟を造る。ついに洪水のためにこの世が全て滅ぶようになるとき、彼はこの箱舟に乗ってその扉を閉める。そのために、全ての人間は滅び彼の家族だけが生き残る。

聖書でいう救いもこのようなものであると信じる人々は、この世は今にも滅ぶであろうから、わたしだけでも箱舟を造って救われようと考える。したがって、このような救済観は、この世は苦海のようなもので、すぐにも滅ぶであろうから全て無価値なものであると考える。したがって救いとは、この人間世界において超然とし、ついにはそこから脱出することであると考える。しかし、このような考え方はノアの洪水説話を誤って理解しているのであり、さらにパウロの救済観とも、初めから程遠い。ノアの洪水説話は救済観を語ろうとしているのではない。むしろ、人間の罪悪を問責しようとしているのである。そして、人間の歴史が持続しているのは、神の新しい恩寵と約束によるものであるといおうとするところに、その焦点がある。

パウロは決して利己的な救いを語っているのではない。否、彼はこの世界、この歴史の救いを語っているのである。

「わたしには深い悲しみがあり、わたしの心には絶え間ない痛みがあります。わたし自身、兄弟たち、つまり肉による同胞のためならば、キリストから離され、神から見捨てられた者となっ

てもよいとさえ思っています」(ロマ九・二―三)
　これは、『天路歴程』のキリスト者の姿勢とはあまりにも違っている。これは、キリストのためにその生涯を献げたパウロの念願である。しかし、それは願っているだけではない。彼はイスラエルの全てが必ず救われるようになるであろうことを信じた(ロマ一一・二六)。これは一つの民族主義なのであろうか。然に非ず。彼は、イスラエルよりは異邦人のための使徒であるという使命観から、一生を彼らのために献げた。これは彼が、キリストを通じての神の救いは、ある個人やある部分的なところに留まるのではなく、人類全体に至ることを信じたからである。
　イスラエル民族は、占領勢力と野合してイエスを処刑し、キリストの救いの事件を拒否し、キリストを迫害した。彼らの迫害に耐えられずに異邦の地に散らされた小さな群れは、燎原の火のように異邦人の世界にこの救いの領域を広めた。パウロはその先鋒に立ったのである。しかし彼はゆくところごとに、異邦の地に生きるイスラエル民族の頑強な抵抗に遭遇した。これは何というアイロニーであろうか。イエスはイスラエル民族の一員としてその地に生まれたにもかかわらず、その民族は彼を拒否し、かえってイスラエルではなく異邦の人々が続々と新しい救いの事件に参加した。それでは、イスラエル民族はこの救いの事実から除外されたのであろうか。
　このような現実の真っ只中において、この救いの事件の使徒として参加したパウロは、この歴史的現象を解釈している。これは、世界全体の救いに至る過程であると。イスラエルがキリスト教を迫害したために、かえって速い速度で異邦の人々に救いへの扉が開かれたのであり、また、異邦の人々がこれほど積極的に救いの隊列に加わるのは、イスラエルに妬みの心を起こさせて、ついには彼らもその隊列に参加する契機になるというものである。そして、ついには世界全体が救われるようになるであろうというのがパウロの解釈であった（ロマ一一章参照）。

これは摂理論ではない。神が人類全体を救われるという信仰の証言である。そしてそれは信仰に終わるのではない。それは、彼の信念として彼の人生の設計として現実化された。彼は、その当時の大帝国として世界の中心部をなしていたローマ市を頂点に、このときこの地球の果てであるとされたスペインにまで宣教する計画を立てて着々と進めていたのである。

パウロは、キリストの救いの事件は、人類全体のためのものであると信じている。一人一人の救いは、この全体の救いの枠のなかにおいてのみ可能なものである。しかし、パウロの救済観は、人間の世界においてもっと拡大され、さらに宇宙論的な接近をする。すなわち、この救いは人間にのみ局限されるのではなく、この被造物全体にまで救いが拡大されなければならないと見たのである。それでは、この世界、この歴史の救いはどのように可能なのであろうか。これは、彼がこの世界をどのように見ているかと関連している。

パウロの世界観は、当時の中東アジア一帯の思潮において見られるように、悲観論的な色合いが濃厚である。彼はローマの信徒への手紙において（八・一八以下）、彼の目に映った世界に対する印象を語っているが、それは、この世界の万物が苦しんでいるということである。否、それだけではない。人間も苦しんでいるというのである。これは、悲観的な眼鏡をかけて世界を見ている人たちの言葉と同じである。万物は苦しんでいる。なぜだ。それは〈虚無〉と〈死滅〉するであろうものに隷属しているからである。

われわれは現代に至って、このパウロの自然観に襟を正さなければならないであろう。パウロのこのような自然観は、西欧の人々には不慣れであり、むしろ東洋の人々には親しみ深いものであり得る。いわば今日の現代化は西欧化と区別されることなく進められているが、それを一言で表現すれば、〈自然の征服〉であるといえよう。自然を自然のままにしておくのではなく、全てを破壊、動力化して、〈より一層〉という人間の虚無と欲求充足に利用しているのである。その結果、いわゆる生態学的な危機をことさらのように大騒ぎしているが、パウロは彼の言葉で、自然が苦しんでいるといったのである。しかし、彼は悲観主義者の落とし穴にはまって、世界と人間の無常さを詠い、諦念や没我を勧めたりはしない。彼は、この世界と人間の苦しみの声と共に、そのなかにおいて〈切なる待望〉の声を聞いている。

世界は、この苦しみのなかで〈栄光〉の状態、〈解放〉、究極の〈自由〉、すなわち救いを待っている。世界は悲しみに満ちている。しかし同時に希望に満ちた世界である。今は虚無に従属している。しかし、栄光の未来が約束された。今は苦しみに満ちている。しかし、その希望において、救いがすでに約束された。したがって、彼は、「現在の苦しみは、将来わたしたちに現れるはずの栄光に比べると、取るに足りない」という。それゆえ、彼は悲観論に陥ることができなかった。なぜならば、この歴史には究極的な目的があると信じるからである。われわれはパウロと共に、われわれが生きている世界が、苦しみと絶望的な悲惨に満ちていることを否定できないであろう。

しかし、変化無双の過程のなかにおいても、世界が全体としてあるものを志向しているということを、たとい具体的に見ることができるように提示できないとしても、容易に信じることができるであろう。われわれは、われわれ自身の内的な葛藤のことを考えるならば、容易にパウロに同意することができる。人間は、ある面においては自然の一部分である。それは、肉体を有しているということ一つにおいても、極めて明らかである。この肉体は、宿命ともいえる盲目的な動物性に支配されている。しかし、人間は休む暇もなく〈より良い〉、〈より美しい〉何かを求めて、休むことなく、ある完成の状態を志向して止まない。

しかし、全ての万物が虚無に隷属して苦しんでいるということと、そのようなものから解放されることを強く求めているということは、すぐには納得がいかないであろう。それは何を意味しているのであろうか。ある人々は、これは最後の終末時に、神奇な事件として、新しい天と地になるということを意味するという。パウロはそのように考えたかも知れない。しかし、彼において最も重要な点は、この万物の解放と人間の形成を直結させたことである。すなわちこの世界が虚無から解放される道は、物質自体の進化や機械文明の発達のような過程において直接できるものではない。それは〈真の人間〉が出現するときにのみ可能である。

これには二つのことが前提になっている。一つは、彼が〈万物〉または〈世界〉というとき、宇宙論的な意味においていっているのではなく、〈人間の世界〉のことをいっているということである。パウロは、万物はそれ自体として独立している実体とは見ないのである。それは、人間の意志如何によってその価値が決定される。人間の意志によって善にも悪にもなる。したがって、それは人間を殺す戦争の道具や場所になることもできるし、また人間を生かす道具や場所にもなり得る。したがって、この宇宙の運命の鍵は人間が握っている。万物が虚無であるところから解放されるために、〈神の子たち〉が現れることを待っているということは、世界の運命は、真の人間の出現にかかっているという切迫した要請を詩的に表現したものであるということができる。世界の運命は、真の人間の誕生と直結する。それゆえに、人間も真の人間になるために苦しんでいるのである。しかし、これは人間の願望に止まるものではない。それは神の意志である。したがって、パウロは、聖霊も人間を形成するために動員されているのだという。

この世界史の成就は、真の人間の完成と直結する。したがって、神による世界救済の意志は、真の人間の形成から始まる。その意志は、イエス・キリストの出現と共にこの世に現れた。イエスこそが、今や完成されるであろう真の人間の姿自体であり、その確証である。「神は前もって知っておられた者たちを、御子の姿に似たものにしようとあらかじめ定められました」（ロマ八・二九）。ところが、それは単に定められただけの計画ではない。そのことはすでに始められたのである。キリストこそがその最初の人間である。したがって、〈キリスト〉は〈神の独り子〉ということまでの観念から一歩進み出なければならない。彼は独りとしての道を歩いたのではなく、われわれの道を先に立って歩んでいるだけである。このことは、われわれは彼と共に彼の道を進むようになっているということである。したがって、〈キリスト〉は個人ではなく、われわれが含まれた一つの〈集団〉の先駆者なのである。そのような意味において、パウロは「それは、御子が多くの兄弟の中で長子となられるためです」という。

ところが、キリストを通じての神の意志は、人間をキリストの姿に似たものにしようとすることにあるという、一次的な人間の救いに止まるのではなく、世界救済の基盤にしようとするものである。すなわち、人間の完成はこの歴史の究極的な目的であり、キリストはこのことを前に引き寄せて示したのである。これで、世界史の究局的な救いは一つの念願に止まるのではなく、すでに進行しているという確証を示してくれる。この世界の歴史は、キリストの誕生で歴史に新しい可能性の始まりがすでに受胎され、したがってその完成はあまりにも明らかである。真の歴史はキリストから（from）、そしてキリストに向かって（to）進行している。

したがって、パウロはイスラエル史の起源から歴史を語るのではなく、人類の祖先アダムから始めてキリストの出現、そして世界史の終局のその日でもって、歴史の始まりと終わりとする（ローマ三章）。アダムから罪で始まった歴史は、キリストを通じて人類全体の救済で終わるであろう。したがって、彼はアブラハムをイスラエル民族の祖先として局限したりしない。彼は全人類の祖先である。それは血縁の側面においてではなく信仰によって、すなわち未来の究極的な側面から見てそうである（ローマ四・一六）。同時に、イスラエルという概念も変わった。

イスラエルの血統、その地から出た者が皆イスラエル人ではない（ロマ九・六）。そしてこれ以上の外的な条件でユダヤ人になるのではない。ユダヤの人々は、律法の割礼とその律法の条文を独占することによって、神の選民であると信じた。しかし、肉体で受けた割礼が真の割礼ではない。真の従順や割礼の類は、他の次元において決定される。それを内的な意味におけるユダヤ人または割礼であるという（ロマ三・二八以下）。これはキリストの来臨によってなされた新しい基準である。それゆえにキリストは、民族としてのイスラエルの終わりであり、また律法の終わりである（ロマ一〇・四）。彼は肉的系譜に終止符を打った。旧い契約は終わり、キリストを通じて新しい契約が与えられた。「神はわたしたちに、新しい契約に仕える資格、文字ではなく霊に仕える資格を与えてくださいました」（二コリ三・六）。ここで霊に仕えるということは、キリストにあってなされることをいう。それだから「アブラハムの子孫」、「神の子孫」となる道は、キリストを通じてのみ成就されるのである（ガラ三・二六以下）。

パウロは、キリストを中心にしてなされるであろう新しい人間の共同体を見つめているのである。彼はこれを〈新しいイスラエル〉、または〈キリストの体〉、〈教会〉という。これは、社会主義者が描く福祉社会や、共産主義者がいうユートピアのようなものをいっているのではない。それは正に、神の国、神の主権が完全に支配している新しい現実をいっているのである。それが成就されるときが、正に「主の日」（一テサ五・四—八）である。パウロは、この日が近づきつつあると見たのである。

しかし、それは見える形でくるのではない。否、今はむしろ夜のように暗い。イスラエルも世界の他の民族も、むしろその日に逆行している。しかし、その日が必ずやってくるであろうということを、彼は信じて疑わない。その日は約束された日である。したがって、例え現象的な世界は逆行していても、神はその日をこさせずにはいないであろうと信じるのである。彼はその日を目で見ているのではなく、信仰によって前に引き寄せて見ているのである。このような信仰は、彼をして闇の現実に挫折させるのではなく、その闇の彼方に明けてくる朝の黎明が近づきつつある声を聞くようにする。したがって、彼は夜が深いという現実のなかで、昼が近いことを見るのである。彼は過去から現在を見るのではなく、未来から現在を見るために、夜が深いとはいわずに昼が近いというのである（ロマ一三・一一―一四）。その日がやってきて初めて、全ての万物が虚無なるものの奴隷状態から解放されて、その本然の姿を取り戻すであろう。それゆえ、万物が共に苦しみながら、神の子たちが現れることを待ち望んでいるのである。

歴史は究極的な新しい現実に向かって運行される。これはパウロから始まった歴史観ではない。すでに旧約のイスラエルの信仰、特に預言者たちの信仰がそうであった。しかし、パウロ時代の伝統的なユダヤ教にはこのような希望が消えてしまった。

それは律法主義のためであった。彼らは神がこの世を創造したということと、遠い昔に神がこの歴史に介入したことを語っている。そして、究極に至って、神が世界の審判に介入するであろうと考えた。しかし、人間の歴史としてのこの時代は、冷酷な法（律法）だけが機械的に回っているにすぎない。特に当時のファリサイ派の人々は、律法を徹底的に守ることのほかに、必要なものは何もないと考えた。律法はすでに条文化されたものであり、既存の体制を守るイデオロギーになったのである。それゆえにこの律法を強調すればするほど、それだけ神の直接的な介入をさまたげるのである。なぜならば、そこにはいかなる新しいものも許されないからである。そのなかにいる人間は、機械的な行動しかできない。いわば、人間は律法を宿命のごとく背負っていく奴隷であるにすぎないのである。

その当時の哲学は、人間の運命は彼の星によって操縦されるという、古代ギリシアの迷信によって支配されていた。したがって、人間は宿命論に陥っていた。彼らは、人間としてはいかんともし難い自己の運命の下で、諦念のために窒息の状態にあった。これらのものを、パウロは「この世の統治者」または「自然の力」（韓国語改訳聖書では「原始宗教」）であるという。

このような律法の機械的支配、宿命の星座の支配という思想に抗して、パウロは、神は常にいかなる時代であっても、直接この歴史に関与し支配すると宣言したのである。彼はこの歴史を勝手に放置された自動的な流れとして見るのではなく、救済の歴史（Heilsgeschichte）として見るのである。神はアブラハムを呼んだ。しかし、それをもって彼の干渉が終わり、彼の血縁にその成就を委ねたのではない。彼はイサク、ヤコブを選んだ。またイスラエルが堕落したとき、偶像に跪かない七千人――エリヤに示した――を選んだ。または、堕落したイスラエルを救う「残りの群れ」――イザヤに示した――を選び、ついにはダビデの子孫イエスを彼の子として任命して全ての世界の人を神に導き（ロマ一・三―四）、彼の子女の資格を与えようとした（ガラ四・四―七）。このように絶えず歴史に干渉するその神は、この歴史のなかで歴史を終局に導くであろう。これは、宿命論者には革命的な宣言であらざるをえない。

パウロはよく神が「前もって定められたこと」という言葉を用いる。しかし、それは決して宿命的な予定論をいおうとしているのではない。むしろ神が直接生きた意志として歴史に介しているという信念の告白である。上記において観察したローマの信徒への手紙八章において、パウロは宇宙の未来を語って、「神はあらかじめ定められた者たちを召し出し、召し出した者たちを義とし…」（ロマ八・三〇）という。これだけを読むと、容易に宿命的な予定論に陥るようになる。しかし、ここでわれわれが注目しなければならないのは、正にその前に、神は、「神を愛する者たち、つまり、御計画に従って召された者たちには、万事が益となるように共に働くということを、わたしたちは知っています」（ロマ八・二八）という言葉である。これは次のことを示唆している。

第一に、神は単独でこの歴史を導くのではなく、人間と共に働くということである。神が人間を除外して一方的に歴史を導くとすれば、それは人間にとっては宿命になるであろう。しかし、「人間と共に」といえば、人間はこの歴史を完成する働きのための参加者になったのである。

第二に、しかし、神はこの働きを人間全体を対象にして始めるというのではなく、彼の〈御計画に従って召された者たち〉、いわゆる選ばれた者たちと共に行うという。この言葉には、旧約の伝統的な思想が反映されている。イスラエルが神の意志に逆行する度ごとに、神は彼らの一部または一人や二人を選んで、彼らを拠点に彼らと共に働いた。エリヤに示したバアルに跪かない七千人、またはイザヤに示した〈残りの群れ〉の類がそれである。これは現代的にいえば〈エリート〉である。神はこのエリートを選んでこの歴史を完成する。

第三に、ところが、そのエリートは人間の能力にその基準があるのではない。それは〈神を愛する者〉たちである。神を愛する者たちとは、正にこの神の歴史の経綸を信じて、それに全的に参加することを決断した者たちである。旧約においては、神がイスラエル民族を世界の救済のために選んだといった。しかし、この民族は神の意志に背いた。それは、彼らの閉鎖的な独善と利己主義として現れた。パウロは、彼らの優先権を認めている。けれども、キリストの出現を基点に彼らの優先権は喪失した。その代わり、民族の壁を越えてキリストに従う者たちが、正にエリートとして選ばれたのである。

初代のキリスト者たちには、このようなエリート意識が充溢しており、パウロは躊躇なくキリストと共に働く者として自らを任じた。パウロは彼らを〈新しいイスラエル〉と呼んでいる。この新しいイスラエルは、現実的には誰であろうか。キリストに従うために集まってきた人たちである。彼らは社会階層からすると、どのような人々であろうか。われわれはコリント人への第一の手紙において重要な端緒を見出す。

「兄弟たち、あなたがたが召されたときのことを、思い起こしてみなさい。人間的に見て知恵

のある者が多かったわけではなく、能力のある者や、家柄のよい者が多かったわけでもありません」(一・二六)

この言葉から、その集まった者たちは、権力、社会、文化的側面から見ると底辺の人々であったことがわかる。ところがパウロは、神は正にそのような人々を選んだというのである。

「ところが、神は知恵ある者に恥じをかかせるため、世の無学な者を選ばれました。また、神は地位のある者を無力な者とするため、世の無に等しい者、身分の卑しい者や見下げられている者を選ばれたのです」(一コリ一・二七―二八)

結局、選ばれたのは民衆である。彼らが、究極的には歴史の主役になるであろうというのである。そのような意味において、彼らが〈エリート〉である(「選ばれた民衆」、『現存』誌一〇四号、一九七九年参考)。したがって、キリスト者になったということは、その個人の救いのために選ばれたのではなく、正にこの世界の歴史を完成するための前衛隊として召されたことを意味する。彼らこそが神の子たちである。彼らこそは、この歴史をその究極から見ることにより、現在を支配している幽霊(虚無)と戦って勝利することによって、この歴史を真の主人に委ねるために召された者たちである。

自由人の道

パウロの主題は救済論である。神論もキリスト論も、結局は救済論に帰結する。ブルトマン(R.Bultmann)は、パウロ神学はすなわち人間学であるといった。この言葉にすぐにも抵抗を覚える人がいるであろう。しかし、ここで人間学とは、人間のあるべき本来性を明らかにするという意味であり、それは〈神の前にあって隣人と共にある存在〉であることを明らかにすることであるとすれば、誤っているのではない。そのような前提において、人間として生きる道とはどのようなことであるか、いくつか問うことにしよう。

目標を目指して走る生き方(フィリ三・一―一四)

「兄弟たち、わたし自身は既に捕らえたとは思っていません。なすべきことはただ一つ、後ろのものを忘れ、前のものに全身を向けつつ、神がキリスト・イエスによって上へ召して、お与えになる賞を得るために、目標を目指してひたすら走ることです」(フィリ三・一三―一四)

パウロは二つの観点から自らを語っている。一つは過去のなかの自己と、他の一つは未来(来りつつあるもの)のなかの自己である。

過去には誇るべきものが多かった。彼は本文の四節以下において、「だれかほかに、肉に頼れると思う人がいるなら、わたしはなおさらのことです」と前提し、最も伝統的な血統と家門において生まれ、律法においては最も模範的な信仰者であり、不義と考えられるものに対する戦いには熱心であり、キリスト教の迫害にも先鋒に立っていた履歴をもっていたという。ところが、彼はこのような自身の過去を捨てたという。そして一歩進めて、そのようなものは〈損失と見なす〉だけでなく、〈塵あくた〉と考えるという。これは過去から脱出しようとする自己を語っているものである。これは、発展した、あるより一層高い次元から見るとき、過去の自身が幼稚に見えたからではない。否、その過去が続けて自分に挑戦し、または自分を捕虜にしようとすることに対する決断の宣言である。

老子は、「功なれば留まらず」（功成而不居）といった。しかし、この言葉は、過去から離れることによってかえってその過去を長く輝かせることができるという意味において、依然過去に安住している。

これに対しパウロは、過去（業績）からの徹底した脱出を語っている。これは過去に回帰するためではなく、前のものに全身を向けて走るためである。その前のものを表現して、「わたしがキリスト・イエスに捕らえられ」、「わたしがキリストにあって召されようと」、「わたし自身の義ではなく、キリスト・イエスを信じる信仰を通じての義」、「イエスの死と復活に参加するために」などなどの様々な表現をしている。彼は、真の〈わたし〉を、過去や過去の業績においてではなく、来りつつある未来において見ようとする。そして、このような意味において、彼は、真のわたしは「キリストのなか」に、「彼を信じること」において、彼の「死と復活」に参加することで見出すことができると見たのである。パウロが過去を捨てたということは、過去から得たものを捨てたということである。

ところで、どうして彼は過去から得たものを捨てなければならなかったのであろうか。捨てるだけでなく、むしろそれらを〈塵あくた〉のように思わなければならなかったのであろうか。彼は、そのようなものをもって自分は生きていると考え、そのようなものが自分の生きることの保障であると考えたが、彼はそのような考え方において、自分が騙されていることを覚ったからである。彼は、過去において得た全てのものが、それが与えられたものであれ、努力して得たものであれ、それらは自分自身のものでないことを知った。ヘブライ人になったということ、ファリサイ派に属していたということ、または律法を守ったということが、自分の生き方を保障するものではないということを知ったのである。もっているものが正に〈わたし〉ではあり得ない。存在の問題は、わたしが何かをもっていることとは全く違う問題である。否、存在するということは、もっているということ以前の問題である。ところが、もっていることが、あたかも自分の生活自体であるかのようにそこに安住している間に、彼は自己の存在を問わないことで、自己を喪失したことを覚ったのである。

わたしを保障すると考えていたそれらのものが、実際はわたしを喪失させてしまい、すでにあるものにわたしを適応させることによって、かえってわたしがわたしの真の現実を喪失してしまっていることを覚ったとき、パウロは、彼がすでにもっていたものを、まるで塵あくたのように捨てたのである。ここで、しばらく彼の決断において見ることのできる、彼の人間存在の理解とギリシアの人間観を比較してみることにしよう。

ギリシアの人間観は、〈コスモス〉（cosmos）という概念において決定される。コスモスとは、在るもの全体を表現した概念である。それは、あらねばならないものはすでに全て整えられた、それ自体としてすでに完結した秩序である。これが秩序整然と本来の軌道を回ることができるようにするものは、永遠の法則である。この法則は、一つの巨大な機械のように絶えず反復することで、全ての万物を生成、消滅させる。人間はこの宇宙に属した一つの存在である。

ギリシアにおいて、人間は特別な存在であるという。それは、人間が永遠の法則を知り得るヌス（nous）、すなわち理性を有しているからと見る。理性は本質上永遠の宇宙の法則と一致する。それで人間を〈小宇宙〉という。しかし、事実上人間は昆虫や草木と本質上異なるところがない。なぜならば、それらもこの永遠なる宇宙の法則によってその場が与えられており、それに従って自身を適応させるときにのみ、存在することができるからである。この点においては、彼らの全ての神々も同様である。例え神であっても、この永遠の法則に隷属しており、その下に自身の立ち位置が整えられているからである。違いがあるとすれば、単に機能上の違いだけである。

ここから、人間が生きるということがどういうことであり、どのように生きなければならないかということは自明のこととなる。すなわち、与えられた理性でこの永遠の法則を知ることによって、自身の立ち位置を知り、他の存在するものと調和していけば、自動的に自身の軌道に従って回るようになる。ここで、生きることとはすなわち発見（Entdeckung）、技術（Technik）になる。生きるということは、正にこの法則を見出してそれに調和することである。この点においては、人間との関係も同じである。

彼らが道徳を〈テクネー〉（techne）すなわち技術であるといっているように、人間との関係も法則に従って調和をなす技術である。したがって、宇宙の法則だけを知れば、生きることは謎ではなく自ずと明らかになる。そこには矛盾はあり得ない。あるとすれば、この法則に対する無知からくるものであるにすぎない。自己の現存を全体のなかで理解するということは、自己を他の自然物のように客観化して理解するということである。したがって、ここではわたしを全体の一例として扱ってしまうのである。

それでは、今のわたしの生とは何であろうか。それは永遠の法則が回転していく過程の現象であり、決して固有のものではない。したがって、わたしが向かい合っている〈あなた〉も、全体の一例にすぎず、生きた主体にはなり得ない。このような理解において愛を語るとしても、ある特定の人間に対する特有の愛があってはならず、いわゆる〈博愛〉だけがなければならない。したがって、ここでは〈あなた〉や〈わたし〉という具体性（歴史性）は、一瞬現れては消える現象であり、あるのは永遠の法則だけである。このようなところでは、〈わたし〉や〈あなた〉といった具体的な存在や、〈今〉という歴史的現実などは意味がない。意味があるとすれば、このような多様な現象を通じて、その永遠の法則を発見するようにすることである。したがって、このような人間の関係においては、彼らが自由を語るときにも、〈わたし〉や〈あなた〉、〈このとき〉や〈かのとき〉という具体性からの解放を意味する。したがって、自由とは個体としてのわたしが、究極的な永遠の法則に没入することになる。したがって、ここにおいて生の究極の目的は、〈わたし〉という具体的なもの、個体的なものから脱して、全体のなかに吸収されるわたしの非歴史化である。

このような人間観から見ると、今わたしが存在しているということは、一つの原型としてなる、永遠に回り続ける鉄鎖の一つの輪である。このなかにあっては、今日は昨日の連続であり、明日は今日の連続であろう。明日だからといって変わるであろう新しいものはない。すでにあるものの発見またはそれの発展であるだけである。したがって、この世界を支配するものは必然だけであって、偶然などあり得ない。このことは、事件などないということを意味している。法則だけがあるのだから何の事件があり、自由がないのに偶然がどうして可能であろう。神々も人間も昆虫も、存在するもののすべては結局この法則に自身を適応させることだけである。永遠に、永遠に！

このような立場からすると、パウロの主張は笑い話としか聞こえないであろう。自分の側から見ると過去から手を離したかも知れないが、過去は依然として彼の胸座《むなぐら》を掴んでいるからである。したがって、前に進むといっても、棒杭につなげられた動物が、そのつなげられた縄の長さ程度だけ前に進んでみること以上ではない。すなわち過去の縄の長さ程度進めることにすぎない。しかし、パウロは明確に過去からの脱出を宣言する。

「わたしはもっている。これはわたしが生きている証拠である！」。このように考えて、もっているものを大切に考えてそれに目を向けている限り、「わたしはもっている。ゆえにわたしは存在する」としてすぐ定着してしまう。それだから、以前のパウロは、自分がもっているものを誇ることで自分の生き方を示威した。「あなたは何をもっているか。わたしは誰よりももっと多くをもっている！」すなわち、他者と比較してより多くをもっていることに生き甲斐を感じたのである。しかし、もっていることとわたしが別個のものであることを覚ったとき、彼はそのようなものを捨てたのである。もっているものを捨てたということは、厳密にいえば、わたしともっているものは遊離し得ないという考え方を捨てたのである。

しかし、パウロは捨てること自体を長たらしく説明しようとはしなかった。ただ彼はすぐに、どこを目指しているかだけを語っている。「わたしがキリストを得て」または「わたしがキリストにあって発見されようと」としてこれらのものを捨てたという。それでは、パウロはキリストを見出したゆえに、またはそのなかにあって自分を見出したゆえに、そのようなものを捨てたのであろうか。否、「得ようとして」「発見されようと」してである。まだそのような現実に突入したのではない。彼は明確に「わたしは、既にそれを得たというわけではなく、既に完全な者となっているわけでもありません。何とかして捕らえようと努めているのです」と繰り返し述べている。それでは、残っているものは何であろうか。

彼は今もっているものがない。ただ捨てて得ようとするその間に、脱出して目標を目指している瞬間に立っている。彼はこのような存在の姿を明らかにして、「…なすべきことはただ一つ、後ろのものを忘れ、前のものに全身を向けつつ」といった。すなわち、彼は途上にある存在（Unterwegessein）である。

正にこのような人間の生き方は、イスラエルの歴史のなかでアブラハムの振舞においてよく現れている。彼は故郷と親戚のもとを離れて、未知の世界に向かって絶えず前に進んでいた。それは、出エジプトのヘブライ集団の姿そのものである。全体的に、イスラエルの民族史は一人の人間の生き方を拡大してその存在の様相を詳細に説明しており、イスラエル全体の歴史を一個人に圧縮して描写しているのは注目に値する。したがってここから、パウロのこの自叙伝的な叙述は、そのような点において決して彼個人の生き方ではなく、人間の生き方を提示したものとして見なければならない。人間は自分がもっているものから脱出しなければならない。そうすれば貧しくなり、それ自体に何の保障するに足るものをもっていないために、不安になる。しかし、もっているもので生きるか、あるいはわたしとして生きるかの二つの分かれ道において決断して初めて、自分を見出す。

生きることは事件である！　パウロは、わたしとして生きるために過去を捨て、ただ新しい可能性としてのみ、開かれた〈冒険の道〉に躍び込んだのである。しかし、彼は恐れない。彼は正にこの新しい可能性に自らを委ねるときにのみ、キリストに出会い、キリストにあって自分を見出しうる道があることを知ったからである。

ところが、どうして彼は最後まで捕らえたとか見出したという言葉を使わずに、未だ目標を目指している自分だけを語っているのであろうか。これには理由がない。そう語るほかないのが、生きることの真の姿であるからである。例えば、愛を例にとって考えるときも、ある人は、愛すればするほど、愛することのできない自分を見出す。そこにはこれでよいということがない。それには〈すでに〉（already）ではなく〈未だ何も〉（not yet）があるだけである。換言すれば、すでに成就したことにとどまっているのではなく、すぐにもそこから脱出して前に向かう。愛にはすでに（過去）このようなことがあったのであるから、これからは当然このように発展するであろうという連続性がない。もしもすでになっていることに止まっているならば、すでにその愛は失われてしまったのである。これは人間の現存性がそうだからである。このことは、人間は関係の存在であるゆえに、わたし一人がこれでよいという状態はあり得ないのであり、歴史的な存在であるゆえに、一つの時点に停止することができないということである。

パウロは〈未だ〉自分は彼を捕らえていないといいながら、「キリスト・イエスに捕らえられている」という。パウロは何かから確信をえた。少なくとも、キリストのなかにあって自分を見出すことができるという確信を得たのである。しかし、そのような確信に止まらない。否、彼には依然として〈未だ何も〉である。

われわれは、〈捕らえている〉という言葉を〈所有する〉という意味に解釈すると、パウロを正しく理解することはできない。否、それは〈出会う〉という意味として理解しなければならない。真の出会いはある一つの過去に安住することはできない。それは常に〈未だ何も〉である。すなわち絶えず到来する事件である。愛や出会いには〈貯蔵〉などない。このように、真の現存も常にもっているものを貯蔵しないで未来を目指す。それにもかかわらず、空虚において絶望しないのは、〈出会うであろう〉という信仰のためである。

われわれは、われわれの生活において、瞬間的にわたしの全てのものが根こそぎ崩れる経験をする。日頃自慢に思っていたわたしの持っているものが、何の意味もないものになってしまうと同時に、自信満々であったわたしが、生きることが空虚それ自体のように思われる経験をする。これは、わたしがもっているものとわたしが遊離したことを発見するときである。そのとき、わたしがもっているものがわたしを全く保障できないということを体験することは、堅く遮断された現存へのノックの音でもあり得る。しかし、そのノックの音は、わたしを絶望のなかに墜落させることもできるし、新しい可能性の扉を開けることができるであろう。このノックの音を通じて、空《から》になっている現存を発見したとき、慌てて再び過去の遺産を捕らえると、わたしは人間として存在することを放棄して、ただ生きているだけの自然の一部分である〈現在〉に留まってしまうであろうし、パウロのように、前のものに全身を向けて走るならば、新しい存在の可能性として現存するようになるであろう。

神の前に立つ存在（ガラ四・一―一〇）

パウロはすでに言及したように、神との関係において人間を理解しようとする。ところが、ここで最も問題となることは、自由の概念である。自由に対する理解によって関係は全く異なる様相になり得る。このような前提において、これから関係を細分化して、そのときごとに、人間がどのような位置にあるかを説明しようと思う。

◆奴隷と子

パウロはガラテアの人たちに、「今は神を知っている、いや、むしろ神から知られているのに、なぜ、あの無力で頼りにならない支配する諸霊の下に逆戻りし、もう一度改めて奴隷として仕えようとしているのですか」（ガラ四・九）と厳しく叱責する。あなたはこれ以上奴隷ではない。今では成人した子である。それだから、あなたは自由である。ところが、どうして自ら奴隷の苦労に逆戻りしようとするのか。

奴隷や子は関係的存在である。一人で奴隷であることはできないし、一人で子であることもできない。奴隷が不自由であるということも、その主人との関係のなかでの現実であり、子が自由であるということも、その父親との関係のなかでのみ与えられている現実である。そのような意味において、二人とも条件的存在であり、不自由も自由も全て条件的である。二人とも〈何かの前での存在〉であるということは同じであるが、〈どのような関係にあるか〉によって、例え同じ条件、同じ働きをしても質的に異なるものになる。

ある人に奴隷と子がいた。この二人は彼の命令に服従しなければならない。しかし、奴隷はある命令を受けたとき、なぜそれをしなければならないのかを知らないまま機械的に動く。その動機や目的を知らないまま、ただ命令されたこと自体にのみ関連する。しかし、子は、単に何かが命令されたからするのではなく、その父親が何を望んでこのような命令をするのか、問うか知ることによって、その働き自体の奴隷になるのではなく命令する人の意志に参加する。したがって、一つは法的な服従であり、他の一つは自主的な参加である。したがって奴隷の服従は〈屈従〉であり、子の服従は〈参加〉になる。したがって、奴隷の服従には反問や抗議はあり得ない。

しかし、子には、その父親がこのようなことを望んでいるが、これでいいのだろうか、またはああするのがよいのではないかという、提議や抗議をすることが可能である。それで一人は盲目的な服従になり、他の一人は真の理解が伴う服従になる。

また、奴隷は命令されたことだけを遂行すればよい。そのことがどのような結果をもたらすのかについては責任を負おうとしない。しかし、子はそのことの結果にまで問題視することによって、父親の前に責任を負う主体になる。したがって、奴隷はその命令されたことに捕らわれており、子はその命令をした人の意志自体に捕らわれている。したがって、同じ服従であっても、一人は受動的であり、一人は能動的である。奴隷はたとい命令されたことを徹底して遂行しても、それはどこまでもその主人のことであって自分のことではない。これに対し、子はたとい父親の命令に服従しても、それは父親のことでありながら、すなわち自分のことである。したがって、一人は〈わたしと彼〉（三人称）の関係であり、他の一人は〈わたしとあなた〉（二人称）の関係にある。一人は服従しながらも、〈あなたとわたし〉を遊離させ、他の一人は服従のなかで〈わたしとあなた〉が一つの共同運命体であることを認識する。

パウロは、人間は神の前では奴隷ではなく子であるというのである。人間は神の子である。これはいうまでもなく聖書やまたはパウロが発見した固有の言葉ではない。ユダヤ教にもそのような表現と思想があり、東西の古典においても、いくらでも見ることのできる言葉である。ギリシアの思想においても、本質上神々と人間との差異はない。したがって、人間が神の子であるということは当然である。しかし、パウロが人間を神の子であるといっていることは、本質論に拠ることでもなく、思弁的なところから得た結論でもない。否、彼は一つの歴史的な事件によって、人間が全く異なる条件の下に、新しい可能性に置かれたことを語っているのである。

◆幼子と成人

パウロは幼子と奴隷を比較している。幼子は奴隷ではない。そうだからといって、上記で述べたような子でもない。彼は奴隷ではないが奴隷のような状態にある。パレスチナにおいては、一二歳までの幼子を父母の隷属物と考えていた。そのときまでは完全に父母の権限に隷属し、幼子はその父母が指定した〈知己〉か後見人の保護を受ける。したがって、幼子には子が有している自由などはなく、あるとすれば、監視と服従のほかにはない。しかし、一二歳がすぎると、神に献げる礼典が行われる。そのときから、幼子は内的には父母のものではなく神のものになる。ローマやギリシアにおいても、一定の年齢になると成人式を通じて初めて自由人になる。いわば、成長過程を通じて、ある時期になると初めて自由の子になるのである。

パウロは人間をこのような慣習法で説明している。人間は長い間父母に直属し、後見人の保護下にあった。それは奴隷の状態と同じであった。したがって、彼には他律的な制裁が必要であった。それが、ユダヤ人には律法であり、他の民族には宗教的な権威を有した自然法か慣習であった。しかし、一つの歴史的な契機を通じて、人間は成人になった。いわゆる成人になった子になったのである。その歴史的な契機とは、正にキリストの事件である。この事件こそが、幼子をして成人にならしめたのである。これで、彼は父親の前で子の自由を得るようになったのである。

人間は、キリストを通じて子となることで、全ての律法や全ての自然法または慣習という後見人が必要でなくなった。これは同時に、その父親の意志からの自由を意味する。以前には父親の意志が直接的であり、彼はその意志に奴隷が服従しなければならなかった。しかし、今ではその父親の意志から自由であることを意味する。以前には、父親の意志が直接的であり、彼はその意志が子が立っている状況（Situation）に投げ出され、子は自らの決断を通じて、主体的に行動したのである。これで、客体と主体が遊離しなくなった。他律と自律が一つになった。以前は、父が「こうしなさい」といえば、そのまま「はい」と服従した。しかし、今ではその父親は、「わたしはあなたが正しいことをすることを望みます。よく考えてしなさい」といい、子は「はい。父の子らしくよく考えて行います」と服従するようになったというのである。〈正しく行う〉ことがどういうことであるかについて、父親はそれ以上語らない。それがどういうことであるかは、その子が知るべきことである。どうしなければならないかは、その子自身が、自身の状況において探し求めねばならないであろう。

ブルトマンは、神と人間の関係は神の意志（Gotteswille）と状況（Situation）そして決断（Entscheidung）という三つの要素で成立するといった。これこそが、父と子の関係を語っているのである。神の意志は、当初から固定した律法のようなものではない。この意志は状況と共に、すなわち一定の状況にある人間に、その状況を通じて伝達される。すなわち人間はこの状況を通じて、二者択一の位置に立つのである。彼はそこで主体的な決断をすることによって行為する。換言すれば、人間は具体的な状況において行為することを決断することで、神の意志を知るのである。これこそが、キリストの事件を通じて人間に与えられた自由である。

キリストの事件を通じて人間は自由になった。これ以上律法やある種の普遍的要因が彼を拘束することはできない。彼は父親から自分の分け前を相続された。彼はこの受け取った持ち分を、自身の主体的な決断によって処理することができる。彼はそのような主権を父親から受け取ったのである。このように父親が与えた、父親が認めた自分の権限は、誰も侵害することはできない。

しかし、反面彼は責任を負う存在になった。彼は、父親から受けたこの特権を、父親の意志に合うよう主体的に生かして、責任をもって行為しなければならない。パウロは新しい語調で懇切に勧める。

「この自由を得させるために、キリストはわたしたちを自由の身にしてくださったのです。だから、しっかりしなさい。奴隷の軛に二度とつながれてはなりません」（ガラ五・一）。

隣人と共に生きる存在

自由は救いの具体的な現実である。パウロは、キリスト者は自由な者であることを繰り返し強調している（一コリ六・一二、九・一、一九、ガラ五・一、一三）。そのなかに次のような言葉がある。

「わたしは、だれに対しても自由な者ですが、すべての人の奴隷になりました。できるだけ多くの人を得るためです」（一コリ、九・一九）。

ここでわれわれは自由よりももっと重要なもの、自由ですらも放棄させるあるものを見る。それは何であろうか。

パウロはキリストにぞっこん惚れ込んだ人である。彼は自分の半生を完全にキリストに献げたのである。それは単に宣教の使命だけのためのものではない。すでに見たように、彼は彼の救いのために、前を目指して走り続ける姿勢、前をゆくキリストの手を掴もうとする心情で走った。彼は、他人にはキリストを紹介して救いの道に入るようにし、自身はその隊列から脱落することを恐れもする（一コリ、一〇・二七）。そのような彼が、「わたし自身、兄弟たち、つまり肉による同胞のためならば、キリストから離され、神から見捨てられた者となってもよいとさえ思っています」（ロマ九・三）という。何が彼をして自身の救いさえも放棄する覚悟をさせるのであろうか。それは愛である。パウロは、全ての戒めを集約すると、「隣人を自分のように愛しないさい」（ロマ一三・九）というものになるという。これはイエスにおいて見ることのできるものと同じである（マコ一二・三一）。

パウロは、救いの鍵を信仰において探し求めている。彼は、信仰を律法の行為と対立させて、救いへの新しい可能性であることを、ローマの信徒への手紙とガラテアの信徒への手紙において力説している。ところが、彼はかの有名な〈愛の讃歌〉の結論において、「信仰と希望と愛、この三つは、いつまでも残るでしょう。その中で最も大いなるものは、愛である」（一コリ、一三章）といい、「山を動かすほどの完全な信仰を持っていようとも、愛がなければ、無に等しい」（一コリ、一三・二）という。愛は信仰よりもっと上位にある。換言すれば、愛を除いた信仰など無意味だというのである。それゆえに彼は、「愛の実践を伴う信仰こそ」（ガラ五・六）という言葉まで使っている。信仰が神の前に立つ存在の形態であるとすれば、愛は隣人愛と共に生きる存在の生活様式である。これら二つは、パウロにおいても不可分の関係にある。この点が先に言及した、ジョン・バニヤンの『天路歴程』の主人公と根本的に異ならざるを得ない理由である。

パウロはうっとりするほど、荘厳なる愛の讃歌を詠った。しかし、それを通じて愛が何であるかについてを語ってはいない。愛は実際上問うことのできる概念ではない。なぜならば、共に生きる生活において生じるものだからである。互いに愛するときにのみ愛は実在するのであり、客観化すればなくなるのが愛である。それゆえに、〈愛がどうであるか〉(how)は続けて説明しても、〈何であるか〉(what)は語ろうとしない。したがって、それを知るためには、彼の〈共に生きる道〉に接近してみる方法しかないのであるが、次のいくつかの例において知ることができるであろう。

◆共同体

パウロにとって重要なものの一つは、キリスト共同体としての教会である。それは、社会学的な対象として見ると、共に生きる一つの集団である。ところが、パウロはそれをキリストの体に比喩することで、共に生きる道を提示している(一コリ、一二・一二―二七)。

共に生きることとは、一つの体の肢体が、相互に依存して生きるようなものである。キリスト共同体は、すでに血統や社会的身分の類の壁を壊した一つの体のようなものである。体が肢体で形成されているように、肢体は体を形成するときにのみあり得る。また、肢体はそれぞれ異なる能力と機能を有している。そして、それらはそれぞれ自身の道だけをゆくことで災いをもたらしてしまうかもしれない。ところが、それが一つの体に属していて、また体を形成していく共同の目標をもっているゆえに、すなわち有機的な関係にあるゆえに相互に補完し合う。そのうちのどれか一つがその機能を果たすことができないと、全体に影響が及ぶ。一か所が痛むと全体が痛み、一つの肢体が快ければ全体がまたそうである。このような立場からパウロは、「喜ぶ人と共に喜び、泣く人と共に泣きなさい」（ロマ一二・一五）といったのである。このように、共に生きるということが、あなたがなくてはわたしがありえない関係であるゆえに、肢体のなかに貴く卑しいものはあり得ないのである。かえって、外的に現れて大きな役割をなし得ない肢体が、もっと大切ではあっても蔑視されてはならないというのである。

パウロは無論生物学的な意味における体の有機性をいおうとしているのではない。具体的には、正にコリント教会の反目と分裂の状態を知って、共同体において共に生きる道をいおうとしているのである。

すでに言及したように、コリント教会のなかには、ユダヤ人と非ユダヤ人間の問題もあったが、少数の中流以上の会員たちと大多数の民衆の間に、階層的な軋轢があったのである（一コリ、一・二六―三一）。このような与件において苦しんでいるコリント共同体に、彼は蔑視されている人々を庇護し、蔑視する人々を批判して、結局体の理論まで動員するようになったのである。

人間は共に生きる存在である。どのような形であれ、隣人と共に生きるのである。この生き方を離れて神との直接関係はあり得ないのである。反対に、真に共に生きる生き方は、神の前における存在性を明確にするときにのみ可能なものである。神の前で隣人と共に生きる生き方を妨げることは、人間を隣人として考えないで、利用の対象または統治の対象にしようとする意志と、そこから生じた構造なのである。それゆえにパウロは、世にいういわば知恵があるといわれる者、強いといわれる者、何よりも統治する者たちを敬遠しているのである（一コリ、一・二六以下、二・六—八参照）。

◆ホスメの生き方

パウロはこのように語っている。〈ホスメ〉(hos me) とは、〈あたかも…でないかのように〉(as…not) の、ギリシア語である。

「わたしは、だれに対しても自由な者ですが…ユダヤ人に対しては、ユダヤ人のようになりました。ユダヤ人を得るためです。律法に支配されている人に対しては、わたし自身はそうではないのですが、律法に支配されている人のようになりました…」（一コリ、九・一九—二三）。

この生き方を称して〈ホスメの倫理〉という。人々のなかには、これらの言葉のなかから、パウロのホスメの動機を問題視することができるであろう。しかし、それは大して重要ではない。要するに、彼は実際に共に生きることの救いのために、自身の全てのものを文字通り捨てて、裸で全ローマの領域を歩き回って自らを差し出したという点である。われわれは、彼がなめた受難の記録を見れば、彼をどのような側面であれ、批判する権利はない（一コリ、四・一一—一三、二コリ、六・四—五、一一・二三—二七）。

彼は、「だれかが弱っているなら、わたしは弱らないでいられるでしょうか。だれかがつまづくなら、わたしが心を燃やさないでいられるでしょうか」（二コリ、一一・二九）といったように、あたかも腕や脚を一本の鉄鎖に繋がれた奴隷集団の一人のように、共に生きる関係において、ときには意識的に、ときには不可抗力的に運命を共にする道を選んだのである。

このホスメの行為は偽善者になりやすい。例えば、上記の叙述法に類した次のいくつかの彼の発言を読むと、次の通りである。

「物欲しさにこう言っているのではありません。わたしは、自分の置かれた境遇に満足することを習い覚えたのです。貧しく暮らすすべも、豊かに暮らすすべも知っています。満腹していても、空腹であっても、物が有り余っていても不足していても、いついかなる場合にも対処する秘訣を授かっています」（フィリ四・一二―一二）。

これは共に生きる関係と関連した言葉である。彼は、愛のためにはいかなる状態においても自身を適応させ得る訓練ができているが、それは、〈あなたのためのわたし〉であるとき可能なものであるという意味である。このような場合、人々は彼の態度を偽善であるとして非難する素地がある。すなわち、〈そうであるのにないかのよう〉にすることができるということである。そのような行為が、本当に愛から滲み出てひとりでになされることでないとすれば、偽善になるほかない。しかし、パウロは全てのもの（所有）を捨てただけでなく、例え水一杯のもてなしを受けることを使徒の権利であると分かっていても、経済的に依存せず自立の道を意識的に選択したのである。このように、彼は直接体を動かして働き、生計を自給しながら、〈あなた〉のための道に進みだした人である。したがって、彼の〈ホスメ〉の倫理も、どこまでも〈あなた〉のために、あなたと共に生きる者としてなされる行為であって、人為的にできることではないのである。〈ホスメ〉は、ただ観念の上で〈あなた〉にわたしを適応させることであってはならない。〈ホスメ〉は、厳密な意味において彼の立場になるものであってこそ真実なるものであり、したがって、それはある種の仮定や仮想を通じてなり得ることではない。あなたとの一致を追求する道は、わたしがもっているものを〈わたし〉のために保存しながら、向かい合った対象に同類性を〈一時的〉に示すための行為であるとすれば、それは愛ではなく、ギリシアにおいていわれる〈テクネ〉（teune, 英語ではtechnic）になってしまうであろう。

このような立場が、具体的な問題においてはっきり現れる。それはいわゆる偶像の献げ物の問題である。パウロは、〈偶像〉というものを神とは認めず、またその前に供えられた食べ物も、単に食べ物として見たのであって、それが偶像の献げ物であるとは考えなかった。したがって、彼は良心に憚ることなく、〈偶像〉に献げられていた供え物を食べることができると考えた（一コリ、八・四）。

それだから、ヘレニズムの領域においては、偶像に献げない食べ物がないにもかかわらず、「市場で売っているものは、良心の問題としていちいち詮索せず、何でも食べなさい。『地とそこに満ちているものは、主のもの』だからです」（一コリ、一〇・二五—二六）といって、ある不信者の家に招待された場合、その食べ物の出所を質すことなく食べよという。それだけ自由なのである。ところが、ある人がそれは偶像の献げ物であったと指摘する場合には、食べてはならないというのである。それは自分の良心のためではなく、正にそれだけ成熟できず、まだ偶像を信じ、それを献げた供え物は区別されたものと思っている人々の良心のために、食べてはならないというのである（一コリ、八・七、一〇・二八―二九）。

ここでは、一面偽善的であり、率直ではない面を批判することができる。しかし、パウロはそのようなことに執着する必要がないほど、確実な基準と根拠をもっている。それは、〈キリストは、その弱い兄弟のためにも死なれました〉という明確な前提である。

われわれは、このような〈愛〉を発展させると、結局倫理、宗教、その他全ての価値基準が、その前にあって相対化されるほかないということを推測することができるであろう。それだから、信仰、希望などがパウロにおいて最も重要な救いの鍵として提示されたにもかかわらず、そのなかで最も大いなるものは愛であるというのである。すなわち、そのような貴重なものも、愛に反するときには躊躇なく除去するほかないということである。彼はキリストを正にそのように把握したのである。

パウロの民衆論（一コリ、一・二六―三一を中心に）

コリント教会の社会階層

共観福音書によれば、イエスに無条件に従っていた人々を民衆であるといったことは明らかである。マルコはこのことを重要であると考え、〈オクロス〉という代名詞で彼らの階層性を明らかにしたが、韓国語でいえば〈常奴《サンノム》〉〈身分の低い男性を指していう語。下郎、下衆〉という言葉に該当する。ところが、最も多くの量を占めているパウロの手紙をはじめ、そのどの手紙にもこの単語を見出すことはできないし、ただ受難の現場をその背景とした〈ヨハネの黙示録〉に、この単語が登場しているが、これは注目すべきことである。この点において、パウロは歴史のイエスとその現場についてては興味がなく、救済史的なキリストだけを説教したということが再確認される。しかし草創期のキリスト者たちが、社会的にどのような階層に属していたかについては、重要な事実を教えている。それはコリント教会に送った最初の手紙一章二六節に現れている。

「兄弟たち、あなたがたが召されたときのことを、思い起こしてみなさい。人間的に見て知恵のある者が多かったわけではなく、能力のある者や、家柄のよい者が多かったわけでもありません」（一コリ一・二六）。

韓国語訳は、「召しを受けたときを考えてみなさい」といって、初めにイエスを信じるようになったときをいったような誤解を生みやすいが、〈klesis〉という単語は〈呼ぶ〉、〈招待する〉という意味で、過去の状態をいっているのではない。ここでは、三種類の人間を三つの範疇で現している。知恵のある者に対して愚かな者、強者に対して弱者、名門出身に対して卑賤なる者（すなわちサンノム）がそれである。知恵のある者とは、学んだ者、教養のある者である。これに対して、愚かな者とは、学ぶことのできなかった者、すなわち不学無識の者である。これが社会階層的概念であることは、その次に明らかになる。

それは、「世の愚かなる者」（世の無学な者）、「世の弱い者」（世の無力な者）（二七節）、「世の卑しい者と蔑視を受ける者」（身分の卑しい者や見下げられている者）、「名（存在）のない者」（世の無に等しい者）（二八節）といって、「知恵のある者」や「能力のある者」に対立させている。ここで「世」といったのは、古い世界、すなわち既成の体制をいう。草創期のキリスト者たちは、既存の体制から見ると、取るに足りない群れであった。

ところが、これは単にコリント教会員たちの場合だけでなく、当時のキリスト者全般の社会的身分を現したものと思われる。紀元後キリスト批判家の先駆として知られているケルスス（Celsus）が、紀元後一七八年に書いた文章に、キリスト教徒についての次のような叙述がある。

「彼らは文化人、知識人たちに対して悪意を抱いており、無学な、愚かな者たちだけを集めて、教会を作っている。彼らの生業を見ると、大体羊毛刈り、履物修理、洗濯業のようなもので、常奴たちである」

ケルススは特にギリシアの文明人と対照させているが、当時のギリシア的な基準は、何よりも知的水準であり、それは同時に自動的に社会的階層を規定するものでもあった。このような観点からすると、彼らは実に取るに足りない階層であった。パウロもこのギリシアの知恵、特にその哲学的思考をよく知っていたがゆえに、それとの論争と弁証に心血を傾注した。

「知恵のある人はどこにいる。学者はどこにいる」(一コリ、一・二〇)。

「ギリシア人は知恵を探しますが、わたしたちは…」(一コリ、一・二二以下)。

「…わたしもそちらに行ったとき、神の秘められた計画を宣べ伝えるのに優れた言葉や知恵を用いませんでした」(一コリ、二・一以下)。

「…わたしの言葉もわたしの宣教も、知恵にあふれた言葉によらず、……、…」(一コリ、二・四)。

以上は本文の前後にあるいくつかの言葉であるが、ここで知ることができるのは、先ず彼がギリシア文化を意識したということと、当時のキリスト者一般の水準に関するものである。

草創期のキリスト教運動の中枢をなした人々が、社会的に卑賤な階層であったということは、すでにダイスマンが指摘したが、ジャッジ、コンツェルマンなどは、使徒言行録やパウロが指摘した人々のうち、一部の社会的な位置を取り上げてそのような見解に反対しており、その上本文の「多かったわけではなく」(一コリ、一・二六)という表現から「知恵のある者、能力のある者、そして家柄のよい者もいた」ということを強調している。しかしコリントの信徒への手紙一の一章二七節以下は、例え少数の上流層がいるとしても、彼らを全面に出して示威する考えはなく、ただそれは下流層が教会の中枢をなしている事実を前提にした、神学的な解釈であったにすぎない。

それでは、コリント教会の構成員の内容はどうであろうか。

第一に確認することができることは、共観福音書に登場しているオクロスとは異なるという点である。共観福音書の民衆は農漁村の民衆であるのに対し、これらの人々は都市の民衆である。オクロスはイエスと共に流浪している民衆であるのに対し、この地の民衆は定着している。それは、彼らのうちに、家を教会堂として提供し、経済的に支援した人々が多く指摘されていることからも推測することができる。

第二は、コリント市の社会構成の側面から推測できる部分がある。コリント市は、紀元前一四六年にローマ帝国の侵略時に、その富と共に完全に崩壊したが、カエサル（Caesar）によって紀元前四四年にローマの新しい植民市として再建された。そしてローマ帝国は、ここに解放された奴隷たちを定着させたのである。しかし、無論支配層はローマの市民たちであった。この都市がすでに紀元前二七年にアカイア州地方長官の駐在地になったことから見ると、支配勢力はローマ市民であったであろうし、上下の階級間の隔たりが大きかったことは想像して余りある。このような社会の構造は、教会の構成にも影響を及ぼした。すなわち、このような都市において無学な者、無力な者、世の無に等しい者、身分の卑しい者や見下げられている者〔常奴〕といえば、彼らはほとんどが奴隷出身であったと見るほかない（一コリ、七・二一以下、一二・一三参照）。

このような推測を支える暗示がある。これは〈愛の晩餐〉に対するパウロの警告である（一コり、一一・一七―二二)。

教会堂において共に晩餐を食べることは愛の交わりである。ところが、そのなかには自分の食べるものをもってくる人々と、もってくることのできない貧しい人々がいた。前者は自分のものをもってきて一人で飽食する。このような階層は極少数であったただろう。これに対して、大部分は空腹であった。このような本文を通して見るとき、そのなかにすでに階級的な亀裂があったということと、そして食べるものもない貧しい人々が大部分であったことを、推測することができる。そして、パウロ自身が、正に「貧しい人々に恥をかかせ」、「神の教会を見くびっている」と叱責しているところから、教会の中枢が貧しい階層であり、パウロ自身は彼らの側に立って少数の上流層を批判しているということを知ることができる。

マルコによる福音書においては、民衆が単純に疎外され、抑圧されているという側面―それが政治的であれ、経済的であれ、倫理的であれ―から一つの階層と見なし、イエスはこの階層を無条件に自分の側と認め擁護していることになっているのに対し、マタイによる福音書は、教会の秩序に大きな比重を置くことによって、その秩序に適応しうる条件を身につけることを条件にして民衆を評価している。一方、ルカによる福音書は、民衆(罪人)を悔い改めるという前提で見ており、これを通じて民衆に対する価値評価をしている。ところが、価値評価というとき、既存の秩序において測るのではない(マタイは教会の秩序を前提としているが、彼の立場では、それを新しい秩序として見ている)。到来しつつある新しい世界(神の国)の光において評価している。

これに対し、パウロにはほかの面がより強調されている。

パウロは救済史的な過程においてこの現象を評価している。彼の救済史観に終末思想が基調をなしていることは否認することはできない。しかし、定説では、パウロにおいて〈神の国〉が全く褪色してしまって、その代わりに〈神の義〉が登場しているということである。この義(dikaiosune)とは、固定した原則の類ではなく、〈過程的な概念〉である。すなわち、歴史を一つの目的に向かって導いていく過程において役割を果たす神の意志を現している。したがって、民衆をそのまま、またはある条件に従って神の国と直結させるのではなく、この無学で能力のない常奴《サンノム》たち、すなわち知恵があるといって他人に恥じをかかせ、能力があるといって他人を抑えつけ、家柄のよいところから生まれたといって常奴たちを疎外している現場において、正に蔑まれ、抑えつけられ、疎外された階層を神が選らんだというのである。そして彼らを選んだのは、彼らを〈救済〉または〈神の国〉へ直行または直結させるためではなく、知恵のある者に恥をかかせ、力ある者を権力の座から追い出す、いわば革命を起こすためであるという。

この世が引っ繰り返ることがなければ、このようなことはあり得ない。価値観の転倒とは正に革命ではないだろうか。これは共観福音書に二度も出てくる、「前を行く者が後になり、後の者が前を行く」という現実そのものである。パウロは、革命の過程がすでに始まったという。それこそが十字架の事件である。彼は、「十字架の言葉は、滅んでいく者にとっては愚かなものですが、わたしたち救われる者には神の力です」といい、「知恵のある人はどこにいる。学者はどこにいる。

この世の論客はどこにいる。神は世の知恵を愚かなものにされたではないか」(一コリ、一・一八以下)という宣言をしているが、これは彼のそのような信念を吐露したものである。

ところが、パウロはこの十字架の事件が〈どうして〉、〈なぜ〉という社会的な理由を一切問うこともなければ、提示したりもしない。これはパウロにおいて常に問われなければならない謎である。イエスの十字架事件が僅か数年前に起こったにもかかわらず、どうして事実に対して全く沈黙しているのであろうか。そうすることで、事実上観念化へと飛び越えているのではないか。

これと共に、新しい共同体の構成員に対する彼の評価や解釈は革命的であるにもかかわらず、現実的に、〈どうして〉ということに全く言及していないでいる。世の無学な者によってどうして知恵のある階層が恥をかき、無力な者たちによってどうして力ある者が無力になり、常奴たちて世の無に等しい者たちによってどうして家柄のよい者どもが没落するというのか。このような問いは、正に草創期のキリスト者たちの内容を知るためになされるものである。彼らは、抑圧されることによって怒りに満ちている民衆なのであろうか。貧しいがゆえに経済分配の均衡を要求しているプロレタリアたちなのであろうか。それとも、無学な者であるために野性的になって、現体制も覆し得る素質を有している民衆なのであろうか。このような要素を排除することはできないであろう。しかし、パウロはそのように推測し得るいかなる端緒も示していない。それは、彼が立っている位置とそれと関連のある神学的な観点のためである。

民衆を見るパウロの目

民衆を単に社会史的な観点においてのみ見るならば、それは社会科学の対象にしかなり得ず、その結果は平面的な観察に留まるようになる。そうだからといって、そのような事実を無視すれば脱歴史化され、人間を抽象化してしまうようになる。

パウロにおいては、教会に集まってきた民衆に対する社会史的な把握や展開をほとんど見ることができない。それは偶然ではなく意識的なものである。彼は、「…わたしたちは、今後だれをも肉に従って知ろうとはしません」（二コリ、五・一六）と宣言した。これは、人間を社会的な身分や知識の類で判断しないという宣言である。これは彼の見ている立場を明確にしたものである。それは、既存の体制それ自身において形成された価値観から人間を判断しないというものである。その代わり、キリストの事件から新しい世代が始まったという確言において全てのことを評価していることが分かる。それこそが、その次に出てくる次のような宣言である。

「…キリストと結ばれる人はだれでも、新しく創造された者なのです。古いものは過ぎ去り、新しいものが生じた」（二コリ、五・一七）。

このような立場から、彼はまた次のように信じるのである。

「一つの霊によって、わたしたちは、ユダヤ人であろうとギリシア人であろうと、奴隷であろうと自由な身分の者であろうと、皆一つの体となるために洗礼を受け、皆一つの霊をのませてもらったのです」（一コリ、一二・一三）。

ところが、これは救済史的な観点に立った信仰的な宣言であって、歴史的な現実とはなお程遠いものである。なぜならば、社会の構造は、それまで何の変動もなく、そこで生じる階層間の葛藤と問題は、そのままあったからである。

パウロはこのような事実をよく知っていたし、それが現実的な当面の問題であったゆえに、上記において指摘した三つのカテゴリーで、そのときの階層社会の教会への浸透を問題視した。そして、弱者たちが教会内において既存の古い価値観によって見下げられる傾向があったゆえに、教会を人間の体に比喩して、比較的に弱いもの、重要でないと考えられるものがより重要であり、緊要である（一コリ、一二・二二―二三）と強調しているのである。これより具体的なそして重要なことは、フィレモンに送っている手紙の背景とパウロの立場である。

パウロがフィレモンという人に送った短い手紙が新約聖書に収められている。この手紙は獄中からフィレモンに送ったものである。この手紙において、フィレモンはある水準の社会的地位にある者であることがわかる。というのは、彼が自分の家をキリスト者たちの集会場所として提供するほど大きな家の所有者であるだけでなく（二節）、〈奴隷たち〉を従えているからである。一方、彼の奴隷であった〈オネシモ〉は、フィレモン家から脱出してパウロのところにいった。当時ローマ帝国の領域には六千万人の奴隷がいたといわれるが、自由を求めて脱出することが続出した。脱出した奴隷たちは、身分保護のためにいくつかの道を探し求めた。一つの道は大都市に潜伏することである。そこで物乞いや流れ者として群衆のなかに身を隠すのである。他の道は、亡命先を探し求めることである。亡命先とは、ある神殿やまたは神によって命名された者（司祭）の家などである。そこには警察が侵犯し得ない伝統がギリシアの社会にあり、中世にもそのような伝統は継承されていた。フィレモン家の奴隷オネシモがパウロのところにいったのは、彼が新しい宗教の使徒であったので、彼の保護を求めてそうした可能性がある（M・ティベリウス）。ともあれ、パウロは彼を受け入れ、その上「愛する兄弟」のように彼と対したし、またオネシモ自身も、獄中にあるパウロの世話を一生懸命している。

ところが、この短い手紙において、パウロの社会的存在としての人に対する姿勢が現れている。そこには、フィレモンに何の批判も指示もなく、ただ彼がしたこと、していることがそのまま肯定されている。また、彼はフィレモンに対して、彼の財産を分け与えよとか、奴隷を使うことを叱責したり、オネシモが脱出した責任を追及するといったことをしないだけでなく、オネシモに対する全ての権限が、彼にあることを前提にしている。それで、オネシモに対する決定を彼の同意を得ることとなくしないという（一四節）。このような姿勢は、現代人には批判の対象になり、彼の愛の理解は抽象的であるという批判を受けるほかない。そうだからといって、彼は、フィレモンのような〈上流層〉の側に立ったのでは決してない。

先ず、オネシモに対する彼の立場を見るとしよう。オネシモはなぜフィレモン家から脱出したのであろうか。フィレモンはパウロによってキリスト者になったし、彼の家を集会場所として開放したことからすると、オネシモは新しい福音を知る機会があったと思われる。したがって、彼は自由人であることを意識して脱出し、パウロのところに行った可能性がある。もしもこのような仮定が合っているとすれば、パウロがオネシモを擁護し、フィレモンにオネシモの人間としての権利を強調しなければならなかったであろう。他の可能性としては、オネシモがある種の過ちを犯したか、金を盗った可能性もあり、そのために逃亡したとも考えられる。パウロもそのような可能性を語っている（一八節）。しかし、それが事実であればオネシモが告白したであろうし、パウロは明確に責任をもつといったであろう。二つのことがそうでないとすれば、もう一つの可能性として彼が奴隷としてその任務を全うしていないといって冷遇されたこともあるだろう。パウロは、彼が以前は主人に「役に立たない」といったことはそのような意味に解することができるが、パウロ自身にもそうであったということから見て、それも確言することはできない。

ところで、フィレモンへの手紙は今パウロが彼をフィレモンに送り帰しながら書いた手紙であるが、この推薦書のような手紙において、今は「わたしの愛する兄弟」であり、「あなたにもわたしにも役立つ者」となったといっている。これは奴隷としての覚悟ができているという意味ではなく、キリスト者に変わったという意味であるに違いない。それゆえに、「彼を、もはや奴隷としてではなく、奴隷以上の者、つまり愛する兄弟として受け入れてほしい」といい、自分と同じ同志として受け入れよといっているのである。

以上において、パウロは社会の身分については特別に関心がないということが分かる。彼は、キリストのなかにあってすでに自由人や奴隷の差異が――男性と女性の区別がないのと同じ意味において―なくなったという信念を持っている（ガラ三・二八）。彼は全ての基準をキリストの事件において見ている。「主によって召された奴隷は、主によって自由の身にされた者」（一コリ、七・二二）であるといっていることは、そのような彼の立場を端的に現している。したがって、彼がオネシモをフィレモンに送り帰しているのは、「奴隷たち、キリストに従うように、恐れおののき、真心を込めて、肉による主人に従いなさい」（エフェ六・五以下）となっているエフェソの信徒への手紙の内容とは異なる（エフェソの信徒への手紙はパウロの手紙ではない）。

以上において、パウロの民衆との明確な一面を知った。それは、社会的な身分がその人の価値を決定するものではないということである。しかし、これを逆にいうと、彼は社会の構造的な現実が、人間を階層化し、自由を剥奪するのに無関心であったということになる。そのような結論をもって、コリントの民衆に対するパウロの立場を見ることにしよう。

コリント教会の草創期の構成員は、圧倒的に民衆が多かった。しかし、ある程度社会的身分がある少数が含まれ、それが一つの派閥を形成し、それによる問題があった（一コリ、一一・一七以下参照）。これを見てパウロは、空腹で貧しい者たちの立場を考慮しない、より多くをもっている者たちの「横暴」を叱責している。しかし、彼は教会という一定の集団に局限された問題と見なして、社会構造的次元にまでその問題の原因を拡大していない。

本文においては明確に無学の者、被支配者、そして卑賤な出身の側に立って、彼らが知恵のある者、能力のある者そして身分の高い人たちを恥かしめ、無力にするであろうという。

しかし、彼はこの現実に対して垂直的な説明をするのに、二つの表現を用いている。一つは、神がそうするために彼らを〈選んだ〉というものである。これによって、主体はどこまでも神であるだけでなく、その主体の〈道具〉としてであっても、そのように選ばれた者たちの活動を、史実的な様相から叙述しなければならないにもかかわらず、そのようなことには一言半句も言及していない。第二は、その目的が、この人は誰であっても、神の前にあって自身を誇れないようにし、偏に主のみを誇るようにするものであるという。ここに、彼のキリスト中心主義が明確に現れている。しかし、そこから彼は社会的な結果を現している。例えば、このような目標を志向するとき、社会的にいかなる階級的な区別も許されない。全ての人間は平等であるということなどがそういったものである。しかし、彼はこのような道を妨げている社会構造について、どうして沈黙しているのであろうか。

選ばれた民衆

われわれは、一人の人間やその思想を評価するとき、時代的な条件を考慮しないで現代に直接引き寄せて評価してはならない。特に歴史的な評価は、その時代においてどれほど前進または後退したかという観点からなされなければならない。したがってパウロを産業社会の尺度で批判することは誤りであり、また彼の主張を今日に直結させ得るプログラムとして受け入れようとすることも、無謀な行為である。われわれが問うべきことは、パウロの戦いの一次的な対象が何であったかを問い、そこから彼の限界を理解するのでなければならないであろう。このような前提においてパウロの民衆観は評価されなければならない。

すでに指摘したように、彼が総力を傾けたのは、どのようにして史的イエスを紹介するかということより、どのようにすれば、すでにケリュグマ化したキリストを、彼が立っている社会の時代言語に変えて宣教することによって、キリスト教を一つの公認された宗教として認められるように根を下ろせるようにするかということであった。すると、イエスと彼の間には明確な違いが生ずるほかなかった。イエスはパレスチナの民衆と共に、彼らの友として到来しつつある神の国を宣教して、歴史の質的な転換と、その前にあって彼らの権利を意識化させた。これに比しパウロは、キリスト教という新しい宗教の共同体を、どのようにして既存の文化圏において公認されるようにするかに関心があったために、彼の努力は弁証論的な（apologetic）救済論ないしキリスト論の展開に傾くほかなかった。このためにも、先ず脱ユダヤ化することと同時に、ヘレニズムの領域における土着化が重要であった。

ところが、この課題を遂行する、彼が代表する共同体の構成員は、下流層すなわち民衆が中心である。この点においてイエスに従っていた民衆と異なるところがない。しかし、彼らの間には違いがあった。イエスの民衆は農漁村の民衆で民族の共同体から疎外された階層であるのに対し、コリントの民衆は都市の民衆で、奴隷出身、ローマの政権によって追放され、転々としてこの地域に定着しようとする者たちである。このような状況のため、イエスの民衆は階層的に完全に疎外されたまま、自分たち同士秘かに生きているか追われているが、コリントの民衆は、他の階層とは空間的に共存しなければならない立場にあった。したがって、コリントの民衆は、イエスの民衆より互いに緊張し衝突する可能性がむしろ大きかった。

したがって、パウロはこのような現実を前にして、キリストにあって一つになることを繰り返し強調している。キリストにあって、異邦人とユダヤ人、自由人と奴隷、男と女の違いがないとか、新しい被造物は全て自由であるとか、一つの体の肢体のようなものであるという点などを強調して、和解の福音を伝え愛の説教をしている。彼はそれに止まらない。彼は貧しい者、弱い者、卑賤なる者、すなわち民衆を弁護し、少なくとも神学的には彼らを上位に置いている。この点において、パウロは当時のギリシア的な人間評価に逆行している。ところが、パウロの弁護の論理は、民衆自体にある前に、ギリシア的価値観との戦いの一環であった。例えば、彼は、ギリシア人は知恵を求めるが、われわれは彼らには愚かに見える十字架に架けられたキリストを伝えているといい、ギリシア人が崇拝する知恵に対して、当初から砲門を開いて（一コリ、一・一八以下）、そのような範疇のなかで〈愚かな民衆〉を弁護している。しかし、共観福音書、特にマルコによる福音書の民衆とは異なる点がある。

マルコは漂流している〈外の〉民衆を語っているのに対し、パウロは〈なかに入ってきた〉民衆だけを語っている。〈なか〉とは、キリスト教のなかのことであるが、具体的には教会の一員になった民衆である。

また、マルコは民衆を指導階級と対立させているのに対し、パウロにはそのような強調点はない。パウロも強者と弱者、知恵のある者と愚かな者などに区別している。しかし、これは同じ集団内の差異を語っているのである。それは、彼が教会という集団を一つの体に比喩して、それぞれの機能が異なるということを指摘して、〈弱く〉、〈醜く〉、〈取るに足りない〉部分を、〈貴いもの〉、〈美しいもの〉と比較させているのと同じである。パウロが〈弱い者〉、〈愚かな者〉などを選んで、強者、知恵のある者を無力にするという部分も、〈弱いと見える部分の肢体がかえって緊要である〉、〈醜いものをより一層美しく飾る〉、〈取るに足りない肢体をより一層貴く扱う〉などの観点と相通ずるところがある。

一方、マルコは、政治・経済的な体制における疎外ないし被圧迫者を民衆と見たのに対し、パウロにはその点を意識化させた痕跡を見ることはできない。ただ、社会的な側面において蔑視されている者を擁護していることは明らかである。しかし、それは民衆自体のための弁護ではなく、キリスト教の集団を弁護するのに力点を置いている。

それにもかかわらず、鮮明かつ明確な宣言と信念がある。それは、この世から無学で愚かであると見なされた層、権力圏から押し出された者、そして身分的に卑賤な者たちを神が選んだということである。そして、神が彼らを選んだのには明確な目的があるということである。それは、〈神の前にあって〉全ての人間が同等な一つの世界を形成するためであるということである（一コリ、一二・一二以下、特に二四節）。ここから、われわれは新しい社会を創造する歴史の主役こそ民衆であるという言葉に置き換えて受け入れることができる。

パウロの受難記

パウロの生涯を探知しうる明確な資料は二つだけである。一つは、パウロ自身によって断片的に叙述された伝記的要素であり、他の一つは、ルカによる福音書のような著者たちによって叙述された使徒言行録である。これら二つの資料は共に重要であるが、二つのうち一つを選択しなければならないとすれば、無論パウロ自身の叙述である。ところで、本論においては、使徒言行録のパウロの受難記を素朴な目で、読者と共に読んでいくなかで、注意深く読んだ人ならば誰でも提起し得る問題を見出し、それに対して答えてみようと思う。

エルサレムへの途上

彼の受難記は二〇章から始まる。パウロはヨーロッパ地方を出て小アジアへ向かっていくのであるが、それは計画的であった。彼は船で小アジアに向かうのであるが、先ずトロアスに上陸し、夜中まで続く告別の説教をし、彼の宣教の地として最も大きな比重を占めるエフェソにも立ち寄らないでミレトスに到着し、約五〇キロメートルの距離にあるエフェソに人を送って、その教会の長老たちを呼ぶ。彼がエルサレムにいかなければならない理由は、できるだけ「五旬祭にはエルサレムに着いていたかった」（一六節）からであるだけで、別に理由を明らかにしていない。

　ミレトスにおけるエフェソ教会の長老たちとの惜別の場面は詳細であり涙ぐましい。彼らにパウロは、エルサレムにいくのは至上命令であるということを、「霊に促されて」という表現で語っているが、彼はそこで初めて、エルサレムにゆけば（「どこの町でも」と書かれているが、現実的にエルサレムである）、「投獄と苦難」が彼を待ち受けていると予告している（二三節）。しかし、それは聖霊に促されてというだけで、理由は述べていない。エフェソの長老たちは涙を流しながら引き留めるが、パウロは初志一貫涙ながらに惜別しつつ、今後エフェソ教会に苦難が迫ってくるであろうことを予告する。彼は彼の一行と船に乗って、コス（Cos）島↓パタラ（Patara）↓フェニキアを経てティルス（Tyre）で七日間信徒たちと共に過ごすのであるが、そこでも信徒たちが彼のエルサレム行を止めようとした。しかし、パウロは初志一貫船で別れるのであるが、浜辺でひざまずいて共に惜別の祈りをする。そしてプトレマイス（Ptolemais）を経てカイサリア（Caesarea）に到着し、七人の執事の一人として知られているフィリポの家に泊まるが、そこでもまた人々が彼のエルサレム行を引き留めるのである。今度は、パウロと共に旅行している一行の人々（われわれ）もこれに加勢するのである。しかし、パウロは断乎として、「泣いたり、わたしの心をくじいたり、いったいこれはどういうことですか。主イエスの名のためならば、エルサレムで縛られることばかりか死ぬことさえも、わたしは覚悟しているのです」（二一・一三）といって、彼の受難をはっきりと予告し、決然とエルサレムに上った。

ある。

エルサレムにて

エルサレムに上ったパウロを「兄弟たちは喜んで……」迎えてくれた。ところが、彼は先ずまだ〈ユダヤ教のなかのキリスト教〉と考え、ユダヤ教の伝統をそのまま守っているヤコブを中心としたエルサレム教会の指導層を訪れる。そこで彼はその指導層の認定を受けるのであるが、教会内のユダヤ人キリスト者たちがパウロに対して怒っているという理由で、パウロに対し、彼自身が反律法、反神殿的ではないことを行為で示すよう勧誘され、パウロはその指示に従うのである。

しかし、パウロは、ユダヤ主義の核心要員たちの扇動で神殿から群衆たちに引き摺り出される。その場面は、「都全体は大騒ぎになり、民衆は駆け寄って来て、パウロを捕らえ、境内から引きずり出した。そして、門はどれもすぐに閉ざされた」（使二一・三〇）と叙述されている。そしてパウロは彼らに乱打されるのである。

このとき、ローマ軍守備隊の千人隊長が直ちに兵士を率いて駆けつけてきて、パウロを先ず捕らえ、二本の鎖で縛るように命ずると、パウロが何者であるのか、また、何をしたのかと尋ねた。しかし、群衆はあれやこれやと騒々しくて真相をつかむことができず、彼らはパウロを殴り殺す勢いであったので、その千人隊長は、兵士たちが彼を担いで兵営に連れていくように命じた。その理由は、彼をその暴徒たちから保護するためであるという（使二一・三五以下）。さらに、彼はパウロの求めに応じて自己弁明の機会を与えるのであるが、パウロは主に彼がユダヤ教に忠実であったこととイエスに改宗した過程を話し、ユダヤ教との矛盾は全くないかのように話した。またローマ軍には全く聞く必要のない内容のことをも話す。

しかし、パウロの説教の途中、ユダヤ群衆の怒りの喊声が高まると、彼を再び兵営に入れるように命じる。それは保護を目的としたはずであるが、矛盾していることに、彼を鞭で打つため、その両手を広げて縛ると、翌日彼の罪状を知るためにユダヤ民族の最高法院であるサンヘドリンに集まるようにする。しかし告訴はなく、パウロの演説が始まる。パウロの宣教の核心は、〈死者たちの復活〉であり、そのために告訴されているという。これで、復活を否定するサドカイ派と復活を信じるファリサイ派の間に激論ないし激突が起こるのであるが、ファリサイ派がパウロの側に立つ。その間にパウロが引き裂かれてしまう危険を心配し、千人隊長は彼を再び兵営に連れていくように命じた。

ところがパウロを殺そうとする〈決死隊〉（四〇人）が、彼を護送する途中に奪うであろうという情報を聞いたローマの千人隊長は、その日の夜大兵力で彼を護衛し、総督フェリクス（Felix, 紀元後五二〜六〇在任）のもとへ、彼が無罪であるという手紙と共に引き継ぐ。

フェリクスは、彼を監獄ではなく〈ヘロデの官邸〉に軟禁しておくように命じ、五日後、大祭司アナニアス（Ananias, 紀元後四八〜五八在任）が自ら弁護者をはじめ数人を引き連れて下ってきて、総督の駐在地であるカイサリアにいってパウロを告訴した。その内容は、一言でいえば、「この男は疫病のような人間で、世界中のユダヤ人の間に騒動を引き起こしている者、『ナザレ人の分派』の主謀者」であるというものである。

これに対しパウロは、律法として無欠であることと、ただ〈死者たちの復活〉について説教しただけであることを繰り返し自らを弁護する。

フェリクスは審問を中断して、移送した千人隊長リシアが下がってるのを待って、申し立てに対し判決を下すことにして、パウロを再び軟禁するように百人隊に命じながらも「自由をある程度与え、友人たちが彼を世話するのを妨げないように」させた。その数日後、彼は、彼の妻とともにパウロを呼んでキリスト教について話を聞こうとしたが、パウロは、「正義と節制そして来るべき裁き」について語った。聖書（使二四・二五）は、「フェリクスは恐ろしくなり」という簡単な叙述で、フェリクス自身の行為が誤っていることを自認していることを現している。フェリクスは何の罪名も明らかにしない（できない）まま、彼を二年間投獄していたが、彼の後任であるルキウス・フェストゥス（Festus, 紀元後六〇～六二在任）に引き継ぐのである。

フェストゥスは、彼の駐在地において、再びエルサレムのユダヤ宗教指導者たちの告訴に従ってパウロを審問し始める。彼らの告訴内容については言及がないが、しかし、パウロは「私は、ユダヤ人の律法に対しても、神殿に対しても、皇帝に対しても何も罪を犯したことはありません」（二五・八）ということで、告訴のなかに政治的な告発が含まれていることを間接的に現している。そして、ユダヤ人たちが宗教裁判に回してほしいといったが、パウロがローマのカイザルに抗訴することによって、それを拒絶する。

パウロは偶然にやってきたヘロデ・アグリッパ（Agrippina, 紀元後二七〜一〇〇）の前でも審問を受ける。フェストゥスはアグリッパに対し、パウロはユダヤ人たちから宗教問題で告訴されているだけであると説明した後、パウロの言葉が叙述されるのであるが、パウロは、アグリッパがユダヤの事情をよく知っていることを前提にして、彼に弁明する機会が与えられたことを幸いであるといって、彼がなしたことを報告している。新しいのは、「今、私がここに立って裁判を受けているのは、神が私たちの祖先にお与えになった約束の実現に、望みをかけているからです。私たちの一二部族は、夜も昼も熱心に神に仕え、その約束の実現されることを望んでいます」（使二六・六以下）というなど、民族主義的な色彩が濃厚な発言をしたことである。

パウロの改宗説明の途中、アグリッパが激憤する場面があるが、結局フェストゥスと共に、「あの男（パウロ）は、死刑や投獄に当たるようなことは何もしていない」（使二六・三一）と結論を下す。しかし彼がカイザルに抗訴したのでローマに送るほかないというのである。

パウロは結局ローマに護送されるのであるが、風にゆく手を阻まれて多くの苦難に遭遇してローマに到着する。ところが、ローマでは兵営にいるようにした（使二八・一六）という説と、借家にいた（使二八・三〇）という混線した記録もあり、また何の制裁もなく活動している姿を述べることで終わっているので、彼の上訴がどうなったか知る由もない。

問題点

第一に、なぜパウロは命がけでエルサレムにゆくことを決心したか[23]。彼は三度も徹底して人々に引き留められたし、最後になると、彼らを叱責する語調で初志一貫したが、その理由については全く言及していない。できるだけ五旬祭にはエルサレムにいようとして急いだというが、パウロのエルサレム滞在と五旬祭は何の関連もない。あるとすれば、群衆が—特にディアスポラのユダヤ人たち—集まったという動機の設定以上を考えることはできない。

第二に、すでに指摘されたように、エルサレム教会の指導者たちの勧誘とパウロの行動は到底パウロには似つかわしくない。ルカは、パウロが異邦においてモーセを排斥し割礼に反対したという群衆の告発を記述しているところから、パウロの正体をそのまま分かっていたにもかかわらず、どうしてパウロらしからぬパウロを描いているのであろうか。

第三に、彼の逮捕過程が釈然としない。ユダヤ人たちが本当にユダヤの宗教を冒涜した理由のためにパウロを殺そうとしているように叙述しているが、どうしてローマの千人隊長が介入しているのか。彼を暴徒から保護するためであると叙述している。ところが、なぜその内容を知る前に鎖で縛るのか。これは、ローマ法（Lex Julia）においては不可能である。また、彼はパウロを保護するために、暴徒から隔離する途中、なぜ彼に反ローマゲリラの部隊長であるかと問うのか。ユダヤ人に乱打されている人をである。また、彼がローマ市民であることを知って恐れたとしながら、どうしてサンヘドリンを召集し、彼らの告訴を聞いて、罪が全くないことを知りながら総督のところに護送しなければならないのか。

第四に、総督フェリクスは彼を監禁して置いて、ユダヤ人のサンヘドリンの代表たちの前で、また個人的に彼に接した後、彼はローマ法に抵触していないことを言明しながら、なぜ彼をそのまま投獄して二年間閉じ込めておいたか。ルカはユダヤ人の歓心を買うためであるという（二四、二六）。

第五に、フェリクスの後任であるフェストゥスは、パウロの引き継ぎを受けて、再度カイサリアにサンヘドリン代表をこさせて〈聴聞会〉のようなものを開いたが、何の犯法事項を見出せなかったにもかかわらず、なぜそのまま投獄しておいて、偶然にやってきたヘロデ・アグリッパの前に彼を再び立て審問したのか。ローマ総督にそのようにする義務は全くない。その上、アグリッパはその地方とは無関係である。

第六に、「あの男（パウロ）は、死刑や投獄に当たるようなことは何もしていない」（使二六・三一）という結論をアグリッパと共に下したにもかかわらず、どうしてローマに押送しなければならないのか。

最後に、審問の場面において現れている問題点である。使徒言行録において、パウロを告訴している内容はほとんどが間接的に現れた程度で、極めて曖昧である反面、パウロの説教調の弁護が中心をなしている。ところが、彼は主にユダヤ教との問題が告訴の内容であるとして主な要点としているにもかかわらず、そのような主題とは隔け離れた、政治犯として告訴されたことに対する弁明のような言葉が散発的に飛び出している。ローマ帝国の関心であるとすれば、後者であって前者ではないのである。それにもかかわらず、千人隊長が、〈通りすがりの言葉のように〉、彼を反乱の主導者（使二一・三八）であるかと問うていることのほかには、審問の過程において、それに対する追及がたったの一度もないのはどういうわけか。

パウロは〈政治犯〉ではないのか

以上において、彼の受難記を呼んでいるところからくる疑惑の心を、問題として提起したが、そのような問題提起は、この受難記を歴史的な伝記として見るとき生じるものである。しかし、先ず明らかにしなければならないことは、ルカの第一の目的は、パウロの伝記を書こうとしているのではないということである。第二は、ルカが創作者的な立場でこの受難記を書いたのではなく、彼はすでに結晶化された伝承の断片があって、編集者的な叙述を使っているということである。—この点は専門家たちの仕事であるから、ここでは前提だけにする。そうだからといって、著者の立場が反映されていないということではなく、またそのなかに歴史的な資料がないということではもちろんない。ルカは、できる限り与えられた伝承資料の背後を明らかにして、その根拠を知らせようとしており、また相互の矛盾をできるだけなくすための挿入句と編集句を使用した。そして、このことは、彼のパウロ受難記に歴史的要素と、神学化された伝承資料そして彼自身の編集的、すなわち神学的な立場があるということである。

ところが、われわれの関心は、パウロがどうしてローマ政権によって受難し、投獄されたかというところにある。このような関心を充足させるためには、彼の編集の〈姿勢〉から考察する必要がある。それは、そこに彼の意図していることが反映されているからである。このために興味深いことは、著者ルカが書いたイエスの受難史との比較である。

イエスの受難史とパウロの受難記

イエスの受難史はマルコのものがその先駆である。したがって、ルカは彼に大いに依存している。しかし、マルコのそれと比較すると、ルカのイエス受難史には違うものが入っているということがすぐに分かる。先ず、ここでは二つの受難記の類似点を見ることにしよう。

第一に、イエスは彼の受難予告を三度しているが（マルコ的）、パウロもエルサレム行を決断する場面が三度出てくる。しかし、〈なぜ〉に対しては、二人とも明らかにしないことで読者を当惑させる。

第二に、イエスのエルサレム行途上の記録が、ルカには殊のほか複権であり詳細であるのに（六・五一―一八・二九）、パウロのエルサレム途上の叙述も長く詳細である。

第三に、エルサレムに入城すると、歓迎と迫害が平行するのも同じである。ルカは特に、エルサレムの群衆がイエスを見て喜んだという言葉を使っているが、単語は異なるが、パウロの場合も同じ意味の歓迎を受けている（ルカ一九・三七、使二一・一七）。

第四に、イエスとユダヤの宗教支配階層との論争に復活論があるが（ルカ二〇・二七以下）、パウロにおいても同様である。

第五に、イエスを逮捕するとき、群衆が先に立っているが（ルカ二二・四七）、パウロの場合も同じである。ただその背後に祭司長、神殿の守衛隊長、長老たちがいたことを明記しているが、これはルカの編集句である。

第六に、審問過程として、パウロは群衆↓サンヘドリン↓フェリクス総督、すなわち法廷におけるアナニア大祭司を始めとしたユダヤ指導者の前↓フェストゥス総督主宰の下もう一度の類似した審問↓ヘロデ・アグリッパの前などとなっているが、イエスの審問過程も、マルコにはサンヘドリンとピラトの法廷で終わるのに対し、ルカには大祭司の家↓サンヘドリン―ピラトの法廷↓そしてヘロデの前などと類似している。

第七に、最後に、イエスの場合のように（ルカ二三・一五）、パウロもローマ法によれば無罪であるとしながら、最後の最後まで釈放していない。二つの場合とも、全てユダヤ人たちの圧力にローマ総督が法の通り処理できないでいるものとなっている。

以上の考察において、この類似性が、歴史的事実が基盤になっているとは考え難い。ルカは、マルコの順序におおよそ従っていながら、受難史においてだけは異なっているが、おそらく他の資料をもっていたのであろうという主張が正しいであろうし、受難記をイエスの受難史をモデルにしたのであろうと推測することは大して無理ではないであろう。

ルカに従えば、イエスの場合と同じように、パウロもユダヤ教による犯罪者として告訴されたのであって、ローマ法には抵触していないということを強調している。特にヘロデを登場させることで、その点をより一層強く現している。

ローマ法に抵触するということは、政治犯であることを意味する。特にルカは、ピラトが「訴えているような犯罪はこの男には何も見つからなかった」（ルカ二三・一四、一五以下。二二）と繰り返しているが、パウロに対しても、繰り返し〈死刑〉や〈投獄〉されるほどの犯罪がないことを反復している（使二三・二九、二五・二五、二六・三一）。

ローマ法において、死刑の対象は反ローマの政治犯、具体的には反ローマのゲリラ部隊員である。すなわち、パウロはイエスの場合のように民衆の暴動を煽動していなかったことを繰り返し強調して、単にユダヤ教との教理的見解の差異から生じたユダヤ人たちの問題であるという印象を与えようとしている。しかし、ここにこそ核心的な問題があるのである。彼が本当にそうだとすれば、ローマ総督には関係のない人である。このようなことをルカは知っている。コリントにおいて、ユダヤ人たちがパウロを捕らえて〈ガリオン〉総督に告訴したとき、総督は、「…問題が教えとか名称とか諸君の律法に関するものならば、自分たちで解決するがよい。わたしは、そんなことの審判者になるつもりない」（使一八・一五）といって裁判を拒否している。これこそが、当時のローマの植民政策なのである。彼らは、宗教的教理の争いに関する限り、絶対に関与しなかったのである。このことを知っているルカは、イエスを告訴する言葉として、「この男はわが民族を惑わし、皇帝に税を納めるのを禁じ、また、自分が王たるメシアだと言っていることがわかりました」（ルカ二三・二、ルカ固有）という告訴で、事件を成立させようとしている。このような内容でなければ、ピラトは彼を処刑する理由がないのである。ところが、そのような核心的な理由が、あたかもユダヤ人たちが告訴の張本人であり、またユダヤ教の問題をもち出してくるようにしたことが混ざり合って、イエスの十字架処刑の理由を迷宮に落とし入れているように、パウロの場合も、続けて律法やユダヤ教の冒涜が主な要因であるかのように主張していることと、ところどころに飛び出してくる政治的な告発が入り混じって、彼の逮捕、投獄の理由を迷宮に落とし入れている。この点をもう一度回顧してみることにしよう。

はじめ、パウロを殺そうとする暴徒たちの怒りは、純粋にユダヤ教の冒涜がその理由であった。その場にローマ帝国の千人隊長が駆けつけ、そして、彼を〈保護〉するために、またその暴徒たちから隔離するために連れていく途中、出し抜けに、「お前は、最近反乱を起こし、四千人の暗殺者を引き連れて荒れ野へ行った、あのエジプト人ではないのか」（使二一・三八）と尋ねる。このような嫌疑を受けたとすれば、この千人隊長は総督に引き継ぐ理由になる。その上、そのときの状況においてはそうである。

総督フェリクス統治の時代（紀元五二年から）に、極端な宗教の民族主義者たちが決死隊を組織して、ローマ軍または親ローマの民族反逆者たちを暗殺する運動を繰り広げたが、彼らを称して〈シカリ〉（sicarier）といった。〈sica〉は「短刀」という言葉で、〈刺客〉という意味である。

彼らに殺害された最初の人が、ローマ勢力を後ろ楯に権力を振るっていた祭司長ヨナタンであった。フェリクスは彼らを捜索するのに奔走したが、彼らとは別途にある人物が現れて、神が〈自由のしるし〉をあなた方に与えるであろうから、わたしに従いなさいといって三万人を糾合し、ゲリラ部隊を形成して、オリーブ山そしてエルサレムに向かって進撃した。ところでフェリクスはローマ軍を動員して彼らと戦い、そのうち四〇〇人を殺し二〇〇人を逮捕したことで、その主導者はその部隊を率いてエジプトに姿をくらましたことがある。その千人隊長は、パウロが〈正にその人なのか〉と尋ねるのである。ただ相違点は、その数と〈エジプト人〉ということであるが、四千の四は三〇を誤って読んだ伝承のためであり、その主導者はユダヤ人であるのに、エジプトに姿を隠したことからエジプト人であると誤って伝えられたのであろう。このような歴史的状況において、パウロにそのような嫌疑をかけるということは十分可能であり、またそうだとすれば、総督に護送する十分な根拠になる。またそのような視点で見るときにのみ、二代の総督たちが続けて彼を投獄していてローマにまで護送したことを理解することができる。

しかし、単にユダヤ人の律法問題であるとすれば、歴史的に全く話が成立しない。このような仮定で本文を読み直すと、その千人隊長の問いは、その文脈において出し抜けであり、もしも使徒言行録二一章三一節後半の「エルサレム中が混乱状態に陥っているという報告が、守備大隊の千人隊長のもとに届いた」を事実の起点にして、彼は「直ちに兵士と百人隊長を率いて、その場に駆けつけた」（三二a）→「千人隊長は近寄ってパウロを捕らえ、二本の鎖で縛るように命じた。

そして、パウロが何者であるのか、また、何をしたのかと尋ねた……」(二二—三七節)に繫ぐと、その千人隊長の問いかけは、核心的なものになり、文脈も自然である。二一章三一節の〈混乱状態〉、〈騒ぎ〉または〈騒擾〉と翻訳されるスタシス(stasis)は政治的用語であり、これが告訴の内容であろう。

律法の問題で告訴していたユダヤ人たちは、ついに彼を「実は、この男は疫病のような人間で、世界中のユダヤ人の間に騒動を引き起こしている者、『ナザレ人の分派』の首謀者であります」(使二四・五)とその罪を集約している。世界中のユダヤ人の間に騒動を引き起こしているとすれば、ローマに対する反乱罪を意味するに違いなく、ナザレ人の分派といった〈ナザレ〉は、イエスの故郷と結びつけたキリスト教の名称であるか、でなければ、ヘブライ語〈ナザロ〉(教員)から〈救済主義者〉という意味になり得るし、分派〔党〕と翻訳しハイレシス(hairesis)は、宗教的には〈異端的な分派〉、政治的には〈集団〉のような意味で、結局〈ユダヤ民族の解放集団〉ということを現そうとする用語として見るほかない。いわゆる〈政治的騒乱者〉ということである。

パウロの自己弁護の発言のなかには様々な話があるが、繰り返し話される言葉に、「神殿でも会堂でも町の中でも、この私がだれかと論争したり、群衆を扇動したりするのを、だれも見た者はおりません」(使二四・一二、一八)という主張、また告訴の内容と関係なく、「私は、…皇帝に対しても何も罪を犯したことはありません」(使二五・八)という弁明などは、彼が正にそのような嫌疑で拘束されたことを逆説的に現している証拠として見ることもできる。一歩進めて、このような疑いを受けるに足るパウロの発言が、その千人隊長の質問ほどに噛み合うことのない文脈のなかに出てくるが、使徒言行録二六章六―七節がそれである。

「今、私がここに立って裁判を受けているのは、神が私たちの祖先にお与えになった約束の実現に、望みをかけているからです。私たちの十二部族は、夜も昼も熱心に神に仕え、その約束の実現されることを望んでいます。王よ、私はこの望みを抱いているために、ユダヤ人から訴えられているのです」

「神が私たちの祖先にお与えになった約束」、「十二部族が、夜も昼も…その約束の実現されることを望んでいる」というその約束とはそもそも何であろうか。その次の八節は、この希望を復活と関連させることによって、約束の内容を曖昧にしており、またその文脈自体も放物線を描いている。人々のなかには、この約束または希望が、イエスにおいて成就された復活であるというが、その復活は復讐になっているので、大胆な飛躍をしないと理解できない。むしろ、〈その約束！その希望のためにローマ帝国に告訴されています〉といってこそ自然である。なぜならば、ユダヤの祖先になされた約束、さらに十二部族という、あまりにもユダヤ民族の色彩を帯びた集団に与えた約束は、ユダヤ的なメシヤ王国を意味していると受け取るほかないからである。特にこの言葉を、たといローマの傀儡であるとはいえ、ユダヤの血が混ざったアグリッパの前でなされた言葉になっているのは注目に値する。

以上のように、極めて短い断片を総合すると、パウロが逮捕、投獄された理由として、ルカがあげた理由とは相反する、歴史的に異なる可能性が見えてくる。もしも、イエスがローマ帝国によって投獄されるか処刑されたのが歴史的事実であるとすれば、これは可能性ではなく、確実な根拠であると見るほかない。実際、パウロは投獄された。そして六〇年頃ローマで処刑されたであろうということが、定説化されている。

そうだとすれば、どうしてルカは、イエスが反ローマの煽動者として告訴され、またそのような名(ユダヤの王)で処刑されたにもかかわらず、ピラトが彼の無罪を確信しながらも、最終的に彼を処刑したとして叙述したように、パウロの受難記も同じ叙述法を用いているのであろうか。ボルンカムは、ルカは使徒言行録一章八節において、すでに彼の叙述の方向を決めたと見ており、福音が地の果てまで伝えられることに焦点を合わせたためであると前提にしている。そしてまた、異邦であるローマにキリストの偉大さと平和の意志を示すことで、キリスト教を政治的な敵と見る誤解を除去しようとしたという。明らかに、使徒言行録の全体の傾向は、混合主義的な性格を示している。

思想的に、一方ではユダヤ教において、他方においてはギリシア(アテネ)の諸宗教に至るまで、パウロは接触点を模索して、彼が信じている福音をその内容に込めようとしている。これはパウロ的ではない。彼は、「たとえわたしたち自身であれ、わたしたちがあたながたに告げ知らせるものに反する福音を告げ知らせようとするならば、呪われるがよい」(ガラ一・八)と述べるほど、妥協を知らない性格の人であった。彼はペトロの偽善的な行為を人々の前で叱責し、エルサレムのいわば〈支柱〉といわれる人たちから得たものがないことを宣言して、独自の道を明確にしている人である。

しかし、無論それと対照となる面もある。彼はその状況に適応することを知っていると繰り返し述べている。ユダヤ人とは彼らに合うように、異邦人にはやはり彼らに合うように！　しかし、それは本質的なことに対してまでも譲歩するという意味では決してない。それは貧しく生きることもでき、富める者のように生きることもでき、もっていてももっていないかのように、もっていなくてももっているかのように生きることができるという意味における融通性である。

しかし、ルカが書いたパウロの受難記は、ローマ帝国とユダヤ教の間にあって、両者を全て調和させようとする努力の結果、読者を迷宮に陥れているということを否定することはできない。しかし、このような結果を、ルカの主体的な立場であると規定して、彼にその責任を負わせることはできない。ルカは、彼の叙述法や文章において、かなりの水準の知識人であることを示している。そのような彼が、この受難記が十分でないことを知らないはずがない。われわれは、ルカがパウロをそのように描くほかないようにした、ルカの歴史的な状況を考慮に入れなければならないであろう。本論においては、これ以上を発展させることはできないが、一つのことだけを指摘することにしよう。それは、この受難記が、正にヨハネの黙示録にまで象徴化して登場する、キリスト教迫害の張本人であるドミティアヌスの無慈悲な独裁時代に書かれたということである。

四　ヨハネの証言

ヨハネによる福音書の特異性

共観福音書との関係

すでに指摘したように、〈福音書〉という文学的な類型は、マルコにおいて新しく創造されたものであるが、ヨハネもそのような範疇に属する福音書であることは間違いない。それは、イエスに関する文書であるという意味においても、早くから他の手紙と区別して福音書と称されたが、内容の上から見ると、洗礼者ヨハネの説話から始まって、イエスがエルサレムにおいて逮捕、裁判にかけられて十字架に処刑され、復活した説話で終えているのは、他の福音書と同じである。しかし、極一部を除いては、他の福音書に引用された資料とは多分に異なる資料であり、イエスが活動した順序も全く異なっているために、人々は早くから他の三福音書と区別して見るようになった。それで学問的に分析した結果、他の三福音書を〈共観福音書〉と称し、ヨハネによる福音書は完全に固有なものとして扱われた。聖書を注意深く読んでいる人は、共観福音書との違いを容易に見出すことができるであろう。

先ず、共観福音書におけるイエスは公生涯のうちエルサレムでの一週間を除くとガリラヤ地方で過ごしたが、ヨハネのイエスは、少なくとも三度もエルサレムに上っている（ヨハ二・一三、五・一、七・一〇）。そのうち七章一〇節にエルサレムにいった記録に注目すると、仮庵祭（七・二）から神殿奉献記念祭（一〇・二二）を経て、彼の死をもたらした過越祭まで留まったことになっている。その期間は少なくとも半年を超える。その間に、イエスが先ずエルサレムにいって神殿の粛清からするのであるが、これは、彼の生涯の最後になされる共観福音書のイエスとは異なっており、また共観福音書には、過越祭が一度だけ出てくる。共観福音書によれば、彼の公生涯は一年に満たないが、彼が弟子たちと麦畑を通ったという記録（ヨハ二・二三）を年代測定の資料として利用する場合、ヨハネのイエスは、少なくとも二〜三年の公生涯を送ったことになる。なぜならば、彼の公生涯のうち確実に二度の過越祭を送ったからである（ヨハ二・一三、六・四）。

共観福音書のイエスの振る舞いにおいて重要なことは病を癒すことであるが、特に悪霊を追い払う説話が重要である。ところが、ヨハネのイエスは、悪霊を追い払ったことが一度もなく、カファルナウムの一役人の息子の治癒（ヨハ四・四六以下）、五千人を食べさせる奇跡と湖の上を歩く奇跡（ヨハ六・一、一六以下）のほかには異なるものがない。以上において例としてあげた共同の資料も、共観福音書のものと比較すると、その治癒すること自体に関心の焦点があるのではなく、それを契機にしてそれを行った方、すなわち〈イエスが誰であるか〉という問いに集中している。

また、共観福音書にはない奇跡の説話があるが、カナの婚礼においてなされた奇跡（ヨハ二・一以下）、ベトザタの池での治癒（ヨハ五・一以下）生まれつきの盲人治癒（ヨハ九・一以下）、そして死んだラザロを復活させた説話（ヨハ一一・一以下）があるが、全てが長い説話で、やはりその事件自体よりも、それを契機に〈イエスが誰であるか〉を解明することに重きを置いている。

また、弟子を召した説話もあるが、共観福音書のそれとは全く異なる場面と叙述であり、人々との交流において、ニコデモ（ヨハ三・一以下）、サマリアの女性（ヨハ四・一以下）、姦通の女性（ヨハ八・一以下、これは古い写本にはない）との出会いなど、共観福音書においては見ることのできない集中的な個人接触の例であり、このような個人接触の例が、共観福音書と比較すると、ヨハネによる福音書においては顕著である。

ヨハネの言語は、共観福音書のそれとは異なっている。共観福音書の言語は、受難史を除くと断片的な説話で点綴されている。一つ長く叙述したものは、洗礼者ヨハネの処刑過程の説話のほかにはない。その短い断片的な説話のなかのイエスの言葉は、ほとんどが展開のない一言ずつである。これに対しヨハネの言語は主体的であり、展開的である。その全体の構成から見ると、大きく分けて二つの主題からなっているが、ヨハネによる福音書一章一九節―一二章五〇節は、世界のなかで活動しているイエスを、一三章一節―二〇章二九節は、彼の父（神）のところに帰っていくイエスを集中的に叙述している。そして一章一―一八節に彼特有の序文がある。

またヨハネによる福音書におけるイエスの活動の場は、パノラマ的ではなく、数幕の演劇の舞台を照明しているかのように集中的である。洗礼者ヨハネの証し、ニコデモとの対話、サマリアの女性との対話、ベトザタの池で起こった事件に由来する討論、五千人に食べ物を与えた後続けて展開される命のパンに関する教え、目の見えない人を巡ってのユダヤ人との盲人論、ラザロの死を契機に展開されるマリアとマルタ姉妹の対話などはそれぞれ平均一章程度の分量を占めており、一四章から一七章までは有名な告別の説教が展開される。

そして驚くべきことは、共観福音書において見ることのできるかくも多くの特有な比喩が、ヨハネによる福音書にはたった一つも伝承されないでおり、よく比喩であるといって、善き羊飼いの説話（ヨハ一〇・七以下）とぶどうの木の説話（ヨハ一五・一以下）をあげるが、それらは共観福音書において見る比喩の性格とは異なっている。全体としてこの説話の性格を表示するとすれば、かなり知的であり思弁的な言語であって、決して民衆の言語ではない。

ヨハネの精神的風土

そもそも、ヨハネによる福音書はいつ、どこで、誰によって書かれたのであろうか。ヨハネ記者は共観福音書を知っていたのであろうか。このような問いが、その精神風土を問うことと関係したことである。ヨハネはマルコによる福音書を知っていたという推測が優勢であるが、それはすでに見たように、大きな枠組みが同じであり、またそのなかに言語上の単語まで全く同じであるところを数か所見出すことができるからである。一歩進めて、ヨハネはルカによる福音書を知っていたという痕跡も明白である。マリア、マルタの性格描写（ラザロの死の説話に現れたマリアとマルタの性格と、ルカ一〇・七八以下の二人の比較)、そしてヨハネによる福音書一三章二節、二七節＝ルカ二二章三節、一三章三八節＝ルカ二二章三四節、一八章一〇一節＝ルカ二二章三〇節などにおける共通性、何よりもイエスに香油を注ぐマリアの説話（ヨハ一二・三以下）は、ルカによる福音書の七章三六節以下とマルコのもの（一四・三以下）を結びつけた痕跡が明白である。もしも一般的に認められているように、ルカによる福音書を知っていたとすれば、この福音書は早くとも紀元後一世紀末以前に書かれることはなかったであろう。そのように見ると、マルコによる福音書とは少なくとも七〇年の時間的な隔りがあるのである。

ところが、何よりわれわれの関心を引くのは、どうして共観福音書のイエスの資料を忌避したかということである。以前にはヨハネは共観福音書から抜け落ちたものだけを伝えようとしたとすることで、四福音書を総合し再編集しようとする努力があったが、今日ではそのような試みは、単なる固執にすぎない。ヨハネは、明白な異なる状況において、異なる生活の場にあったために異なる資料も全て伝承されたであろうが、彼の生活の現場において異なった目でイエスを解釈したということは、これ以上論議する余地がないこととなっている。それでは、それはどのような状況なのであろうか。

この問題はまだ明白な解決を見ていないことであるが、次のいくつの観察において、その雰囲気を推測することができる。

言葉はその状況を反映するものである。先ず、ヨハネによる福音書が使用したギリシア語は、セム的なギリシア語である。それで、ある人たちは、これが元来アラム語でできているものを、ギリシア語に翻訳したのであろうと主張したほどである。ある人たちなどは、このギリシア語が、旧約の七十人ギリシア語訳（ＬＸＸ）の言語と同じであるという。この指摘も、その言語がヘブライ的になっていたものを、ギリシア語に翻訳したということにもなり得るが、ヘブライ的に考える人がギリシア語で書いた場合にも、そのような特有の言語になり得る。ともあれこのような論議から明らかになることは、この著者がヘブライ人でありながらギリシア語を使用する風土においてこの文書を書いたということである。（C.H.Dodd, R.Bultmann）。それは七十人訳の場合と同じである。

次に注目されることは、その常用している概念と世界観である。何よりもヨハネによる福音書において目につくのは、二元的な言語である。光と闇、真と偽、上と下、生と死、霊と肉などがそのようなものである。これは全て二元論的な世界観の言語である。このように比較される二種類の言語は、根本的にその根源が異なっている。この世に対してあの世がある。見えるものに対して見えない実在がある。そして究極には悪魔と神に分けられる。したがって、イエスはどこからかこの世（肉）にきて活動していて、次の段階にはどこかあの世に帰っていくというのがヨハネの全体の主題であり、このように〈やって来て帰っていく〉過程において、救いの事件が起こるのだという。そのような世界観から、イエスが父に送られ、父に帰るというのであるが、彼を命の水、命のパン、世の光、道、真理、生命などであるという。それでは、このような二元論的な世界観はどこに由来し、そのような概念はどこにあったのだろうか。

それはヘレニズムの世界観であり、その文化圏において用いられている言語である。そのなかに特に霊知主義（これについては後述する）において、このような世界観（言語）を見ることができる。したがって、人々はヘレニズムの文化圏、特に霊知主義が強い領域においてこの文書が書かれたと見ることができる。そのような主張のなかには、当初から彼を霊知主義者と断定する人たちがあるが、このような傾向はすでに二世紀末においてより見ることができる。一方宗教史的に見る人々は、この事実を否定できないのであるが、そうだからといって、彼を霊知主義者であると見るのではなく、そのような風土にいたのだと見るのであるが、ある人々はもう少しその地域を狭めて、中東一帯の霊知主義の精神風土が支配した地域であるという（Baur, R. Bultmann）。これに対し、クムラン文書が発見されてからは、このヨハネの立っている地域の精神風土は、霊知主義の構造をもったパレスチナのユダヤ敬虔主義であるというクーン（K.G.Kuhn）の主張に、多くの人々が同意した。それについてはより一層細分化された討論があるが、共通点は、ヘレニズムの霊知主義が強い風土であるということは、定説と見てよいであろう。

聖書の著者たちは、常に彼らの生活の場において、その文書の読者たちの言語を使おうとした。それは思弁の文書ではなく、具体的な歴史の現実に生きている人々を救おうとする明確な目的意識をもって書いたからである。そのような点において、ヨハネも例外ではない。ヨハネは、少なくとも共観福音書と比較するとき、かなりの水準の知識層を念頭に置いていたと見なければならない。それだけ、彼の言語は知的であり、展開的である。

それでは、この著者は誰なのであろうか。一言でいって、その年代から見て、一二使徒中の一人である可能性は稀薄である。ましてや、ヨハネによる福音書一九章三五節に、「それを目撃した者が証ししており、その（ekeinos）証しは真実である」とあるが、ここで指示している〈その〉は著者自身ではないと見るのが妥当である。そうだとすれば、この著者こそは、しばしばその〈愛する弟子〉と呼ばれたその目撃者の次の世代によって書かれた可能性が極めて大きい。

イエスの新しい解釈

ヨハネによる福音書の初めに、ロゴス（logos）という言葉が出てくる。この概念はギリシャに由来している。この最初の一言が、すでに著者の精神的風土と共に、新しい言語でイエスを新しく解釈しなければならない使命に追い込まれていることを推測させる。そこで、二元的な言語をあげて、世界が蒙昧であることを明らかにした後、洗礼者ヨハネを通じてイエスを新しく解釈している。ヨハネによる福音書には、歴史的なことに対する言及がこれといってないのに比べ、洗礼者ヨハネについては、どの福音書よりも多く言及しているのは（ヨハ一・一五、一九―三七、三・二三―二四、二五―三〇、五・三三―三六、一〇・四〇―四一）、洗礼者ヨハネ派が健在であるときであるということと、これに対する立場を新しく定立する必要を感じている証拠である。それに対する結論は、彼はイエスの先駆者ではなく、イエスの証人として、彼の弟子たちは今やイエスに還らなければならないときであり、これは一言でいって、「あの方は栄え、わたし（ヨハネ）は衰えねばならない」（ヨハ三・三〇）に集約される。

また彼と共にユダヤ教との関係をはっきりと処理し、それに対する定立を通じて、イエスを新しく解釈しなければならない状況にあった。カナの婚礼において（ヨハ二・一以下）、水で酒を作ったという説話に対して、それまで人々はイエスが何よりも先に結婚を祝福したという説教をよく聞いてきたが、この説話は、実際は古いユダヤ教に対してキリストの福音を対照させた説話である。古い酒（ユダヤ教）はすでにその寿命を終えた。そのとき、イエスは水で酒を作って新しい場を開いている。その酒は、すでに気の抜けた古い酒と比較する余地のない良い酒であった。これをもって、キリスト教の祝祭のような喜びのときがやってきたことを説明している。

そして、先ず（共観福音書は後に）エルサレムの神殿を粛清することと合わせて、イエスの死と復活が、神殿宗教に永遠に対峙したものであることを描くことで解釈し、（ヨハ二・一三以下）、ユダヤ民族の支配体制であるサンヘドリンとの関係も、ニコデモという一人の象徴的人物を通じて、彼の無知を暴露することによってその限界を宣言し、それ自体には何の希望もなく、全てが新たに甦ること、すなわち革命が起こることだけであると明言（ヨハ三・一以下）している。

またサマリアの女性との対話において、すでにサマリアのゲリジム山の神殿か、エルサレムの神殿かというときは去り、「まことの礼拝をする者たちが、霊と真理をもって父を礼拝する時が来る。今がその時である」（ヨハ四・二三）ということによって、このときはすでに地域を超越する聖霊の新しい時代であると明言している。

このような論調は、キリスト以前の一切のもの、特に指導層は（ユダヤ人に代表される）奴隷であり、目の見えない人であり、悪魔の子であり、民衆を欺く指導者（羊飼い）のマスクを被った盗賊であるなどの激しい批判と共に、続けて〈キリストは誰であるか〉を新しく解釈している。そしてヨハネは、この問いに対する答として、その方こそが、自由ならしめるこの世の光、羊のために命を投げ打つ真の羊飼い、神が送った方であるという。

そのような彼を、序説において明らかにしたように、「この世の闇が悟ることができず、十字架に処刑してしまえ」といったが、それは正に「成し遂げられた」（一九・三〇）という勝利の事件であると解釈する。この最後の言葉は、「わが神、わが神、なぜわたしをお見捨てになったのですか。」（マコ一五・三四）といって大きな摂理と共に息を引き取ったたというマルコの十字架理解とどんなに対照的であろうか。解釈！　それこそが、信仰の対象を食べて消化させながら生きようとする行為である。そのような意味において、「これは、天から降って来たパンであり、これを食べる者は死なない。わたしは、天から降って来た生きたパンである。このパンを食べるならば、その人は永遠に生きる。わたしが与えるパンとは、世を生かすためのわたしの肉のことである」（ヨハ六・五〇—五一）といった言葉を、新しく理解しなければならないであろう。

開闢の宣言

「言は肉となって、わたしたちの間に宿られた。わたしたちはその栄光を見た。それは父の独り子としての栄光であって、恵みと真理とに満ちていた」(ヨハ一・一四)。

「言は肉となって、わたしたちの間に宿られた」。これは新しい世界歴史の始まりの大序幕の宣言である。

グノーシス主義という宗教があった。真の実在は光の世界だけである。人間は本来この霊の世界に根源を置いている。しかし、彼はある偶然から肉(物質)を使った。霊は肉という監獄に閉じ込められた。したがって、人間の究極の救いは、この監獄から脱出して霊の世界に還ることである。しかし、人間はこの肉という監獄を自分の故郷のように考え、それに慣れてしまった。しかし、彼の本質は霊であるため、いつも不安と恋しさがる。しかし、彼はこの不安と恋しさがどうして生じるのかを知らない。あたかも忘却の病に罹った人が自分の過去を全て忘れてしまうことで、自分の故郷、自分の父母、自分の生涯、ついには自分の名前さえも忘れてしまったように!

しかしついに、光の世界から使臣がやってきた。彼は肉体を被った人のように見えるだけで、霊自体のままでやってきた。彼は、自分の故郷を忘れた人間にそれを知らせるためにやってきた。「人間がその監獄を脱出するようにするために」。これが彼らの主張である。

このような主張には重要な事実が前提になっている。それは、今の人間は自己の本質を喪失しているということであり、失われた自己をもう一度取り戻さなければならないということである。人間の自己喪失は、物質に対する執着からきたものである。したがって、物質を呪い肉の感覚性から脱出しなければならないというのである。ところが、ヨハネは言（logos）が正に〈肉〉となったというのである。すなわち、言は肉を被った人間であったということである。

人間はその歴史と共に神を探し求めた。しかし、その神は人間が到達するにはあまりにも遠く、また高いところにあると感じた。したがって、彼を反映していると思われるある具体的なものを、神の代わりに崇めた。そうでなければ、あまりにも遠いところにある神に向かって身もだえた。ところが、その神が肉となって、〈われわれのなかに〉すなわち人間として人間のなかに入ってきたと宣言し、それこそがユダヤの地ナザレに生まれたイエス・キリストであるという。このような宣言を、今日に生きているわれわれとしてどう理解すればよいのであろうか。

この宣言は、先ずイエス以前の歴史とそれ以後の歴史を厳格に区別している。この宣言は、イエス以前の歴史自体のなかには意味がない。それは、そのなかに目的がないからである。したがって、その歴史は継続して生成、消滅、永遠の反復と回帰のほかにはない。それは、ギリシアの哲学が理解した歴史観そのものである。したがって、それは歴史でありながら歴史ではない。なぜならば、それは自然において見ているように、法則によって機械のごとく回っているにすぎないからである。ギリシアにおいても、この平面的な歴史の外のある超越を想像し恋しがった。しかし、それは厳密な意味において超越ではなかった。なぜならば、例え神と称する対象をいうとしても、その対象はどこまでも〈コスモス〉という法則のなかにあるからである。

言（神）が肉（人間）になったという宣言は、この機械がその軌道に従って続けて回るように、必然のほかはないこの歴史に、新しい可能性が胚胎したという宣言である。これは、イエスの出現で、歴史はそれ自体のリズムによって、またそのリズムのために反復されるのではなく、一つの求心点ができたという意味になるであろう。これを、われわれは無精卵と受精卵の差として比喩できるであろう。無精卵は、そのなかに何ら新しい可能性はない。その殻のなかに閉じ込められているように、それは永遠にそのなかに遮断されたまま、一定の時間が過ぎると腐り果てるようになっている。これに対し受精卵は、そのなかに新しい可能性、新しい未来を受胎した。それは、今ややっくるであろうこと、すなわち雛ができるという新しい事実において、その意味が与えられた。言が人となって歴史のなかに入ってきたということは、正にこの無精卵のような歴史が修正されたという意味である。したがって、歴史には中心ができ、したがって目的が与えられた。ところが、この目的は、そのなかの必然性からできたものではない。それは、外から精子を受け入れることによって与えられたものである。しかし、それは外から入ってきたが、それはすでに異質のものではなく、それ自体の目的になったという意味になる。

これは必ずしもヨハネによる福音書の信仰だけではない。共観福音書においても、このような信仰を描くことで現された。乙女マリアが聖霊によって受胎したという説話もそうである。乙女マリア自体としては、新しい生命を生むことはできない。彼女が新しい生命を懐妊する道は、外から生命をその体に受け入れるときにのみ可能である。ところが、マリアは聖霊によって懐妊したという。これは、自然自体の必然としてキリストがこの世にきたのではないという意味である。否、神がこの歴史のなかに入ってきた事件が、正にイエスの誕生なのである。そのような意味においてこの事件を〈インマヌエル〉という。それは、神がこの歴史のなかに来臨して現存しているという意味である。こうして、乙女マリアと受胎以後のマリアが全く異なるように、この歴史の意味が全く変わったのである。

イエスは、徹底して人間になった言である。ヨハネにはイエスの伝記を書こうという考えはなかった。彼は、イエスに起こった事件の解釈者であり証言者である。それにもかかわらず、ヨハネはたとい断片的であるとはいえ、人間となったイエスの姿を果敢に現している。「イエスは旅に疲れて、そのまま井戸のそばに座っておられた」(ヨハ四・六)。「サマリアの女が水をくみに来た。イエスは、『水を飲ませてください』と言われた」(ヨハ四・七)という。彼は十字架に架けられたときも、「渇く」(ヨハ一九・二八)といっている。その最後の瞬間、その貴重な瞬間を知らせるのに、どうして選りに選って〈渇く〉という哀れな悲鳴のようなことを伝えているのであろうか。シカルの井戸のそばで喉が渇いて水を飲ませてくださいといった彼は、十字架上の最後の瞬間まで乾きを覚える制限された人間であることをそのまま露わにしている。それだけではない。彼はラザロの死を悲しむ兄弟たちの前で、人情に抗し切れず「涙を流された」(ヨハ一一・一五)。それはあまりにも人間的である。ヨハネによる福音書は、躊躇うことなく、彼の父母兄弟を知らせ、どこからきたか、彼がいわゆる教育を受けられなかったという敵対者たちの言葉（六・四二）にも、何の修正も弁明もしようとはしない。彼は徹底した人間としてやってきた。真に肉を被った人間である。

ところが、「その栄光を見ました。それは父の独り子の栄光でした。彼には恩恵と真理が満ち溢れました」という。純粋な人間になった彼において、神の子の栄光を見たという。彼において満ち溢れた恩恵と真理を見たという。もしも彼が純粋な人間になっていなかったならば、それは大して神秘なことでもない。しかし、人間〈肉〉のなかにおいて神的な栄光を見たという。われわれが、もしも彼にまだ一般の人々にはない特殊な神的な本質があったと理解するならば、それはすでに純粋な人間ではないという証拠である。しかし、このように純粋な人間になったイエスにおいて神的な栄光を見たとすれば、それはパラドックス（paradox）であらざるを得ない。

ヨハネは続けてこのようなパラドックスを現している。この疲れた旅人、喉が渇いて水を飲ませてほしいというそのイエスこそが、永遠の生命の水を与えてくれる。人情に脆《もろ》く涙を流すそのイエスこそが生命であり、復活の主である。十字架上において〈喉が渇く〉というその人が、正に「成し遂げられた」という。しかし、その間には、何の神秘な変化の過程もない。否、人間イエス、人間の制約をもったそのイエスにおいて、正にそのような栄光が現れる。

イエスの弟子フィリポが神を示してほしいといった。彼はイエスと長い間一緒にいながらも、あいかわらず神を超自然的なところに探し求めていたようである。これに対して、「フィリポ、こんなに長い間一緒にいるのに、わたしが分かっていないのか。わたしを見た者は、父を見たのだ。なぜ、『わたしたちに御父をお示しください』と言うのか」（ヨハ一四・九）と反問する。これは神の叱責でもある。今彼らと話し、彼らと共に動いているそのイエスを離れて神を探し求めることは、正に〈言〉が〈肉〉となってわれわれのなかにいるということを分かり得ない者の立場である。しかし、今彼らと向き合っている彼を離れて、彼との関係を離れて神に出会い得るいかなるところもないというのが、イエスの応答である。彼を見ることで神を見ることができなければならない。彼を見ることが、すなわち神を見たことである。

イエスは、人間が進むべき道や、また人間が知らなければならない真理や、さらには生き方を提示したり教えたりするのに留まる方ではない。否、彼がすなわち「…道であり、真理であり、命である」（ヨハ一四・六）。したがって、彼は道を教えるのではなく、「わたしに従いなさい」といい、彼に従えば（弟子になれば）真理を知るようになるであろうといい（ヨハ八・三一─三二）、永遠の命を探し求める人々には「わたしが命のパンである」（ヨハ六・三五）という。したがって彼は、「人の子の肉を食べ、その血を飲まなければ、あなたたちのうちに命はない。わたしの肉を食べ、わたしの血を飲む者は、永遠の命を得るであろう」（ヨハ六・五三─五四）という。このような主張は、「これはヨセフの息子のイエスではないか。我々はその父も母も知っている」（六・四二）というユダヤ人にとっては躓きになるほかなかった。

しかし、これは驚くようなことではない。それは彼らが暗闇のなか（古い時代）にいるからであり、この暗闇が光を理解しないからである（ヨハ一・五）。

〈神は彼岸にいる。したがって、永遠の真理や命は彼岸にある。したがって、もしもそのようなものがこの歴史のなかにいる人間に現れる場合には、常に超自然的でなければならない〉という二元的な考え方に捉われている人には、大きな衝撃であるほかない。それゆえに、彼らはかえってイエスがどこからきたのかを知らなかったならば、かえって彼の言葉を容易く受け入れることもできたであろう。それだから、彼らは「わたしたちは、この人がどこの出身かを知っている。メシアが来られるときは、どこから来られるのか、だれも知らないはずだ」（ヨハ七・二七）と、彼への不信の根拠を示すのである。したがって、彼の前に立った人にとっては、二つのうちの一つを選ぶ道だけである。すなわち、彼を全的に受け入れるのか、それとも彼を全的に拒否するのか、の道である。

岐路

「神が御子を世に遣わされたのは、世を裁くためではなく、御子によって世が救われるためである。御子を信じる者は裁かれない。信じない者は既に裁かれている。神の独り子の名を信じていないからである」（ヨハ三・一七―一八）。

強者が弱者を踏み躙って立ち、剣が正義より強く、真理も正義も愛も立つところがないこのような現実は、永遠に続くことはできないのである。このような矛盾した現実を正すために、「剣は剣で、不義は不義で」という歴史が反復されて血で染めたのが人間の歴史である。人間はよりよい世界を築こうと苦労してきた。しかし、不義を克服するためには、正にその不義を武器にするほかない制限性を有しているがゆえに、古い不義を除去すると同時に新しい不義を作り出している。そうすることで永遠の悪循環だけを続けている。地球を動かすことができるのは、地球の上に立っている人間では不可能である。それは唯一、地球の外からにおいてのみ可能である。したがって、結局には悪循環を繰り返している人間の歴史の終章をもたらし、新しい歴史を成就する方は、神のみなのである。

イスラエル民族は、歴史上最も多くの受難をなめた民族である。彼らは、他の民族によって絶えず侵犯され、絶えず異邦の捕囚生活と彼らの支配下にあって、国なき民族として長久なる歳月を苦しまねばならなかった。彼らは、彼らの歴史の黄金時代であったダビデ王朝の回復を待望してきた。しかし、そのような希望は二つの理由で次第に薄れていった。一つは、彼らを占領した国々があまりにも強大であるため、彼らを自分たちの力で撃退することは到底不可能のように思われたし、他の一つは、イスラエル民族自体が不義に染まり、罪のために衰退するばかりだったからである。

イエスの時代には、世界国家であるローマ帝国がイスラエルを占領してすでに長く、イスラエルには暴力でこの勢力を撃退しようとする運動が度々起こっていた。しかし、その結果は血の海をなし、自らの首を次第に締め付ける結果だけをもたらした。それで彼らは、民族王国の再樹立を諦めるほかない立場に落ちていくだけであった。

しかし、彼らは絶望したりはしなかった。それは、彼らを導いた神に対する信仰のためであった。彼らの信仰は、彼らの力の限界や彼らが置かれている現状において挫折することはなかった。その結果、イスラエル民族の運命に執着していた従来の信仰を超越して、この世界全体に対する神の経綸を見つめるようになった。そしてそのような信仰が〈黙示文学〉に凝縮された。

黙示文学は、神の歴史はある一国や一民族に局限されるのではなく、全世界を審判することによってその終末をもたらすであろうと預言した。その歴史は、歴史自体の自然発生的な過程の結果でなされるのではなく、超自然的な事件としてやってくるであろう。天の星が落葉のように落ち、水が血となり、地が割れて火を噴き、墓が口を開けて死んだ者たちまで生き返り、全人類は天から雲に乗ってやってきた審判者によって、羊と山羊を分けるようにその行為に応じて分けるであろう。したがって、彼らの待望の焦点は審判者であるメシアである。彼の前で人がなすべきことは、律法を徹底して守ることである。そしてこのような預言が、バビロン捕囚の当時から芽生え始め、イエスの時代には絶頂に達したのである。

ところが、ヨハネによる福音書は、その本文において重大な証言をしている。その内容には次の三つが含まれている。

第一に、イエスは神が世に送った子であるということである。これは黙示文学的な期待を引っ繰り返す証言である。なぜならば、彼がやってきたというが、この世界には天変地異のドラマが起こらなかったからである。彼は雲に乗ってやってきたのではなく、世が彼の父母や兄弟を皆知っているように（ヨハ六・四二）、人から人に、人と共に生きる存在としてやってきた。しかし、ヨハネの証言は、黙示文学の信仰の内容を全的に否定しているのではない。黙示文学の言葉は神話的なものである。しかし、それがいおうとしていることは、彼は歴史の必然として来るのではなく、歴史の外から歴史に介入してくるということである。ヨハネの証言も、そのような事実を否定しているのではない。彼は明確に、「言が肉になった」ということを前提にしている。ヨハネの証言は、単に黙示文学の預言を再解釈することによって非神話化しただけである。

第二に、審判はすでに進行しているということである。この証言も、黙示文学の審判についての像とは異なっている。彼らは、審判が超自然的なドラマとしてなされるであろうと考えた。ヨハネの証言は、イエスを信じる人は審判を受けないようになっており、信じない者は〈すでに〉審判を受けているというのである。これも黙示文学の審判観を再解釈することによって非神話化したものである。審判は確かにあるが、それはどこまでも人間の領域内で行われるというのである。ところが、ここで注目すべきことは、審判の基準が変わったということである。ユダヤ教においては、審判は律法がいう悪と善意と不義によって罰せられることである。ところが、ヨハネの証言は、彼を信じるか信じないかが審判の基準であるという。これで、審判は過去を問う〈分け方〉ではなく、未来との関係においてなされる事件となった。それゆえに、イエスは古い世界を処理するためにきたのではなく、新しい世界を抱えてやってきた方である。

したがって、彼を信じるということは、彼と共に新しい世界を信じ、それを受け入れることである。いわば〈来りつつあるもの〉に自己を開放することである。これに対し、彼を信じないことは、暗闇と罪の世界にそのまま座り込んでいる行為である。したがって、人間は自ら自分の道を選択したのである。

「御子を信じる人は永遠の命を得ているが、御子に従わない者は、命にあずかることがないばかりか、神の怒りがその上にとどまる」（ヨハ三・三六）。

「…今『見える』とあなたたちは言っている。だから、あなたたちの罪は残る」（ヨハ九・四一）。

「わたしを信じる者が、だれも暗闇の中にとどまることがないように、わたしは光として世に来た」（ヨハ一二・四六）。

すなわち、彼を信じるか信じないかで、人は分けられる。上記において注目すべきことは、正に〈とどまる〉（menei）という言葉である。そして〈神の怒り〉、〈罪〉、〈暗闇〉は呪われた状態を現している。ところが、このような状態は、審判者であるキリストによって殊更作られた状態ではなく、すでにある人間の境遇であり、その場にそのままとどまっていることに決定するのは人間自身である。これに反し、イエスの招きに応じる人は、古い世界の運命を突き破って、新しい世界に参加し決断したのである。このように見ると、この二つの岐路においてどちらへいくかということは、全的に人間の決断にかかっている。いわば、人間自身に彼の運命の鍵が与えられたのである。そのような意味において、御子を信じる人は審判を受けず、彼を信じない者はすでに審判を受けているのだというのである。

しかし、ここにも問題がある。それは、人間の運命が真に人間の決断においてのみ決定されるのか、その決断は神と無関係であるのかということである。例えば、ヨハネの証言に、「わたしをお遣わしになった父が引き寄せてくださらなければ、だれもわたしのもとへ来ることはできない」（ヨハ六・四四）、「父からお許しがなければ、だれもわたしのもとに来ることはできない」（ヨハ六・六五、一七・二、六、九。一二・四四比較）といった宣言は、彼のもとにゆくことができるのは、神が許した人にのみ可能であるという言葉として聞きやすい。それだけではない。イエスは、「真理に属する人は皆」わたしの声を聞くことができる（ヨハ一八・三七）といい、彼の羊だけが彼の声を聞くことができるという（ヨハ一〇・二七）。これは、人間の運命はすでに決定されているという運命論ではないか。われわれは、教会において語られている予定論に慣れてしまっているために、このような言葉をすぐにそのように考えてしまいやすい。

例えば、パウロが「神はわたしを母の胎にあるときから選ばれた」といった言葉がある。人々はこの言葉から予定説を主張する。しかし、それは教理ではなく、恩恵に感激した信仰告白である。「どんなに考えても、わたしがイエスを信じるようになり、彼の使徒となったのは、わたしの生き方の必然ではない。それは神がなされたことである」。このような告白は、恩恵に感激した人には自然なことである。したがって、上記の言葉を予定説として理解すると大きな過ちを犯すことになる。上記の言葉も、教理を教えているのではなく、全ての人を招いている言葉なのである。したがって、イエスの招きはある特定の人に限定されているのではなく、全ての人に向けられたものであることが分かる。

「わたしを信じる者が、だれも暗闇の中にとどまることのないように、わたしは光として世に来た」（ヨハ一二・四六）

「神は、その独り子をお与えになったほどに、世を愛された。独り子を信じる者が一人も滅びないで、永遠の命を得るためである」（ヨハ三・一六）。

これは全ての人に送っている招待状である。条件はただ一つある。それは〈信じさえすれば〉(if)である。論理的にいえば、信じることも、神が信じるようにするときにのみ可能であるということになる。しかし、これは教理ではない。それは人に向けた神の御心の証言である。それは〈信じよ〉という愛の招きを証言したのである。〈信じよ〉ということは、救いへの招待である。この導く御心が先立つのでなければ信じることができないのは事実である。しかし、導こうとすることは、すでに特定されたある人に限られているのではない。

〈導く〉ということとそれを〈受け入れる〉ということは、二つの事実ではなく同時的なものである。彼を信じる者は同時に導きを受け入れた人である。例えば、堕落した息子とその父親の場合を考えてみよう。父親の意志に背いて家出した息子に対し、父親は、「わたしはあなたを無条件赦すゆえ、速く家へ帰りなさい。そうしなければわが息子ではない」と勧める。このような場合、その息子には二つの道から一つを選択する自由だけがある。すなわち、父親の招きに応じるか拒否するかだけである。拒否すれば息子になることを放棄することであり、受け入れれば息子としての新しい出発の未来がある。ところが、彼が父親の意志に従うことにした場合、彼の自由の決断は、彼の決断でありながら同時に父親によって可能になった決断である。なぜならば、彼の父親の招きが先行しなかったならば、彼の決断は不可能だからである。

これと関連して最後に注目すべきことは、イエスは、「裁こうとされているのではなく…世を救おうとされているのである」という宣言である。キリストの来臨が世界の審判を意味するということは、呪うべき者を選び出すという意味ではなく、世を救おうとすることが目的である。それにもかかわらずそれが審判になるのは、人間が決断しなければならない最後の機会だからである。神は、人間の過去を基準にして人を裁こうとしているのではない。否、彼は全ての人に新しい世界の扉を開き、彼らを救いへ招くだけである。それにもかかわらず、人間が羊と山羊のように二つに分けられるようになるのは、人間自らが選択するところでなるものである。

キリストは決して裁こうとされている方ではない。このような証言は、「わたしの言葉を聞いて、それを守らない者がいても、わたしはその者を裁かない。…」（ヨハ一二・四七）という言葉において、徹底して現れている。

ところで、キリストが裁くのではないという宣言は、黙示文学の審判の表象と衝突する。彼らが審判を待つことには、二つの望みが前提になっていた。一つは律法の通りに生きた人（イスラエル）が、その報奨として祝福を受けることであり、他の一つは、彼らを抑圧している悪の勢力に神が復讐してくれることを望む心である。イエス時代のユダヤ人たちは、ローマに対する復讐心のために、終末を裁きとして強調した。すなわち神は全人類を彼らの功、罪にしたがって羊と狼に分けるように分け、不義なる者たちを処断するであろうという考えが、ローマに対する復讐心と結びついていたのである。ところが、世界の終末をもたらすであろうキリストが、裁くことが目的ではなく、正に〈この世界〉を救おうとすることが目的であるとするならば、これまでの価値基準が崩れることであり、同時にイスラエルの民族的念願に反することであり、彼らの特権意識を逆撫でするることである。それにもかかわらず、裁きになる。ラザロを死から甦らせる事件の前にあって、彼を信じる者と彼を殺そうとする者が分けられる（ヨハ一一・四三以下）。目の見えない人が見えるようになる事件の前にあって、見えない人が見えるようになるのに、見えると自負している人たちは、正にそうであるゆえに罪のうちにそのまま留まっている（ヨハ九・三五以下）。自由になるようにする現場において、われわれは〈奴隷〉ではないという自負心から、奴隷状態を固守している人たちがいる。このようにして分けられる。それが正に審判である。

審判は同時に救いのときを意味する。これで、キリストはイスラエル民族の念願を成就するイスラエルの救主ではなく、世界の全ての人間の救主であることが明確になったのであり、同時に、彼は人間の古い価値観に従って全てのことを決定する方ではなく、人間に神による新しい世界の扉を開いた方であることが明らかになる。その扉は全ての人に開かれている。しかし、そこに入ることを拒否する者は、自ら自分を裁いているのである。

五　迫害と希望（黙示録の信仰）

黙示文学の性格

ヨハネの黙示録は、聖書の最後にある書である。旧約と新約を一巻の書と見ると創世記で始まるが、人間歴史の堕落のために、長い間の矛盾と苦難の旅程を経て、ついに終末を告げ、全く異なる新しい世界の展開の夜明けを予告しているのであるが、この最後の任務をこの書がなしているわけである。

ところが、この書は長い間冷遇されてきたし、また多くの誤解と問題を起こした書である。その内容は、新約の他の書とはあまりにも対照的であり、キリスト教の核心的な内容が欠如していて、過度に不可思議な表現に満ちているとして、ルターのような人は、初めはこの書を新約から除外するほどであった。その後にも、これは極めて薄くキリスト教で彩色された、ユダヤの黙示文学にすぎないと酷評された（R・ブルトマン）。しかし、黙示文学に込められた歴史的な意味を考えるならば、新しい価値を再発見することができるであろう。

〈黙示〉（Apokalyptik）という概念は宗教史的な概念であり、それは同時に一つの文学の類型に属する。黙示文学と称されるのがそれである。ところで、黙示文学は古今東西を問わず、どの民族にも見ることができるが、それらには次の四つの特徴がある。

第一に、黙示文学は、ある種の危機または迫害による受難期に生まれる。それは、絶望的な状態に置かれているにもかかわらず、何らかの突破口を見出し得ない人々が、自動的にある超自然的な事件によって、悪の勢力を打ち倒して新しい世界がやってくることを期待する心が見る幻想を夢見るのであるが、黙示文学はこれを信念化させたものである。このような文学は、中東特にイランなどに多くあったが、ユダヤ社会においては、シリアのアンティオコス四世エピファネスが、この地を占領して残虐な方法で迫害を続けることにそれ以上耐えられず蜂起した、いわゆるマカバイ戦争のときから（紀元前一六〇年頃）紀元後二世紀に至る間に、そのような文学と考え方が支配するようになった。

旧約のいろいろな書においてもそのような断片を見ることができるが、一冊の書として保存されたのはダニエル書である。ダニエル書は、正にアンティオコス四世に対抗して戦っていた時期である紀元前一六五〜一六四年頃に書かれたものである。それは正しくアンティオコス四世の終末を予告するものであるが、それに止まらず一つの世界史を予告している。その後に韓国の一部の神秘主義者たちに影響を及ぼしたエノク書、一二族長の遺言、モーセの昇天、四エズラ記、そしてバルク書などが全てこの部類に属する文書である。これらの書は全て、イスラエル民族が外国勢力によって占領され、ついに国を失ってしまったときに出たものである。

第二に、黙示文学は、民衆的文学の性格を帯びている。何よりも説話体という点でそうであり、例話や童話を連想させる文章で、苦難にある人々が容易に理解することのできる幻想的な話し言葉で、彼らが直面している時代を間接的に反映して、挫折しないように希望を提示している。

第三に、黙示文学は例外なく象徴語を使っているという点である。〈黙示〉という言葉がそうであるように、それは、ある集団には分からないようにし、ある集団にはよく分かるようにする叙述法である。黙示的な言語、隠喩、象徴言語のようなものは、迫害時の民衆の最初の情報疎通のために用いた暗号である。同じ運命下にある集団は、共に直面する事件、共に憤慨する対象があるので、どのような象徴言語を使ってもよく分かるが、その集団外の人々には分からない。迫害時の民衆言語を称して飛語ともいわれるが、黙示の言語こそが受難時の民衆の言語なのである。おそらく、われわれの『鄭鑑録』〔朝鮮王朝の中葉以後に民間において盛んになった、国の運命・生民存亡について予言した書〕のようなものが、この部類に属する文学であろう。

最後に、黙示文学には強烈な民衆の信仰が反映されている。いかに目前に強い勢力が乱舞しても、そうすればするほど、神の審判が差し迫ったことを意味し、ついには神が直接統治する新しい世がやってくるであろうという、強力な信仰が支えとなっている。この信仰が、民衆を絶望から諦めないようにするだけでなく、再起の橋頭堡の役割をする。われわれにも、「天が崩れ落ちても、抜け出る穴がある」、「虎に襲われても、気さえしっかりしていれば死ぬことはない」などの俗言が多いが、これは全ての民衆の信仰であり、知恵の結実なのである。

新約において、黙示文学書は、正にこのヨハネの黙示録一冊だけである。しかし、イエスの神の国宣布、パウロの終末思想、特にテサロニケの信徒への手紙一の四章一五―一六節、テサロニケの信徒への手紙二の二章一―一二節、コリントの信徒への手紙一の一五章二〇―二八節、コリントの信徒への手紙二の五章一―一〇節、そしてヘブライ人への手紙一二章二二―二三節などにおいて、黙示文学的な断片を見ることができる。

以上の断片や黙示録は、その叙述様式や考え方において、ダニエル書の影響を受けている痕跡が明白である。それは当然のこととして、ダニエル書の内容が民衆によく親しまれていたからであろう。なぜならば、一時的に陽が差したときを除けば、ずっと似た状況下で苦しめられていたのだから！

この書には、天と地、霊と悪魔の世界、人間の世界、天使、獣類、黒い馬、青黄色の馬、鷲、人間の顔をした蝗《いなご》、龍、蛇、豹の顔をした超能力の獣が登場するかと思えば、頭に虹を巻き火柱のような足をした太陽を背負い、月を足場にし、頭に一二の星を巻いた冠を被った女性が登場し、龍と天使が空中戦を展開し、天の扉が開かれ、ある器にあるものを地に注ぐと、地の上の全ての生き物が絶滅し、太陽が光を失い、月が血の色になり、星が秋の木の葉のように落ちるなど奇っ怪な宇宙的なドラマが展開されるのであるが、現代人にはおそらく空想科学漫画を見ているような感じを与えることもできよう。しかし、そのような言語の背後に隠されている歴史的な現実は深刻であり、それは血の滲むような対決と、それを克服しようとする意志と確信があり、また冷静な歴史観があった。その歴史的現実を代表したのが正にローマ帝国なのである。

ローマ帝国との対決

ダニエル書がアンティオコス四世〔前一七五～一六四年在位〕の迫害下で書かれたものであるのに対し、ヨハネの黙示録はローマ帝国の虐政下において書かれた民衆の抵抗の書である。

この書が反映された時代は、いわばフラヴィウス（Flavius）の時代である。それはウェスパシアヌス（Vespasianus, 六九～七九年在位）と彼の二人の子であるティトゥス（Titus, 七九～八一年在位）そしてドミティアヌス（Domitianus, 八一～九六年在位）の三代がカイザルとして横暴を極めていた時期である。人々はこの時代をフラヴィウスの三位一体体制の時代という。

六六～七〇年のユダヤ戦争で、ローマ帝国はイスラエルを滅亡させたが、その最後を残忍に踏み躙ったのがウェスパシアヌスである。七一年にはその地をローマの一地方として編入し、イスラエルの宿敵である〈ペリシテ〉という名をこの地に適用させることによって〈パレスチナ〉になり、ユダヤ人を自分の地から追放して世界の流浪の民にし、またエルサレム神殿跡の上には〈ジュピター〉神殿を建てただけでなく、イスラエルにその神殿税を強要するまでになった。彼は典型的な独裁者で、ネロ（Nero）以来許されていたギリシア人の自由までも剥奪し、彼の地位を不安にするいかなる宗教や哲学も、躊躇うことなく禁じ弾圧したのである。彼はそれと合わせて、いわゆるローマの平和（Pax Romana）を宣伝して、次第に自身とその家族を神格化する基盤にするようになったのである。

ヨハネの黙示録が書かれたのは、九五～一〇〇年の間である。そうだとすれば、ティトウスの次のドミティアヌスの時代に書かれた。その内容は、正にフラヴィウス家時代の迫害時代を反映している。ドミティアヌスの一六年間の統治時代は、その暴政は極に達した。ローマの政治史的な側面から見ると、彼は有能な統治者であることには間違いない。彼は全ての独裁者がそうであるように、建設の名手であった。八〇年に燃えたローマを再建・美化し、首都の神殿を再建した。そして今日に至るまで有名なローマ広場、ウェスパシアヌス神殿の建設、雄大な自分の宮殿の建設、そして全ての道はローマに通ずといわれるほど有名な、ローマと地方の間を結ぶ道路建設が彼の時代に大きく増加し拡大された。しかし、このような建設のための財政調達のためには、犠牲者を出すほかない。何よりも、彼は彼の版図を暴力で広げ、ローマは占領地と半奪取的な交易を強要し、自分たちの品物を押売りし（この周辺の事情が黙示録の一八・一一―二四に反映されている）、その上占領地域の生産まで制限して、自分たちの商品の独占化を図ったが、ヨハネの黙示録には、東方のぶどうなどの栽培に対する、ローマの強制制限が反映されている（黙六・六）。

彼はすでにカイゼル・アウグストゥスから始められたローマの宗教の整備と樹立を図ったが、それはローマの宗教を彼の統治理念にしようとしたからである。そして、それはほとんど自動的に皇帝崇拝と直結したのであるが、それは、かつて日本がアジア征服の野望と共に急造の神道イズムを作り上げ、それを天皇崇拝に直結させたことと比較することができる。したがって継続して先行した神殿建築と合わせて、それらに献げ物を納めることを強化し、八六年からは、ついに自身を神であり主（Deus et Dominus）と呼ぶよう強要した。これに反抗したのは抑圧されている者たちだけでなく、元老院、貴族層に多く、数多くのヘレニストたちと哲学者たちも抵抗して、残忍に粛清、処刑された例が無数にある。このような彼の独裁は各地における抵抗運動を招来しただけでなく、そのような抵抗に対し正面から宗教弾圧で追い込んだ。

ドミティアヌスは、カイザルとローマに逆らういかなるものも排撃したのであるが、そのなかにユダヤ教とキリスト教も例外ではあり得なかった。まして、偶像崇拝を絶対拒否する伝統が強い人々にとって、迫害は自明であった。彼は、それゆえにユダヤ教と共にキリスト教を禁じた。特に九三〜九六年が最も激しい迫害の時代である。クレメンス第一の手紙によれば、九四年にローマにいるキリスト教徒たちが大きな迫害に苦しめられており、ペトロやパウロが直面したような集団的な殉教が眼前にあったと記した。ところで、キリスト教徒たちが、哲学者、天文学者たちと共に迫害されたのは（エウセヴィウス）宗教の性格自体より彼の政権安定により一層腐心した証拠であるように見えるが、それだけではないのは、キリスト教徒の犯罪性を明らかにしているからである。ドミティアヌスはいかなる民間組織も禁じたが、第一に、キリスト教が教会として組織されたのはこの法に背くことであり、第二に、彼らの神信仰は、ローマ帝国の諸々の神に礼拝することを妨げるものであると見たからである（Plinius）。当時、キリスト教に対するドミティアヌスの感情をはっきり露呈させた事件は、ドミティアヌスの姉の娘であるドミティラ(Domitilla)が、彼女の夫クレメンスと共に処刑された事件であるが、理由は、彼らがキリスト教徒であったということであった(エウセヴィウス)。この一つの例において、彼のキリスト教に対する徹底した排撃がよく現れている。これは他の面から見ると、キリスト教がすでにカイザルの皇室深くにまで影響を及ぼすことができるほどたいへんな成長を遂げたのであり、正にそのような理由で、彼はこれに徹底した警戒をしたものと思われる。

ヨハネの黙示録は初めから、迫害されているアジアの教会に、自らも彼らと共に迫害されたことを前提にしている。彼が一つの島(パトモス)に行ったのは、迫害を避けたからであった。ベルガモン教会が迫害されたことと、そのなかにアンティパス(Antipas)という信徒が殉教したことをいい、多くのキリスト教徒が殉教したことにも言及している(黙六・九)。

しかし、フラヴィス家の迫害は、正にヨハネの黙示録の著者に黙示文学的な幻想と言語で自身の状況と現実、夢と信仰を書いていくようにした。彼は、このローマ帝国は神の審判によって滅ぶであろうことを見通しており、たとい彼らの暴力のために力なく倒れたとしても、彼らは究極の勝利者として再び蘇るであろうし、ついには〈千年王国〉という神の平和の時代がやってくるであろうことを証しすることによって(黙二〇・一以下)、彼らを絶望から救おうとしている。

このような彼の神に対する確信は、彼を歴史に対する究極的な楽観主義者ならしめた。彼は、ローマを奇怪な反神的獣として象徴し(黙一三・一以下)、獣に乗った淫乱な娼婦に比喩して、彼の最後はすでに神によって決定されていることを前提にして、この場にキリスト教徒たち、特にアジアにある七つの教会がどうすべきであるかを指示している。

決断のとき

「わたしはあなたの行いを知っている。あなたは、冷たくもなく熱くもない。…熱くもなく冷たくもなく、なまぬるいので、わたしはあなたを口から吐き出そうとしている。あなたは、『わたしは金持ちだ。満ち足りている。何一つ必要な物はない』と言っているが、自分が惨めな者、哀れな者、貧しい者、目の見えない者、裸の者であることが分かっていない。…わたしは戸口に立って、たたいている。だれかわたしの声を聞いて戸を開ける者があれば、わたしは中に入ってその者と共に食事をし、彼もまた、わたしと共に食事をするであろう」（黙三・一五—二〇）。

これは小アジアにある七つの教会の一つであるラオディキアのキリスト教徒たちに送った手紙である。彼らは冷たくもなく熱くもないために、口から吐き出そうとしている対象であるという。彼らはキリスト者たちである。そうだとすれば、彼らの生活の中心はキリストでなければならないであろうし、その信仰のなかにおいて、究極的な生きることの保障を見出していなければならないであろう。ところが、彼らは自ら富者であり、したがって何一つ必要な物はないという。そうだとすれば、キリスト者として留まっている理由は何であろうか。彼らは〈これか、あれか〉

(entweder oder) ではなく、〈これも…あれも〉(sowohl…auch) の処世術を学んだようである。したがって、彼らはどのような場合においても、適当な妥協をすることを生きる知恵にするほかない。そうだとすれば、皇帝崇拝の問題においてもどうであったかということは明白である。

ラオディキアは、エフェソからシリアに通じる大道に位置した商業と軍事の都市で、小アジアの銀行と金融の中心地である。彼らは特に織物と衣類製品を輸出して富を蓄積した。また、その都市には〈メン〉という医神殿と共に医科の学校があった。そして〈コルリオン〉という眼薬を作って輸出する都市でもあった。したがって、彼らは衣類と眼薬を誇っていたし、そこから手に入れた生活の豊かさから、事理を判断し自分の正体を見出すのに目がくらんでいた。彼らはそれをローマ帝国から得た恩恵と見た可能性もある。ローマ帝国に頼って手に入れた生活の豊さが、彼らの判断を曇らせた。それでついに、彼らは彼らの商品、眼薬を売って豊かになったが、それに反して真実を見る目が曇り、彼らを富裕にする織物のために、かえって人間としては裸になっているみすぼらしい存在になった。

彼らは、今の彼らの状態があたかも永遠に持続するであろうと錯覚しているが、それは、ローマ帝国が永久不滅の都城のように思ったからであろう。そうだからといって、それに全てを委ねて忠誠を尽くすことはできない。彼らはキリストの教会に属している人たちである。キリストによって古い世界は去り新しい世界がきたりつつあることを信じるように学んだのである。しかし、このような信仰は知識として残り、また現実から脱すると死んでしまうように思われたため、そのどちらにも、全てを献げるという決定ができないでいた。あたかも、あるときイスラエルの民たちが、生産の神バアルとヤーウェの神の間で、そのどちらにも決断できず、二つの間で躊躇しているとき、エリヤが、「あなたたちは、いつまでどっちつかずに迷っているのか。もし主が神であるなら、主に従え。もしバアルが神であるなら、バアルに従え」（王上一八・二一）といって二者択一を迫っていたそのときの状態に似ていたであろう。このような優柔不断の状態は、結局嘔吐の対象になるほかない。したがって、黙示の声は、神が彼らを口から吐き出してしまうであろうと警告して、一日も速く決断することを促しているのである。

永遠のノック

「見よ、わたしは戸口に立って、たたいている…」（黙三・二〇）。

現在に安住するために決断することを放棄している者を訪ねて、その声の主人公は、現在という戸口に立って、現在に向かって扉を叩いている。この扉を叩く手は、現在から外に向けられたものではなく、その外から現在に向かって入るためにノックをしている手である。この手の主人公は〈アーメン〉あり、信実で真の証人であり、〈創造の根源〉になる方である。彼は過去からきた方ではなく、未来からきている方である。過去の必然として形成された方ではなく、未来からきている方である。それゆえに、彼は現在に生きている人にとっては未知のその誰かである。

未知の彼が、今扉を閉めて安住しようとする既存体制の扉を叩いて開けることを促している。〈未来〉が〈現在〉であるというわが家にノックしている。新しい可能性に向かって扉を開けよとノックしている。彼は、「…だれかわたしの声を聞いて戸を開ける者があれば、わたしは中に入ってその者と共に食事をし、彼もまた、わたしと共に食事をするであろう」（黙三・二〇）という。しかし、彼は依然として未知の新しい可能性である。

ヨハネの黙示録の著者は、彼こそがキリストであるという。しかし、そのキリストは過去のキリストではなく、今やってくる方であるゆえに、人にとっては依然未知の誰かなのである。しかし、このノックは古い体制によって洗脳された人を揺り動かして目覚めさせる招きである。その招きの声を一言でいえば、「この世界は独りでいる世界ではない」（ブルトマン）ということである。この世界の見えるものは、見えない他の現実と向き合っている。ところが、人間は安易にこれを忘れてしまっているのである。この向き合った現実は、既存のものを突き破って入ってきて、審判か救いかを明らかにするであろう。

人間はこの世界を率いてゆく責任がある。しかし、この世界はそれ自体に目的があるのではなく、人間はこの世界と共に自らを差し出さなければならない主人がほかにいるのである。この主人に差し出さなければならない日こその世界の終末であり、それは同時にこの歴史の終着点、歴史の目的でもあるのである。それゆえに、この声は、この世界に安住しようとする人にとっては脅威である。それは、わが手で積み上げ、わが手の垢がつくほど心を込め、それでわたしを保障すると考えられたわたしの〈拠り所〉が、結局手放さなければならない無常の（Unheimlich）もの、わたしを委ねることのできないものであるという警告であるからである。

したがって、既得権者たちは、このような声を抹殺してしまうために、自分の家の扉をより一層頑丈に閉ざし、そのような声に対し耳を塞いでしまおうとする。〈永遠だとか、真理だとか、神だとかといったものは全て虚構の声である。そのようなものは、わたしとは無関係である。あるのは、わが手に入ってきたもの、入ってくるであろうものだけである〉という、数多くの現代人たちの生きる態度が、正にそれである。彼らは同時に、このような声に耳を傾けることは、この世界を築こうとする意欲を消耗し、無能な人間になるように挫折させるものであるといって反抗する。しかし、そのような無関心主義と現実主義の大門をいかに頑丈に閉めても、このノックの音を抹殺できないのが人間の現実でもある。それは、われわれがわれわれの人生の過程において、絶えず虚無へと帰っていく残骸を見ているからである。

われわれは、来たりつつある新しいものによって、無残にも倒れてなくなる隊列を通過している。昨日まで価値のあったものが、今日には全く価値のないものとなって倒れる。昨日の真理が今日は街に捨てられた屍のようになってしまう。このような現象は、わが手にある道具から始まって、われわれの思考の領域に至るまで全く同じような現象として露わになっている。今日のように急変している時代には、価値のあったものが虚無なものになってごみ箱に投げ込まれる現象が加速されて、今に安住しようとするわが胸を叩いている。われわれに〈これで充分だ〉と密封しておけるものがあるだろうか。ない！　わたしが所有しているものは何であっても、扉を開けよというノックの督促を受けるのである。この音に最後まで応じないならば、ノックの主人公はそのまま通り過ぎてしまう。そのときには、すでに密封したものは亡骸に変わってしまう。

それだけではない。われわれに〈リズミカル〉（rhythmical）に聞こえるノックの音もあるが、われわれはまた、継続して押し寄せてくる不意の強打を受ける。天災から受ける強打もあるが、予測し得ない人災の危険がそれである。毎日の新聞を見れば、安住しようとするわが世界を脅かすノックでないものがどこにあろうか。ある人は自分の頭に生えた一本の白髪を抜いて手に乗せ、死神のノックのように思えて殊更驚いたという。そして彼は、その死の使者が扉を開くときを計算して、もう一度生活の設計図を描き直すという。真に賢明な人である。しかし、その死の使者の到来に約束された時間はない。否、この世の現在もわたしの故郷ではなく、わたし自身もわたしを委ねる不攻の城壁にはなり得ない。そのため、人はこのノックの音を抹殺することはできない。あるとすれば酔うことだけ！　狂ってしまうことのほかには！　そうすることで自己を喪失する道しか！

「わたしは戸口に立って、（戸を）たたいている」（黙三・二〇）。これは、厳然なる現実の前にあって、優柔不断で自己を喪失した状態にある人に語っている審判の声である。彼らは冷たくもなく熱くもない状態にあって、自己を見失ってしまっている。この声は、かえって冷たいか熱いものを望んでいる。この本文は、何よりも神の問いに対して決断せず、中間にあって曖昧に引きずられていくよりも、かえってその問いに反抗または否定する姿勢のほうがましだというのである。「それでもわたしは無神または反神論者ではない。わたしは善であるとはいえないが、悪ではない」。このような最終的な橋頭堡を設定して、この直接のノックの音を避けて、自己の信仰経歴、教会の一員、教理についての知識の類で城壁を積み上げて、自分は富んでいる者であると自任し、かえって他者を問題にして批判し、いわゆるキリスト的な活動において自慰する者たちに対して、この宣言はその橋頭堡を撤廃したも同然の審判の声である。

キリスト教徒のなかには、いわゆる〈キリスト教的〉ということをもって、このノックを正面から聞かないための緩衝地帯にしている人が多い。このような人たちは、むしろ神に対抗して戦う人には及ばない、本当に口から吐き出したい対象であるというのである。実際、神と戦う者は常に神との連結性を示している。例えば、ニーチェのような人がそのような人である。彼が、神は死んだと宣言しなければならなかったのは、それだけ、神の存在自体が彼には深刻な問題であったことを物語っている。それは明らかに、このノックの音を正面から聞いていたという証拠である。彼のこの反抗の声は、一歩進めて、神に対する問いから決断を保留して、キリスト教的なものに囲まれて安住している者には、強いノックになった。

一時西欧の神学者たちの間で、いわゆる〈神の死の神学〉というアイロニカル（ironical）な声を張り上げなければならなかったことも、見方によっては、人間の傲慢ではなく、むしろキリスト教的なもので、満ち足りていて何一つ必要なものがないと思っていた人間が、自体内の虚無感（悲惨で哀われであり、貧しく目は見えず裸の自己）をそのままに暴露している謙遜であると見ることができる。この〈神の死の神学〉の声も、実は曖昧な状態に安住しているキリスト者たちにとって、新しいノックであるといわねばならない。「神に対して行った執拗な戦いは、かえって神の近くにある。なぜならば、それは永遠の声を聞く耳をもっている証拠だからである」。

しかし、このノックの音は、いわゆる宗教人にのみ審判になるのではない。ローマ帝国に象徴される全世界、征服、強奪した富に酔い痴れて傲慢なる者が支配している、この世界の審判になるのである。そしてその下で、宗教の代わりに生きる意味とか真理とか価値とかというものを設定して安心している人間全体に該当する。ロマン主義はある時代に起こっていて消えた遺物ではない。これは常に人間について回るのである。それは、〈わたしは獣ではない〉という証拠のためにも必要であり、わたしのほかに他意というものを防御するためにも必要である。しかしそれはこの永遠のノックの音を鈍化させた観念群である。

もしもこのノックをした手がその扉を開けると、どのようなことが暴露されるであろうか。わたしが生きていると自任していた正にそのなかがガランと空いた空間だけで、わたしはその外で震えているのではないだろうか。そのなかに、わたしの履歴書、喜び、悲しみ、心配事、衣類、勲章、金の類はあっても、それらの主人にならねばならない〈わたし〉はいないという真相が暴露されるとしたら？　なすべきことがあり、地位が与えられているとき、これほど活気のあった人が、そのようなことから除去される瞬間、そのまま竦《すく》んでしまう理由は何であろうか。仕事と仕事の間の空間を埋めようがなく身悶えている現代人は、何を語るのであろうか。富裕なる国において、余暇がこれほど社会の問題になる理由は何であろうか。

このノックはわれわれに問いかけている。あなたはあなたとして存在しているのかと！　あなたは、漫画家ヴィルヘルム・ブッシュが想像した数学的な人間になっているのではないかと！　行動は正確であるが、その中身は洞窟であったというその数学人間が！

マラナ・タ

ヨハネの黙示録は「わたしはすぐに来る」という約束と、「アーメン、主イエスよ、来てください」という待望がその基調をなしている。そのような意味において、ヨハネの黙示録は約束と待望の書であるといえよう。すでにこの書の初めから（黙一・四）、主を「やがて来られる方」として前提し、いくつもの教会に向かって、「すぐに来るであろう」と約束したことに呼応して、〈マラナ・タ〉（主よ、来てください―アラム語）という。〈マラナ・タ〉という待望の告白のなかには、切迫した危機に直面した世紀末のキリスト教徒たちの信仰の決断が含まれている。

彼らの政治的な迫害状態については、すでに上記において言及した。その現場を、「わたしは、あなたの住んでいる所を知っている。そこにはサタンの王座がある」（黙二・一三）、また、「見よ、悪魔が試みるために、あなたがたの何人かを牢に投げ込もうとしている。あなたがたは、十日の間苦しめられるであろう」（黙二・一〇）。

一時あなたが狂った剣を振り回したが、今はドミティアヌスがキリスト教の迫害に血眼になっている。それで彼を「ネロ」であると暗示して（黙一三章）、彼がアウグストゥスから八番目の皇帝であるところから、名前の代わりに「第八の者」（黙一七・一一）という暗号を使っている。

その下で血を流している民衆がマラナ・タを呼びかけている。一言でいって、マラナ・タは、世に安住した者のものではなく、受難者の祈りである。しかし、必ずしも恐れのためだけではない。不義がほしいままに行われている現場において、それ以上耐えられない者の祈りである。

ヨハネの黙示録は、当代社会の不義を告発しているが、それは二つに集約することができる。一つは、人間が権力をもって世界を構造化して、そのなかに人間を奴隷として監禁し酷使していることである。この権力を様々に規定しているなかで、「あらゆる種族、民族、言葉の違う民、国民を支配する権威」（一〇・一一、一三・七、一七・一五）という言葉が典型的なものである。支配するのに、特に例外なく言語（glossa＝舌）を支配するということが必ず含まれているのは重要である。独裁者の特徴は言語の統制である。黙示録の文学形態も正にこの言語統制のためであることを切実に感じたがゆえに、ヨハネの黙示録の著者は、これをその特徴として反復している。聖書は〈言語と統治〉に深い関心をもっている。創世記のバベルの塔の説話は、言語の統一で、よく統制された帝国をそのままにして置くと危険であるから、言語の混乱が起こるようにしたという説話である。この言語は統治者が支配するための言語である。これを引っ繰り返して見ると、民にとっては言語の制限、言語の統制である。したがって、支配と服従のみを可能にするのである。ここから、全ての不義が可能なのである。このような状況のなかで、黙示は社会悪の正鵠を得るのである。

他の一つは、〈世の商人〉たちの不義である。この商人たちは権力を背にした、もう一つの民衆の迫害者である。彼らの不義を「金、銀、宝石、真珠、麻の布、紫の布、絹地、赤い布、あらゆる香ばしい木と象牙細工、」そして、「…肉桂、香料、香、香油、乳香、ぶどう酒、オリーブ油」などの商人群であるという（黙一八・一一以下）。その品目から彼らがどのような階層のためのどのような生活用品を供給しているかを一目瞭然知ることができる。彼らが権力層の傀儡であるということを疑う余地はないとすれば、彼らの民衆に対する搾取は想像して余りある。この商人たちの商業品目には、甚しくは「奴隷と人間」（黙一八・一三）があるということからも、彼らは権力者の傀儡として、必要であれば人をも殺す役割をしたことを知り得る。「淫乱の淫婦ローマ」と戯れていた諸王たちは、その淫婦が滅ぶとき、彼女が焼かれる煙を見て泣き悲しみ、彼女の苦しみを見て恐れ、遠くに立って、「不幸だ、大いなる都、強大な都バビロン、お前は、ひとときの間に裁かれた」（黙一八・九―一〇）というであろうし、商人たちはその女性のために泣き悲しむであろう。それは「彼らの商品を買う人がいないからである」（黙一八・一一）といい、彼らはその女性を見て恐れ、遠くに立って、泣き悲しんで、「不幸だ、不幸だ、大いなる都、麻の布、また、紫の布や赤い布をまとい、金と宝石と真珠の飾りを着けた都」（黙一八・一六）というであろうという。これで、その当代の社会の正義が、どのような階層によって、どのようにして崩壊したかを知ることができる。そのような体制の終末こそが〈マラナ・タ〉として集約されたのである。彼らは切々として待った。誰を？

彼らは漠然と待ったでのはなかった。すでに、必ずやってくると約束した彼を待った。人間は待望する存在なのだから、待つというようないわば存在論的な人間関係において彼らの待望を理解してはならない。彼らは、漂流した人が救助船を待っているように、やってくると約束した彼を待っているのである。

聖書の〈待望〉は、すでに出会ったその方が再びやってくるといった約束を信じて待つのである。ところが、その約束は単なる言葉の約束ではない。彼は約束の「割り符」を残した。まるで、われわれの昔の風習に、別れなければならない情況で、また会う日のために互いを確認し合うべく何かを半分に切って分けもったように、そのような割り符を受け取って待っている人々である。それこそが、復活の事件なのである。ところが、初代のキリスト教徒たちはそれを〈白い石〉で象徴した。元来白い石は、法廷において陪審員たちが被告の無罪を立証するときあげて見せる表示物として使用するか、あるいは王が催す宴会に招待された人々が入場するとき、入場券として使用したものである。キリスト教徒たちは、このような白い石を身につけて、互いを認識する同志識別の信号標にして、共にこれからやってくるであろう彼を待つ信号として大切にもっていた。来られるであろう彼に何を期待したのであろうか。

彼らは単に現在の苦難を避けるために待ったのではない。すでに淫婦と野合した王たちと商人たちに審判を予告したように、不義なるこの世界の権力者に諂って竪琴の音、歌う者の声、笛やラッパの音も消え去って（黙一八・二二）、全ての古いものが完全に終わり、唯一神の主権だけが認められる「新しい天と新しい地」の到来を待ったのである。それは、「主は、屠られて、あらゆる種族と言葉の違う民、あらゆる民族と国民の中から、御自分の血で、神のために人々を贖われ（解放され）」、「主が彼らをして王国を統治させる」（黙五・九―一〇）現実である。しかし、そのときは待ったほどには速くやってこなかった。したがって、「真実で聖なる主よ、いつまで裁きを行わず、地に住む者にわたしたちの血の復讐をなさらないのですか」（黙六・一〇）という不憫なる祈りと絶叫があった。絶望に近いこのような絶叫に対して、「この書物の預言の言葉を、秘密にしておいてはいけない。時が迫っているからである」（黙二二・一〇）という。秘密にしておいてはいけないということは、すなわち〈公開〉するという意味である。不義を行う者も義なる者も皆知るようにしなければならないときが迫っているのであるから、秘密にして秘蔵して置く余裕がない。これは、「わたしはすぐにやってくるであろう」という予告と共に、審判と祝福を一緒に告げているものである。彼がすぐにやってくることを望むのは、迫害されている者の渇望するところであるから、喜びの知らせである。しかし、それは審判である。平素には善と悪の限界が模糊として、したがって全てのものが不透明である。しかし、その日がくれば、黒白のように明確に分けられるであろうし、全ての真相が暴露されるであろう。開封すれば運命は決定される。それは「すでに遅い」の現実である。それゆえに、文字通りの終末、取り返しようのない終わりである。しかし、現在は深い夜である。それで、ヨハネの黙示録は希望と絶望が明滅する。しかし、決して方向もなく流浪したり暗中模索したりしているのではない。それは、彼らが見上げている方を、「輝く明けの明星」(黙二二・一六)という表現において示されている。

「主が来られる」という予告は命令を伴う。それゆえに、アジアの七つの教会に向かって、慰めと約束をしながらも、必ず警告と指示が後に続くのである。「死に至るまで忠実であれ」(黙二・一〇)、「白い衣を着せられる」(黙三・五)、「勝利を得る者を…」(黙三・二一)などがそのようなものである。

サルディスにある教会に送っている言葉は衝撃的な指示である。「死にかけている残りの者たちを強めよ」(黙三・二)。この指示には、すでに多くの背信者が生じており、残りの者が耐えられない試練で疲れている現実を露呈している。彼らを助けなければならない。〈諦念〉が〈死〉であるならば、彼らを諦念から解放させなければならないし、彼らを死にそうになるまで抑圧するのが物理的な力であるとすれば、何らかの方法で対抗してでも、その下に抑えられている彼らを救い出せというのである。死の境地にある者を救おうとするならば、正にそのような死の墓場に飛び込むことなくしては不可能である。それゆえに、〈マラナ・タ〉を反復する彼らの待望は、すなわち戦いなのである。これは、〈来られるであろう彼〉が、わたし一人の彼ではなく、待っている間に恨《ハン》につかえた胸を抱いて疲れてしまった民衆の彼である。この民衆全体が失意から〈マラナ・タ〉を共に思い焦がれて声高に叫ぶことができるようにしなければならない。

実際、初代教会はこのような形式の礼拝を献げたのである。司会者が、「わたしはすぐにくるであろう」といえば、民衆は、「アーメン、主よ、すぐにおいでください」と応答した。したがって、それは個人の声ではなく、集団の祈りであり、絶叫として伝承されてきたのである。

注

1 ツィンマリ（Zimmeli）、『旧約聖書』金正俊訳、韓国神学研究所、一九八一年、三九頁以下。
2 安炳茂『新約聖書概論』、大韓基督教書会、三〇頁以下。
3 Priest（司祭）のPの字。
4 Jは神をJahweと呼ぶ派。
5 フォン・ラート（Von Rad）、『旧約神学』、一四三頁以下。アダムは〈アダマ〉（addma）、すなわち土という名からきている。土に神の息（Ruach）を吹き込んで人になった（創一・七）。
6 ツィンマリ、前掲書、四二頁以下。
7 フォン・ラート『創世記』（国際聖書注釈）、韓国神学研究所、一九八一年、一六三頁以下。
8 エバは〈生きること〉（Hai）または〈生かす〉（Haya）はヘブライ語と語源が同じ名前である。
9 安炳茂「創世記の人間観」、『現存』三号。
10 フォン・ラート、前掲書、一七一～一八一頁。
11 グンネベック（H.J.Gunneweg）『イスラエルの歴史』文喜錫訳、韓国神学研究所、一九七七年、三三頁以下。
12 モーセの召命についての記事は三章と六章に二度出てくる。これはモーセに関する二つの資料があったという証拠である。
13 出エジプト記一九、二〇、二二―二三章は、通称契約の法典といわれる。学者たちは、シナイ山の契約内容が農耕地の状況を前提にしており、他の資料であるヨシュア記二四章にはイスラエルの歴史を集約しているが、シナイ山の事件が抜け落ちていることから見て、それは出エジプト途上の事件ではなく、独立した事件であると見ている。出エジプト記一九章から終章まではシナイ山の説話が収められているが重複が多く、律法に対する説明と祭司法の実行過程などが混合されている。これはいろいろな資料で編集された結果からきているという証拠である。

14 ツインマリ、前掲書、一一〇頁。

15 サムエル記上の七・二b―一七、八・一―二二、一〇・一七―二七a、一二・一―二五は、申命記学派の添加文である。

16 共同訳の〈ならず者〉とあるのは誤訳である。

17 H・J・グンネベック、前掲書、一〇四頁。

18 この頃に叙述された文書がエズラ記であり、ゼカリヤ書もそれを反映している。

19 これにはまだ多くの意見が対立している。E．ゼルリン、G．ポーラー『旧約聖書概論』金二坤他共訳、大韓基督教出版社、一九七八年、四四八頁以下参照。

20 ルカには一〇回出てくる（四・一八、七・二二、一四・一三、一八・二二、二一・三）。

21 一六・七以下が紛失したのであろうという主張もあるが、同意できない。

22 ドット（C.H.Dodd）、*The Apostle preaching and its Development,*『説教の原型とその発展』蔡ウィ訳、韓国基督教文化院、一九八三年。

23 ローマの信徒への手紙一五・二二以下には、彼がエルサレムにいく主なる目的が、新しい献金を伝えるためであるとしている。ところが、どうして彼は死ぬ覚悟をしなければならないか。それも危険であれば、他の人を送ることもできた。実は、彼が代表を選定するまでしたという記録がある（～コリ一六・三）。

解題

――民衆と救済史――

朴炅美（梨花女子大学キリスト教学科教授）

本書は、安炳茂の民衆神学の基本精神がすでに形成されていた一九八一年に書かれた。一九七二年に『歴史と証言』という新書判が世に出て、それが一〇刷を繰り返して多くの人々に読まれるようになると、この書に対する負担感を覚えて、もう少し補完しようとして書き始められ、ほとんど新しい書として拡大、改編されて世に出たといわれる。本書においては、旧約の創世記から新約最後のヨハネ黙示録に至るまで、新旧約聖書全体を、〈オクロス〉すなわち民衆の説話として通読している。咸錫憲《ハムソクホン》が聖書の観点から韓国の歴史を解釈したとすれば（『意味から見た韓国の歴史』）、本書において、安炳茂は自身の韓国現代の民衆史経験に照らして、聖書の歴史を解釈した。おそらくそれで、題目が『歴史と解釈』になったものと思われる。本書において、民衆神学者としての安炳茂の面目は遺憾なく現れている。次に本書が『歴史と解釈』として、聖書の説話を解釈している方式と観点、そして新旧約聖書の主要な内容について、どのように解釈しているかに触れることにしよう。

一

「聖書は問わないと答えてはくれない。」これは安炳茂の聖書解釈の最も核心的な前提である。安炳茂は、既存の教理を立証するための〈証拠本文〉として聖書を読むのではなく、実証的な観点から歴史的事実を再構成するために聖書を読むのでもない。彼は聖書を読んでいる〈今、この瞬間のわたし〉、〈今、ここで苦しみを受けているわれわれ〉を強調する。聖書を読み解釈している今、この瞬間のわたしの経験を強調する安炳茂の聖書解釈は、「歴史は永遠に現在の歴史」であるというE・H・カーの言葉を思い浮かばせるが、同時に、聖書の本文を、今日わたしに決断を促す〈言葉〉として解釈する実存主義の解釈学を思い出させる。しかし、安炳茂の聖書解釈は実存主義の解釈学を超えている。安炳茂にとって聖書を読む〈わたし〉は、一個人としてのわたしでありながら、同時に歴史、社会、政治的状況の中における〈わたし〉だからである。何よりも、歴史的存在としての〈わたし〉と、聖書の本文の中の民衆事件との出会いが重要であり、この出会いを通して、真実なる生き方の可能性の前にあって、わたしを開放することを促す。聖書を読み解釈する行動を通して、「聖書の中の人間像と、その歴史が数千年前に起こったある出来事ではなく、正にわたしがその中に参加しており、それと共同運命体であることを経験するように」するのが、聖書解釈がなすべきことである。

このように、聖書の中で起こっている事件と、今、ここにある〈わたし〉の経験の間の一致を強調しているので、〈〈わたし〉を強調する〉「聖書は問わない者に答えてはくれない」という言葉は、〈聖書の事件を強調する〉「聖書を聖書が持っている目で見よ」という言葉と同じ言葉であるといえよう。聖書の目とは、正に聖書がわれわれに語ろうとしている中心である。そしてそれは人間歴史のその時その時の状況において、何らかの意志、何らかの差し延べられた手を経験することと不可分の関係にある。本書においては、聖書が語ろうとすることについて次のように述べられている。

「聖書はある一つの民族共同体または個々人の生き方の記録なのである。しかし、聖書は、その生き方自体に何らかの価値を認めようとするのではない。その生き方の真只中において経験した何らかのものを現そうとしているのである。それゆえに、自身の生き方自体を超越するある力を自分のものにしたということである」（三三一頁）

このような発言においては、安炳茂世代が呼吸していた神学的な雰囲気、すなわち弁証法的神学の影響が感知される。彼の世代は、一方において、神学的な面において弁証法的神学の影響を深く受け、他方では、北米やヨーロッパからの歴史批判に初めて接した世代であった。当時韓国の留学生たちを教えていたヨーロッパの聖書学者たちは、旧約の場合はフォン・ラートやマルティン・ノート、新約の場合はブルトマンと後期ブルトマン学派などであった。これらの神学者たちは、一、二次の世界大戦を経験して、科学技術を歴史の発展に対する信頼、人間性の進化と社会経済的発展に対する楽観主義が崩壊し、これを基盤にしていた前世代の自由主義神学と決別して、弁証法的神学、神の言葉の神学を発展させた世代であった。安炳茂はブルトマンの弟子であったボルンカムに師事し、ブルトマンの脱神話化論、実存主義的解釈学の影響を受けた。

したがって、安炳茂は金在俊《キムジェジュン》に次いで、韓国の神学界に西欧近代の批判的聖書学研究の成果を紹介し、今日の神学、特に聖書解釈学に対する現代的、科学的世界観の挑戦を避けることなく正面から対決して、聖書の意味を解釈した。本書においても―今では当然視されているが、当時としては新しかった―資料批判の理論、例えば、旧約の場合は五書のＪＥＤＰの文書の仮説、共観福音書の二資料説、パウロの手紙の真正性（Authenticity）問題などを扱っている。特に創世記の原歴史（一―一一章）を解釈する時には、神話的世界観と科学的世界観を並べて提示し、創造説話を事実の記述として受け入れてもならないが、非科学的であると速断してもならないという。すなわち、神話的な言語で記述されているが、「存在に対する信仰告白的な応答」と見るのでなければならないという。この点において、安炳茂の聖書解釈はブルトマンの脱神話化論的聖書解釈を基本的に前提している。

他方、安炳茂がドイツ留学から帰国したとき、韓国社会は朴正熙《パクチョンヒ》の長期執権が続いており、全世界的に次第に冷戦が終息に向かっていたが、韓国だけは、南北の分断という特殊な状況の中で、南北間の交流が統制されていた。このような中で、安炳茂は民衆の現実に深く共感しながらも、マルクス主義や社会主義の理論を自身の聖書学に積極的に導入しなかった。これは先述した彼の神学修業、すなわち神中心的、弁証法的神学の洗礼を受けていた彼の神学修業とも関連があるように思われる。民衆へと神学的回心をした後に書かれた本書においても、社会学的、社会史的解釈をした痕跡はあるが、特定の社会主義理論を聖書の解釈に導入した痕跡は見えない。むしろ、ブルトマンの脱神話化論、旧約の場合はフォン・ラートの救済史的神学の影響がより顕著に現れている。彼は創世記を解釈して、聖書が語っている理想郷はユートピアの思想とは異なるといって、次のように述べている。

「(ユートピアは) 政治形態、経済体制、宗教的独裁または技術の発達などによる、人間の力でなしうるとする理想世界を描いたものである。しかし、これら全てが大きな過ちを犯しているが、それは、人間の能力に対する限界測定と、悪の力に対する正しい計算ができなかった点である。それゆえに、幻想なのである。その幻想が、第一・二次世界大戦において事実上崩壊した。共産主義の世界もそのような類のもので、現在人口の相当数をその影響圏内に置いているが、すでに、究極的な境地である共産主義世界に対する信念はなくなり、むしろ逆転している様相である。これに比べ、創世記説話の主題は、徹底して創造主である。それは人間に与えられたものであって、人間が構築した世界ではないのである」(六五頁)

ここでは、歴史と文化の発展に対する楽観主義とは決別しており、現実の社会主義と共産主義の世界に対する信念もまた、そのような人間的楽観主義の所産として見ている。この点においても、神と人間を対自的に理解する神中心的、弁証法的神学の影響を確認することができる。また歴史の発展に対する楽観主義を批判する脈絡においても、科学技術の問題を漠然と認識し言及してはいるが、晩年に安炳茂がそうしたように、産業文明の弊害や生態系の問題を自身の神学的な省察の積極的な主題とはしていない。それより、一九六〇〜七〇年代の韓国社会の急激な産業化の過程において、社会の最底辺において屠殺場に引かれていく羊のように、搾取され捨てられる民衆に対する限りない愛情がところどころに胚胎している。

本書において、安炳茂は度々同時代の民衆に対する自身の共感と愛情を、ガリラヤのオクロスに対するイエスの憐憫に感情移入して記述している。彼は次のように記述している。「貧しい者、弱者、病人─彼らはそのときの民衆を象徴している。その原因は様々であり得る。しかし、イエスはその原因を問う前に、彼らを無条件に受け入れ、彼らと共に生き、彼らの側に立ったのである。彼は彼らと共に生きて、彼らを愛することを妨げるものは、例え神の権威ででき上がった律法であっても許さなかったし、その社会において倫理的であれ宗教的であれ、批判を受け共犯者として攻撃されることを避けようとはしなかった。彼がいわゆるかの〈罪人〉たちと食卓を共にしたということは、イエスと彼らの間に何の隔たりもないということを、行動で宣言しているのである」（二三二頁）このような記述は、一九七〇年全泰壱《チョンテイル》焼身事件に大きな衝撃を受けた民衆神学者たちが、あたかも暖かい神のような目差で自分の周辺民衆の惨状を見つめ、聖書の民衆を発見していた過程と重なる。安炳茂はこのような素朴な感情から始まって聖書に目を向け、そこで、旧約の族長史と出エジプトの民衆、マルコによる福音書のオクロス、そして初代教会とパウロの民衆を発見した。

したがって、旧約の創世記から新約のヨハネ黙示録に至るまで、聖書の歴史を一つのものとして読み上げている本書の観点は、救済史の観点でありながら同時に民衆の歴史の主体であるという観点である。すなわち、神が歴史の立体であって同時に民衆が歴史の主体であるという観点である。民衆と神が歴史のなかで出会う。聖書は神と民族、神と教会との出会いの歴史を記録しているのである。安炳茂によれば、聖書の伝統は神と共にある民衆の解放を主題にしている。ところが、その伝統がイエスにおいて明確に継承されている。イエスをとりまく民衆を称する〈オクロス〉、すなわちこの民衆の解放が大きな命脈として、聖書全体を貫いているというのである。

このように見ると、安炳茂は自身が神学の修業をしていた時期の神学的な雰囲気、すなわち弁証法的、神中心的神学に十分に浸っており、またブルトマンの実存主義的解釈学の影響も大きく受けているが、そこに留まっていないということが分かる。彼は神中心の神学の影響を受けたが、一九七〇年代の韓国民衆との実存的な出会いを通じて、徹底して人間経験、すなわち民衆経験から出発する神学を追究した。また、南北分断の状況において独裁政権に抵抗しながらも、特定の社会主義理論の枠組みを導入して民衆を客観化、対象化せず、民衆と実存的に出会う、〈事件〉としての神学を強調した。また、ブルトマンの実存主義解釈学の影響を強く受けながらも、狭小な個人主義的な実存の枠に留まらず、歴史駅、社会政治的実存として、神学的解釈学の地平を広げた。そして、このような彼の神学的発展の根底に、苦難の民衆との出会いの事件、民衆に対する彼の限りない信頼と愛情が占めていることはいうまでもない。

二

先述した著者の観点は、本書において旧約聖書の〈歴史と解釈〉を再解釈するとき、よく現れている。著者は創世記から族長史、出エジプト、士師の時代、王政の時代、バビロン捕囚期に至る歴史とその意味を聖書の観点から記述しているが、最後には特に預言者たちの思想に注目して、主な預言者たちの宣布について長く記述している。著者は、預言者たちの思想が先立った歴史の意味を貫く旧約聖書の命脈であり、「イスラエルの心臓であり、魂」であるといった。

旧約の歴史と解釈を記述して、著者は先述したように、いろいろなところで、弁証法的な神学の特徴である神中心主義を堅持しつつ、それを民衆の観点から再解釈している。旧約聖書の特徴である、人間を美化しない神中心主義を民衆的な観点で解釈しているのである。著者は、聖書が自分の祖先を倫理的にも人間的にも庇っていないという。一方においてこれは神中心主義に基因していることでありながら、同時に民衆の生活に対する肯定である。例えば、族長ヤコブについて記述して著者は次のように書いている。

「要するに、イスラエルが彼らの経典として策定した野史的な民族史において、他でもなく、元祖として掲げる人物をこのように伝え得る精神的姿勢である。いかなる民族であれ、自民族の歴史を美化し、弱点を隠そうとし、立派な人物たちを浮き彫りにするものである。しかし、旧約にはそのような試みはなく、ヤコブの場合がその顕著な例である。……倫理や道徳性に大きな重きを置いたとすれば、非道徳的な要素を除去したり美化することもできる。しかし、彼らはそのようなことに大して捕らわれないのである。なぜならば、イスラエルの主人は神であって人間ではないという根本的な大前提のためであろう。……ヤコブを現代の目で規定するとすれば、英雄でも賢人の類でもなく、むしろ不遇な状況の中で生きようと懸命になっている民衆の一人の代表であるということができる」（八五、八七頁）

著者は、ヤコブの民話において重要なことは、族長説話に一貫している神の祝福の再確認であるといった。すなわちイスラエルの歴史を祝福の歴史に率いていくという神の約束に対する無限の信頼と、自分たちを神の前に立つ民衆として意識する民衆の自意識が、族長史と旧約聖書の歴史解釈の根底にあるものとして見ている。これは出エジプトの事件という民族史的な起源と関連して、自分たちの祖先を古代近東の奴隷と浮浪民など下層階級を総称する〈ハビル〉として理解したところにもよく現れている。自分たちの祖先を道徳的に美化しないだけでなく、支配者や貴族とも関連させていない。

それだけでなく、出エジプト以後、周辺の国々のようにすぐに王国建設の段階に入らずに、二〇〇年余以上士師の時代が続いたことも、同じ脈絡において解釈している。すなわち、旧約聖書の根底にあるヤーウェ中心主義が、権力の脱神聖化、すなわち一種の古代的民主主義の意識に繋がり、これが支配階級と被支配階級への階級分化を加速化させる王国建設を遅らせる結果をもたらしたというのである。著者はこう述べている。

「君主制に抵抗して脱出したので、初めからこの共同体は反君主的共同体を守ろうとしたことは自明である。したがって、〈ヤーウェのみ〉が彼らの旗幟であった。これは、人間の上のいかなる支配者も排撃するという政治的決断が内包されたものである」(一〇五頁)

イスラエルの歴史をこのように解釈したのは実は申命記史家であり、著者は申命記史家の歴史観を上記のように記述しているのである。申命記史家の理想郷はダビデの時代ではなく、実は王もなければ軍隊もいない時代、支配する者もなければ支配される者もなく、「各自が自分の幕屋に住んでいた時代」、すなわち士師の時代であった。「わたしはあなたたちを治めない。息子たちもあなたたちを治めない。主があなたたちを治められる」(士八・二三)。これはギデオンの口を借りて披瀝された申命記学派の政治哲学である。人間が人間を治めることはできないというものである。このような立場を維持した世代が士師の世代である。それで申命記学派たちはこの時代を重要視したというのである。人間が発展であると見なしているものが、彼らの目にはむしろ反対だったのである。

このような申命記史家の観点は預言者たちの観点と通じており、事実上エレミヤや後期預言者たちと申命記史家との類似性は、今日旧約学者たちによって認められていることでもある。本書は、創世記から出エジプト、王国の時代に至るまで旧約の歴史を叙述した後、最後に預言者たちについて最も長く扱っている。著者によれば、預言者たちの思想はイスラエルの魂である。例えば、創世記や出エジプト記など預言書の前に出てくる書には、他の民族の神話や民話など数多くの資料が含まれており、その中には非倫理的な内容、奇怪な説話などが無数に入っている。重要なことは、そのような諸々の民話を一本に通した魂の痕跡である。それは、それ全体を生きて動くようにする血管にも似たようなもので、その血管は預言者たちを通じてなされた。すなわち、預言者たちが、そのまま埋もれて消えてしまった雑多な伝承を、〈神の約束と成就〉という太い糸に通し、そうすることによって歴史を転換させ得る大きな原動力にしたというのである。

著者によれば、今日のわれわれにとって関心の対象になるのも、イスラエルの歴史自体ではなく、「そのような歴史を通して起こった事件の意味を明らかにしてくれた、預言者たちの歴史観」である。預言者たちは、歴史を単に民族興亡の連続と見ず、それ以上の意味を知らせてくれた。預言者たちが王の歴史を判断している基準を見ると、常に、「彼がヤーウェの目には悪を犯した」とか、「神の前にあって完全であった」などの解釈が出てくる。これは預言者たちの判断基準が神の前に立った存在としての人間であったことを物語っている。これは「勝利がすなわち善であるという類の歴史評価とは全く異なる基準である」。預言者たちは歴史の中にあって生きながらも、その拠点を歴史自体の中には置かなかった。彼らの判断拠点は、歴史の中にあって歴史を超越したところにあった。それこそが、神の言葉を背負った者であるという預言者の意識であり立場である。

預言者たちはイスラエルの全歴史を通じて啓示された神の意志を伝えた。その意味とは、イスラエル自身がすでに受けてきた、そして知っていなければならない神の意志である。それこそは、イスラエルを召し、祝福し、未来を約束した神の意志である。彼らは別々に関連なく伝承された民族の民話の中において、今のイスラエルを導くその神の意志があることを引き出して示してくれた。この神はイスラエルと約束した。著者はこのような約束や成就と関連して黙示文学の発生過程を説明し、黙示文学的な終末論からメシアの期待、新約聖書の歴史に繋がる過程を叙述している。すなわち、預言者たちの約束と成就の図式が、現実においてそれ以上信じられないほど歴史の苦難と苦しみが甚しかったとき、黙示文学に移行したというのである。本来預言者たちの焦点は、来りつつある約束の成就にあった。この約束は、かつて祖先たちに与えられた。出エジプトを通じて、そしてダビデに与えられたのである。イスラエルの支配者たちは、神とのこの約束、契約を破棄して罪の道へと陥ったが、その度に、神は預言者たちを通じて新しい約束と希望を提示した。預言者たちは挫折したイスラエルを叱責し、また力づけて、その日が必ずやってくるといった。イスラエル全体が裏切っても、残った者たちの小さな群れを通してでも必ずやってくる。それでもだめなら、例えばエレミヤは、新しい契約を通じてでも必ずやってくるといった。いわば、預言者たちは、イスラエルの民衆に希望を与える人々であった。これには、メシアに対する約束と期待も含まれた。このようなメシアに対する期待は、イスラエルに対する神の約束が成就されるであろうという希望のもう一つの表現であった。

しかし、このような預言者たちの終末思想は、バビロン捕囚と捕囚の帰還、その後の神殿国家の建設、決定的には、植民支配の状況においてそれ以上維持できず、黙示文学的終末思想へと転移する。黙示文学家たちは、神が直接に直接介入して宇宙的異変、歴史の終末をもたらすであろうと期待した。そして神はイスラエルと再び始めることだろう。いわば黙示文学は変わった状況、すなわち長い植民統治に直面して、もはやこれ以上希望がないように思われる状況において、もう一度新しい始まり、すなわち希望を宣布しているのである。預言者たちの声がなくなるのではなく、民衆の中にそのまま残ったのが黙示文学なのである。彼らのその日に対する幻想は宇宙的なものであり、その日は異変を経て歴史の終末、すなわち帝国の終末をもたらすであろうという。それが成就される日、歴史の終末はイスラエルに局限されたことではなく、人類全体の未来を現したものである。このような黙示文学的雰囲気はイエスと新約聖書の時代にそのまま受け継がれ、このような歴史の終末に対する信仰は、新約の最も大きな主題となる。

このように、神が古代近東の凍え腹を空かしたハビルたちを選んで、彼らを祝福し幸福な暮らしに導くと約束し、イスラエルの王と民がその約束に背いても、神はまたも新しい救いの約束をし、国が滅んだ後も、再び終末を通じた新しい始まりを約束する。旧約聖書の歴史は、このように終わりのない神の祝福と約束、救済史として展開される。アブラハムを始めとした族長史、すなわち民族の起源にすでに神の祝福があり、イスラエル民族の歴史は祝福の約束の下に始まったという信仰が、旧約聖書の根底にある。イスラエル民族の形成は、神の祝福に拠っているというのである。

しかし、この祝福は平坦な生活と繁栄を謳歌することに根拠を置いているのではない。むしろ逆境と苦闘の中にあっても、ついにはそれを突き破って展開されるであろう、新しい可能性の前に立った信仰である。それゆえに、この信仰は彼らの歴史の黄昏時に、否、迫害と試練の長い夜の歴史にも消えることのない灯火のように、彼らの民族の血管に綿々として流れていた。換言すれば、歴史の底辺において息もつけないほど苦しめられ試練に遭遇しても、その中にありながらも自分たちと共同体全体の生活を続けていく、民衆たちの希望の記録が旧約聖書であるというのである。

このような意味において、旧約聖書はイスラエルの民衆史であり、同時に神が導いている救済史である。生きている限り生きること自体を肯定的に受け入れ、苦難に満ちた民衆現場の真只中にあっても、生きることを祝福として受け入れるよう希望を与える説話が、旧約聖書の説話である。そして、これは神の導きや祝福なくしては生きていくことのできない人々、すなわち民衆の信仰説話である。このように、苦しみと試練の中で最後まで希望を失わず神の祝福を求めるのは、民衆史としてのイスラエルの体験からきたものである。換言すれば、安炳茂は旧約聖書の歴史を、救済史と民衆史が同時に展開されたものとして、それらの二つが一つとして展開されたものとして見ている。これは新約聖書に対する彼の考え方にもそのまま受け継がれる。

三

本書の新約聖書の部分は五章からなっており、それぞれ共観福音書と使徒言行録、パウロの手紙、ヨハネによる福音書、ヨハネ黙示録を扱っている。特異なことは、イエス事件を扱う共観福音書に比し、パウロを扱う部分が、分量において二倍にも達しているという点である。本書においては、新約の歴史もまた民衆史の観点から扱われる。すなわち神の国がいつやってくるのか、預言者たちの約束が成就される時を切に待ち望んでいたイスラエル民衆史の脈絡において、イエス事件とパウロおよび初代教会の成長を叙述している。

神の国は、預言者たちの宣布と同じように、一次的には世界の審判、終末論的な審判である。しかし、同時にそれは宴会の食べ物を共に分け合うことであり、最大の幸福を現す言葉、すなわち祝福である（マタ八・一一）。安炳茂は、神の国を何よりも新しい生き方の可能性として解釈している。「祝福であるか、審判であるかは、その国自体の性格からくる結果ではなく、その招きに応ずるか否かで決定される」。その国の招きに応じる行為こそが悔い改めである。著者によれば、悔い改めとは、倫理的な罪を洗い清めよという意味ではなく、新しい可能性に自己を開放し受け入れよということである。生きること全体の方向転換を現す。未来に向かって生きることへと自らを開放せよというのである。神の国と悔い改めをこのように解釈するのは、ブルトマンの実存主義的解釈と一脈相通ずる。

本来実存主義的解釈学においては、キリストの十字架の言葉の前に立った〈わたし〉の不安な実存のほかには、他の全ての歴史的、社会政治的現存は捨象される。神の言葉もまた生きることの〈新しい可能性〉として抽象化され、その具体的な内容は積極的な神学的主題としては扱われないのである。しかし、安炳茂は、ブルトマンの実存主義的な解釈を受け入れながらも、それを歴史の地平、すなわち政治社会の地平に拡大している。歴史と断絶された実存など想像することができない。著者によれば、神の主権、すなわち神の国とはどこまでも政治的なものである。著者はイエスの神の国運動の基本的な性格を、このように社会政治的に規定して、その過程におけるイエスと民衆、すなわちオクロスとの出会いを強調している。著者は、マルコによる福音書に登場するオクロスを、国民または民族と区別して〈民衆〉と翻訳した。マルコによる福音書によれば、イエスの現場にオクロスがあり、オクロスの現場がイエスの現場である。イエスが行く先々に多くの民衆が集まってきて彼を取り囲み、イエスの言葉に感嘆する。三日も腹を空かしてイエスに従った四千人もオクロス（マコ八・一―二）であり、人里離れた所で空腹のままイエスに従っていた、飼い主のいない羊のような五千人もオクロス（マコ六・三四）である。イエスは彼らと共に生き、彼らを教え（マコ二・一三、四・一一以下、一〇・一、一一・一八）、彼らこそが真の家族であると宣言している。マルコがオクロスと称した具体的な人々は、徴税人、病人、貧しい階層の人々、社会から疎外された人々で、罪人と烙印された人々がほとんどである（マコ二・

一三―一七)。マルコはイエスがこの世にきた目的を、イザヤ書を引用してこう表現した。「貧しい人に福音を」、「捕らわれている人に解放を」、「目の見えない人に視力の回復を告げ」、「圧迫されている人を自由に」するためである。イエスは意図的に強者と弱者、富める者と貧しい者、または既得権者と疎外された者などを対立させ、無条件に弱者と貧しい者、疎外された者の側から判決をくだしている。彼らこそが民衆なのである。

著者はイエスの十字架上の処刑を、イエスと民衆の一体性を現す最も劇的な場面として解釈している。

「神殿を粛清している彼の姿は、計画性もなく、怒りの棍棒を持って襲いかかる無謀な民衆の一面を見るようである。ゲッセマネの最後の晩、裏切られ、逮捕され、サンヘドリンの前に引っ張っていかれて、兵士たちが唾を吐きかけ、目隠しをしてこぶしで殴りつけるなかで、「言い当ててみろ」(マコ一四・六五)とからかわれる彼の姿を想像しても見よ。その堂々としたローマの総督と蒙昧な群衆の前に立つ憔悴した姿、王でもないのに茨の冠をかぶせられ、紫の服を着せられたまま、「ユダヤ人の王、万歳」と弄ばれ侮辱されながらも身動き一つできず最後まで沈黙していたその姿、途方もない裁判過程を経て十字架に処刑されるまで、そのどこに神がおられたのであろうか。彼がかくも信じていた神は、徹底して無となり、ただ、殴れば殴られ、突き刺せば血が流れ、絞れば死ぬ、そういう現実こそが、正に無能な民衆が経験する現場ではなかったか。「わが神、わが神、なぜわたしをお見捨てになったのですか」(一五・三四)という悲劇的な絶叫の後に、全ての恨を抱いていて吐き出すように一度大きな声を張り上げて絶命するときまで、いかなる超自然的なことも起こらない、そのような状態こそが正に無能な民衆の現場を集約したものではないだろうか。…否、マルコによれば、イエスは徹底して敗北者として死んだのである。ある名もなき民衆たちがハエの命に及ばぬごとく死んでいくように…」(一二三七〜一二三八頁)

著者は、イエスの十字架の苦難を、このように歴史上の名もなき民衆が直面している苦難として感動的に解釈している。これはイザヤ書の苦難の僕と結びつけられる。「神が担ったのはわたしたちの病、彼が負ったのはわたしたちの痛みであったのに、わたしたちは思っていた、神の手にかかり、打たれたから、彼は苦しんでいるのだ、と。…彼が打ち砕かれたのは、わたしたちの咎のためであった。彼の受けた懲らしめによって、わたしたちに平和が与えられ、彼の受けた傷によって、わたしたちはいやされた(イザ五三・四—五)。著者は、イザヤ書において歌われている苦難の僕も、実は民衆を指していると解釈する。したがって、イエスの十字架の苦難と民衆の苦難は一つであり、イザヤの僕の歌は、苦難の僕イエスの歌であり同時に苦難の民衆の歌である。

真の民衆の死とは、権力者の手にかかって死ぬことである。彼は暴力と復讐の悪循環を断つために、エルサレムを彼の死に場所として選ばねばならなかった。そうする時にのみ真の復活が可能だからである。そして、マルコによれば、イエスはガリラヤで会おうといった。ガリラヤはイエスと民衆が初めて会った場所であり、これから再び始める場所である。ルカによる福音書や使徒言行録とは異なり、マルコは正にこの民衆の場所ガリラヤにおけるイエスとオクロスの出会いが再び繋がれることを展望している。しかし、物語自体は開かれた結末である。マルコは、ガリラヤで会おうという復活したイエスの言葉だけを伝えて筆を置いた。不完全な結末であるが、それは、著者によれば意図的なものである。マルコはすでに四〇年も過ぎた過去を語ろうとしているのではなく、今受難の中にある民衆の、すぐにも来るであろう未来、死において勝利したイエスと共に新しい姿で出会うことによって展開される未来のこと、すなわち希望を提示しようとしたというのである。

このように、開かれた未来が、以後使徒言行録の説話、そして決定的にはパウロの生き方と宣教を通じて展開される。特にパウロの宣教と神学は、イエス事件の種が、異なる状況に蒔かれて結実する例として、実際は本書において最も長く扱われている。パウロを解釈する時にも、民衆史的な解釈が顕著である。パウロの回心を実存的な方向転換として解釈していることや、律法と福音の関係、異邦の使徒への召しなどに対する解釈は、既存の解釈とは異ならない。しかし、著者の顕著な点は、例えば、パウロの回心を民衆事件に降服したものと解釈したところに、大変よく現れている。

著者によれば、回心前のパウロがキリスト教迫害の先頭に立ったということは、イエスの民衆に対する証言を彼が受け入れることができなかったことを示している。ユダヤ主義のエリートであった彼にとって、名もなきガリラヤのイエスがメシアであるということは、ユダヤ伝統のメシア思想に対する冒涜として聞こえたであろう。受難のメシアなどユダヤの思考の中にはなかったからである。その上、イエスはローマ帝国によって処刑された。放置すれば、それは結局革命に発展するであろう。このようなエリート的な憤りが、彼をして迫害の前線に出るようにしたというのである。

「彼の転向の意味は価値観の転換であるほかない。彼が誇りとして掲げていたものは、正に上流層の最高の理想であった。ところが、そのようなものを塵芥のように捨て去ったとすれば、正しくユダヤ上流層の価値観、彼らの優越感と義人意識を塵芥のようにするということである。それこそが、〈キリスト〉に降服したことである。それは同時に、イエスの民衆に対する証言や主張に取り込まれ降服したということである。これこそが、代表的なユダヤ主義で武装したエリートが、ガリラヤの民衆に降服したという宣言である」（二七一頁）

また著者は、コリントの信徒への手紙一の四・一〇—一三のパウロの自伝的な陳述を、彼が蔑視していたイエスの民衆の真相に対する叙述として解釈している。「わたしたちはキリストのために愚かな者となっているが、あなたがたはキリストを信じて賢い者となっています。わたしたちは弱いが、あなたがたは強い。あなたがたは尊敬されているが、わたしたちは侮辱されています。今の今までわたしたちは、飢え、渇き、着る物がなく、虐待され、身を寄せる所もなく、苦労して自分の手で稼いでいます。侮辱されては祝福し、迫害されては耐え忍び、ののしられては優しい言葉を返しています。今に至るまで、わたしたちは世の屑、すべてのものの滓とされています。」著者は、これが正に歴史のイエスでもあると述べている。パウロは正にそのようなイエスに出会ったというのである。そして、「この世の屑、人間の滓として疎外されたその民衆！そして、正にパウロ自身が蔑視し迫害していた人間の立場に自身を包含」させるようになったというのである。復活したイエスに出会うことによって民衆へと転向したパウロは、イエスの民衆的な生き方をそのまま代弁している。それで彼は、エリート意識が芽生えているコリント教会の共同体を体に比較した後、「それどころか、体の中でほかよりも弱く見える部分が、かえって必要なのです」（一コリ一二・二二）と語っている。著者によれば、これは民衆事件に転向したパウロの新しい判断である。

転向したパウロは、人間の世界に対して審判を宣言する。換言すれば、ユダヤ人と異邦人全てが神の審判の下にあるという。罪と死、虚無と死滅に従属して苦しんでいるというのが、パウロが見た人間の実像である。しかし、パウロは悲観主義に陥らず、無為無想や諦念、没我を勧めたりもしない。彼は基本的に希望の伝達者である。パウロは、この世界と人間の苦しみの声と共に、その中で切なる待望の声を聞いている。世界は悲しみに満ちている。しかし、同時に希望に満ちた世界である。著者はローマの信徒への手紙八章を解釈して、パウロの声を通じて自分自身の考えを伝えている。「今は虚無に従属している。しかし、栄光の未来が約束された。今は苦しみに満ちている。しかし、その希望において救いがすでに約束された。したがって、現在われわれが嘗めている苦難は、将来われわれに現れる栄光に比べると何でもない」重要なことは、パウロが万物の解放と人間形成を直結させたことである。この世界が虚無から解放されるのは、真の人間が出現する時にのみ可能である。世界の運命は真の人間の誕生と直結している。それゆえに、人間も真の人間になるために苦しんでいる。著者によれば、真の人間になる道において、キリストは独りの個人ではなく、われわれを含めた一つの集団の先駆者である。

パウロは、キリストを中心にして形成される新しい人間の共同体を展望している。それは「神の国、神の主権が完全に支配する新しい現実」である。引き続き再び著者は希望を語る。たとえ現象的な世界は逆行していても、神はその日を来させないではいないことを信じる。……彼は夜が深いという現実の中で、昼が近いことを見ている。彼は過去から現在を見るのではなく、未来から現在を見るゆえに、夜が深いとはいわないで、昼が近いというのである。その日が来て初めて、万物が虚無なるものの奴隷状態から解放されて、自分の本来の姿を見出すであろう。したがって、万物が共に苦しみつつ、神の子たちが現れるのを待つのである。」このような著者の解釈は、パウロの声を借りて、実際は産業化、近代化の過程において歪曲された現実を全身で耐え忍んでいた一九七〇年代の韓国の民衆たちに、希望を伝えているといえよう。

また著者は、このように希望を担う新しい人間の共同体、新しいイスラエルの実体は民衆であると明確に述べている。著者は、旧約聖書から神が歴史を完成するために、絶えず選んだことを想起させている。神は選ばれた者たちと共に働かれる。一種のエリートといえるが、このエリートは人間の能力にその基準があるのではない。「それは〈神を愛する者〉たちである。神を愛する者たちとは、正にこの神の歴史の経綸を信じて、そこに全的に参加することを決断した者たちである。旧約においては、神がイスラエル民族を世界の救済のために選んだといった。しかし、この民族は神の意志に背いた。……彼らの優先権は喪失した。その代わり、民族の壁を越えてキリストに従う者たちが、正にエリートとして選ばれたのである」（三二九頁）

選択に対する著者のこのような言及には、ユダヤ教に対する通念、すなわちキリスト教の反ユダヤ的な偏見がある。しかし、今日パウロ解釈においては、ユダヤ教を律法主義であると烙印したりしない。〈恩恵〉の要素はユダヤ教の中においてもすでに作動していた。代わりにパウロは、キリスト・イエスを通じた新しい契約の光から古い契約を回顧的に照明している。すなわちユダヤ教が律法主義的な宗教であったからではなく、キリストの十字架を通じて神が新しい道を提示したので、今では誰でもキリストの十字架を受け入れることによって、選ばれた民の構成員になることができるというのである（E.P. Sanders）。

しかし、著者はもう一歩進めている。著者はコリントの信徒への手紙一の二六―二八に言及してこう述べている。

「結局、選ばれたのは民衆である。彼らが、究極的には歴史の主役になるであろうというのある。そのような意味において、彼らが〈エリート〉である。したがって、キリスト者になったということは、その個人の救いのために選ばれたのではなく、正にこの世界の歴史を完成するための前衛隊として召されたことを意味する。彼らこそが神の子たちである。彼らこそは、この歴史をその究極から見ることにより、現在を支配している幽霊（虚無）と戦って勝利することによって、この歴史を真の主人に委ねるために召された者たちである」（三二〇頁）

そして、「（神が）彼らを選んだのは、…知恵ある者に恥をかかせ、力ある者を権力の座から追い出す、いわば革命を起こすためである」（三四九頁）

パウロは革命の過程がすでに始まったという。それこそが十字架事件である。ところが、パウロは、この十字架事件の〈どのようにして〉、〈どうして〉という社会的な理由は、一切問いもしなければ提示もしていない。著者はパウロのこの点に対しては批判的である。新しい共同体の構成員に対する彼の評価や解釈は革命的であるにもかかわらず、現実的に〈どのようにして〉に対しては、全く言及しなかったというのである。そして、事実上これは観念化へと飛び越えているのではないかと疑っている。著者は、ガラテアの信徒への手紙三・二八の宣言を、「人間を社会的な身分や知識の類で判断しないという宣言」であると解釈している。キリストの事件において新しい時代が始まり、その中ではユダヤ人やギリシア人、奴隷であれ自由人であれ、男性であれ女性であれ皆一つである。しかし、著者によれば、これはどこまでも救済史的な観点に立った信仰的な宣言であって、歴史的現実とはまだ距離があるのである。著者によれば、これは、パウロには社会的身分が、これといって関心の対象ではなかったことを意味する。社会的な身分が人間の価値を決定しないということは、逆にいえば、社会構造の現実が人間を階層化し、自由を剝奪するのに無関心であったという意味になる。著者は、これがパウロのキリスト中心主義に基因する社会的な結果であると見ている。パウロによれば、全ての人間は平等である。しかし著者は問うている。ところが、どうしてパウロはこのような道を妨げる社会構造については沈黙しているのであろうか。

若者によれば、パウロの最大の関心は、どのようにして歴史のイエスを紹介するかではなく、どうすれば、すでにケリュグマ化したキリストを、彼が立っている社会の言語に変えて宣教することによって、キリスト教を一つの公認された宗教として認定されるよう、根を下ろすようにするかということであった。パウロは、キリスト教という新しい宗教共同体を、どのようにして既存の文化圏において公認されるようにするかということに関心を持っていたゆえに、彼の努力は弁証論的な救済論ないしキリスト論の展開に傾くほかなかったというのである。このためには、先ず脱ユダヤ化することと同時に、ヘレニズム領域における土着化が重要であったという。

この点において著者は、パウロの共同体を第一に宗教共同体と見なし、パウロの活動もまた宗教活動と見ている。パウロは民衆に対する神の優先的な選択を神学的に宣言しただけであって、それが持つ現実的、社会政治的意味には無関心であったというのである。しかし、今日このような著者の見解は挑戦を受けている。実際古代社会においては、今日の意味におけるように、分離した宗教領域というものが別に存在していなかった。宗教的な象徴や行為は、政治的な宣伝煽動や目的とは分離されないまま行われた。パウロの共同体を、ユダヤ教から離れた新しい宗教共同体として規定するよりも、新しい対案的社会、対案的生き方を志向する民会、すなわちekklesia

と見る学者たちが最近では増えている。これとの関連で見ると、著者は、パウロの回心と彼の神学が持つ民衆的な性格を見出しつつも、そのようなパウロの宣言が、実際には彼の宣教においてどのように現実的な力として作動したかを明らかにするところまでは進めなかったということができる。

それにもかかわらず、パウロ宣教の中心軸として、次の引用文におけるように民衆の優先性も確実に浮き彫りにしたことは、著者の功労であるといい得る。

「〔パウロには、〕鮮明かつ明確な宣言と信念がある。それは、この世から無学で愚かであると見なされた屑、権力圏から押し出された者、そして身分的に卑賤な者たちを神が選んだということである。そして、神が彼らを選んだのには明確な目的があるということである。それは、〈神の前にあって〉全ての人間が同等な一つの世界を形成するためであるということである（一コリ一・二八以下）。ここから、われわれは新しい社会を創造する歴史の主役こそ民衆であるという言葉に置き変えて受け入れることができる」（三五九〜三六〇頁）

未知の可能性に向けて自らを開放し、恐れのない生き方をしたパウロの姿は、安炳茂先生の姿と重なる。民衆に対する冷めることのない愛と、歴史と生きることの真っ只中に恐れることなく飛び込む勇気、そうすることによって、自らに対して真実であり、また民衆たちに希望を与えること。これはパウロの召命意識にも比肩すべきことであるが、すなわち神の前に立った存在として、歴史と社会を動かしていく真の力を認識し、そこに自身の生き方を従わせることである。

パウロは実に重大な召命意識を持って、歴史を完成するための道を歩んだ。フィリピの信徒への手紙三・四—一四にあるパウロの自伝的な叙述は、個人の道ではなく、召された人が進むべき道を提示している。生きることは事件である。パウロは〈わたし〉として生きるために、過去を捨て、ただ新しい可能性としてのみ開かれた冒険の道に飛び込んだ。しかし彼は恐れなかった。彼は正にこの新しい可能性に自らを委ねる時にのみキリストに出会うようになり、キリストの中にあって自身を見出し得る道があることを知ったからである。安炳茂もまたパウロが歩んだこの道をゆき、そうすることによって彼は、産業化の車輪の下に敷かれて、一日一日展望のない生活をしていた当時の民衆たちに希望を与えた。パウロがそうしたように、絶望の中で希望を見つけたのである。しかも、彼の神学を通して希望を与えることができたのである。

訳者あとがき

本書は、安炳茂全集第一巻『歴史と解釈』（韓国神学研究所刊）初版第三刷を全訳したものである。ただし、参考文献、韓国語文献一覧、索引などは割愛した。

訳者は、一九七八年二月に一九七五年の現代新書第四版を読んで大いに感銘し、次にそれを大きく書き改めた大韓基督教出版社刊の『歴史と解釈』を読み、また大いに感銘し、ぜひわが子供たちのために翻訳したいと思ったのであった。なぜならば一信徒にすぎなかった訳者は、教理的説教にあきたらず、この説教を聞き入れることが信徒の義務であるのかと思ったからである。聖書の学問的研究に裏付けられた、現代人が素直に納得し得る説教に飢えていたからである。

その後訳者は大韓基督教出版社刊の『歴史と解釈』を二〇一四年九月に訳了した。ところが、この度、日本語版安炳茂著作選集の発刊にあたり、韓国の天安教会の崔亨默牧師よりいただいた前記の『歴史と解釈』をもとにそれまでの翻訳を大幅に書き改めた。

この翻訳を日本社会、在日教会の若い人たちに紹介できることをうれしく思うだけでなく、訳者自身のキリスト教理解にも大いに役立った。感謝この上なく思っている。

特に本書刊行にあたっては、朴炅美梨花女子大学教授には詳細な「解題」をいただき、感謝するものである。そして、本書が日本において刊行されるまでには、崔亨默牧師ならびに日本キリスト教団福知山教会の李相勁牧師には、いろいろとお教えいただきお世話になった。また、最近の厳しい出版事情にもかかわらず、本書をはじめ選集の刊行を決意された、かんよう出版の松山献氏、そして松山健作氏に感謝申し上げるものである。

二〇一七年一月一二日

金　忠　一

〈著者紹介〉年譜は、本著作選集別巻に所収。

安炳茂（アン・ビョンム）

一九二二年、平安南道安州郡新安州に生まれ、一九四六年ソウル大学社会学科に入学した。韓国戦争という民族的な悲哀と共に、既成のキリスト教に対する幻滅を経験した彼は、共同体運動を展開しつつ、『野声』という月刊誌を発行した。しかし、この運動に失敗した彼は、ドイツのハイデルベルク大学神学部に入学した。

その後、一〇年ぶりに帰国した彼は、以前在職した経験のある中央神学校の責任を負い、その再建に努める傍ら、『現存』という名称の個人誌を再び発行し、韓神大学に移ると同時に韓国神学研究所を創設して、民衆神学を生む橋頭堡に作り上げた。韓神大学は維新政権（朴正熙独裁政権）との激しい闘争の場であった。

朴正熙政権は彼の教授職を剝奪すると、その次には彼を投獄した。四年後の一九八〇年の春には復権されたが、後を継いだ全斗煥は彼を再び大学から追放し、一〇八号まで続いた『現存』誌を廃刊にした。この間彼は同僚たちとガリラヤ教会を創設して、受難者たちと共に戦う場とし、退職教授協議会を結成して、その権益のための戦いの先頭に立った。

再び四年ぶりに復職して韓神大大学院長職に就き、『現存』の名称を変えて『サルリム』（暮らしの意）誌を創刊した。一九七〇年代前半から、彼の関心は民衆に注がれ、彼の神学の主題となった。

一九九六年一〇月一九の召天まで、韓神大学名誉教授、韓国神学研究所理事長として、『サルリム』の巻頭言をはじめ執筆活動を続ける一方、大学で民衆神学の講義を行った。（『全集』表紙の紹介文より）

〈訳者紹介〉

金 忠 一（キム・チュンイル）

一九三九年、大阪生まれ。同志社大学文学部（教育学専攻）卒業。私立建国高校（母校）教諭（一九六二年〜一九九九年三月）。主な訳書は左記のとおり。

柳東植『韓国の宗教とキリスト教』、洋々社、一九七五年。
朴炯圭『イエスに従おうとするなら』（共訳）、新教出版社、一九七六年。
安炳茂『解放者イエス』（共訳）、新教出版社、一九七七年。
辺太燮『わかりやすい朝鮮民族の歴史』、国書刊行会、一九七八年。
朴永昌『正義がわれを呼ぶ時』、新教出版社、一九八〇年。

閔庚培『韓国キリスト教会史』、新教出版社、一九八一年。

李基白他『韓国民族史の新しい潮流』、ソウル書林、一九八三年。

韓国文教部『少年少女のための韓国民族の歴史』、ソウル書林、一九八四年。

安炳茂『現存する神』、新教出版社、一九八五年。

朴炯圭『曠野の行進』（共訳）、新教出版社、一九八九年。

徐南同『民衆神学の探究』、新教出版社、一九八九年。

崔亨默『権力を志向する韓国のキリスト教』、新教出版社、二〇一三年。

崔亨默『旧約聖書の人物』、かんよう出版、二〇一四年。

崔亨默・白賛弘・金鎮虎『無礼者たちのクリスマス―韓国キリスト教保守主義批判』、かんよう出版、二〇一四年。

安炳茂『民衆神学を語る』安炳茂著作選集1、かんよう出版、二〇一六年。

金南一『評伝』安炳茂著作選集別巻、かんよう出版、二〇一六年。

他に『福音と世界』誌（新教出版社）に翻訳論文多数。

安炳茂著作選集　第二巻

二〇一七年一二月二五日　第一刷発行

著　者　安　炳　茂

編　者　心園記念事業会

訳　者　金　忠　一

発行者　松山　献

発行所　合同会社　かんよう出版
〒五五〇-〇〇〇二
大阪市西区江戸堀二丁目一番一号
江戸堀センタービル九階
電　話　〇六-六五五六-七六五一
ＦＡＸ　〇六-七六三二-三〇三九
http://kanyoushuppan.com
info@kanyoushuppan.com

印刷・製本　有限会社　オフィス泰

ISBN978-4-906902-52-1 C0016　Printed in Japan